Die
deutsche Schifffahrts-Akte
und
die Differenzial-Zollfrage,

im Interesse Deutschlands und des deutschen Zollvereins

erläutert

mit Hülfe offizieller Quellen

von

W. Doenniges.

Berlin, 1848.

Verlag der T. Trautwein'schen Buch- und Musikalienhandlung.
(J. Guttentag.)

Separat-Conto.

Vorwort.

Die vorliegende Schrift macht nicht den Anspruch, daß sie vollständig oder zum größten Theil dem Verfasser als alleiniges Eigenthum angehöre. Die Thatsachen, die darin angeführt werden, verdankt er meistens, so weit sie sich auf Zustände und Verhältnisse des deutschen Zollvereins beziehen, der mit der größten Liberalität gewährten Einsicht in offizielle Quellen und Berichte. Auch in den Gründen verdankt er sehr Vieles der Anregung seiner Freunde oder den Schriften derselben, von welchen einige nur im Manuscript gedruckt waren, oder in mündlichen Vorträgen bestanden. Möglichst klare Zusammenstellung und Prüfung des bisher über ein Differenzialzoll-System Geäußerten, ist der Zweck der Schrift. Daß er dabei so äußerst wenige Gründe für Belästigung und Beschränkung des Handels durch Differenzialzölle aufnehmen oder vertheidigen konnte, liegt, wie er glaubt, an der Schwachheit dieser Gründe. Die über Frankreichs Differenzialzoll-System und dessen Wirkung auf die Schifffahrt beigebrachten Thatsachen sind theils aus offiziellen (preußischen) Zusammenstellungen, theils aus französischen Schriften, namentlich in der Revue des deux mondes von 1846 August und September, entnommen. Bei den offiziellen Schifffahrts-Listen überhaupt muß er bemerken, daß sie in der Nachweisung ein und derselben Thatsache bisweilen nicht miteinander genau übereinstimmen, so z. B. weisen (nach einer Erklärung Lord Palmerstons) die englischen Listen nur 4 brittische Schiffe nach, die im vorigen Jahre in indirekter Fahrt nach den Zollvereins-Häfen kamen, während die preußischen deren 14 nachweisen. Aber die Abweichungen dieser Art waren doch, so weit er sie zu bemerken Gelegenheit hatte, nicht so bedeutend, daß sie die Folgerungen und Verhältnisse, die sich daraus ergaben, umgestoßen hätten.

Angriffe der Art, die nur zum Zwecke haben, einzelne Nachweisungen in Zahlen zweifelhaft zu machen, ohne daß dadurch die gefolgerten Verhältnisse oder Grundsätze, als falsch nachgewiesen würden, muß er unberücksichtigt lassen, weil er glaubt, auf seine Quellen sich verlassen zu dürfen. Dagegen wird er wesentliche Berichtigungen von Irrthümern und Grundsätzen gerne beachten und anerkennen. Nicht auf schriftstellerischen Ruhm kommt es ihm an, sondern auf die Geltendmachung bestehender Interessen, auf Vermittelung und Vereinigung der Interessen des ganzen deutschen Vaterlandes. Daß dies ohne Zurückweisung und Widerlegung solcher Pläne, die ihm als unbegründete Hoffnungen und Chimären erscheinen, nicht möglich war, versteht sich von selbst. Die Abschnitte I. bis IV. sind im Laufe dieses Jahres in der Allgemeinen Preußischen Zeitung bereits publizirt worden. Die Einleitung soll den historischen Stand der Frage äußerlich beleuchten. Der Abschnitt V. giebt in kurzen Umrissen dasjenige an, was der Verfasser in Bezug auf einen Schifffahrtsbund deutscher Staaten, für wünschenswerth und ausführbar hält; außerdem aber die Bemerkungen praktischer Finanzmänner über die Schwierigkeiten, welche einem Differenzialzoll-System mit Belästigung des indirekten Handels in der praktischen Ausführung entgegenstehen. Die Beilagen und Tabellen bestehen theils aus schon veröffentlichten, theils aus bisher noch nicht bekannt gewordenen Aktenstücken. Sie sollten wenigstens mit einiger Vollständigkeit die Uebersicht über die Zustände unserer Zollvereinsrheederei und Schifffahrt gewähren.

Berlin im Oktober 1847.

W. D.

Inhalt.

Seite

Einleitung 1

I. Ueber Differenzialzölle, ihre Wirkung und Unterschiede 23

II. Die Wirkung der Differenzialzölle, ihre Modifikationen und theilweise Aufhebung in Frankreich, Großbritanien und den Vereinigten Staaten von Nordamerika 46

III. Die Interessen des Seehandels und der Schifffahrt des deutschen Zollvereins gegenüber der Differenzial-Zollfrage 93

IV. Das Interesse der Hansestädte und der deutschen westlichen Küstenländer gegenüber der Differenzial-Zollfrage 123

V. Differenzialzölle, als Retorsionsmaaßregeln. Ein deutscher Schifffahrtsbund 158

Beilage I. I

a) Eingabe der Stralsunder Kaufmannschaft an Sr. Excellenz den Herrn Finanz-Minister. S. I.

b) Erklärung der Kaufleute und Schiffs-Rheder Neu-Vor-Pommerns gegen Differenzialzölle. S. III.

Beilage II. Nachweisung der in den Häfen des Preußischen Staats in den Jahren 1846 und 1845 ein und ausgegangenen Seeschiffe, einschließlich der Dampfschiffe und mit Ausschluß der Küstenfahrzeuge IX

Beilage III. Nachweisung des Bestandes der zur Rhederei in den Preußischen Ostseehäfen im Jahre 1805 und 1815 bis 1846 gehörenden Seeschiffe LIII

		Seite
Beilage IV	Uebersicht der Küstenfahrzeuge der Preußischen Rhederei an der Ostsee	LXII
Beilage V.	Nachweisung der in Preußische Häfen eingelaufenen und aus Preußischen Häfen ausgelaufenen beladenen nationalen und fremden Schiffe, mit Ausschluß des Küstenverkehrs, während der Jahre 1834 bis 1846	LXIII
Beilage VI.	Nachweisung der in den Jahren 1819 bis 1844 im Preußischen Staate neu erbauten Seeschiffe	LXIV
Beilage VII.	Nachweisung des Bestandes der zur Rhederei in den Preußischen Ostseehäfen gehörenden Seeschiffe und Küstenfahrzeuge am 1. Januar 1847, verglichen mit dem Bestande vom 1. Januar 1846 und der während des Jahres 1846 eingetretenen Veränderungen	LXV

Einleitung.

Die Frage der Differenzialzölle hat bereits seit einigen Jahren die politische, wie industrielle Welt des deutschen Vaterlandes bewegt. Von der Presse, namentlich Süd-Deutschlands angeregt, von einer Partei unterstützt, die in der Erhöhung der Schutzzölle das Universalmittel zur Hebung und Vergrößerung unserer Industrie sah, und die Differenzialzölle zu gleichem Zwecke eingeführt wissen wollte, hatte der Vorschlag von Unterschiedszöllen als ein Mittel für die Beförderung und Erweiterung des Deutschen Zollvereins aufgefaßt, auch das Glück, von dem Königl. Preußischen Handelsamte in einer eigenen Denkschrift vertreten zu werden, welche später in öffentliche Schriften überging und mehr oder weniger Anfechtung oder Zustimmung erfuhr [1]).

Es konnte nicht fehlen, daß diese Frage auch in der Form der Petition an den ersten Vereinigten Landtag Preußens gebracht wurde, da man aus mehreren öffentlichen Blättern Süd- und West-Deutschlands entnehmen konnte, welche große Hoffnungen für den Aufschwung unserer Schifffahrt und den Absatz inländischer Industrie-Erzeugnisse daran geknüpft wurden. Nur über die Wirkungen und Zwecke, wie über die Höhe und das Maaß der Differenzialzölle hatte man sich nicht geeinigt. Die

1) Vergl. den Abdruck derselben in, die Aufgabe der Hansestädte S. 362. ff.

Einen wollten Förderung des direkten Handels, die Anderen Förderung des Absatzes unserer Fabrikate auf transatlantischen Märkten, die Dritten Förderung unserer Zollvereinsrhederei und Schifffahrt, die Vierten erwarteten wenigstens die Ausdehnung des Deutschen Zollvereins über die Nordseestaaten und Hansestädte als Erfolg der Maaßregel; die Fünften endlich wollten eine Retorsionsmaaßregel in ihnen gegen ausländische Staaten, die sich nicht auf den Fuß der vollkommen gleichen Reciprocität mit uns gestellt hätten.

Alle diese Zwecke und Meinungen wurden in chaotischer Verwirrung durcheinander von verschiedenen Blättern vertreten; die meisten dachten vielleicht, alle Fliegen auf Einen Schlag mit dieser Klappe zu treffen; alle möglichen Vortheile des nationalen Systems damit zu erreichen. Die nationale Flagge, die nationale Schifffahrt, die nationale Industrie, der nationale Handel, die nationale Größe des Zollvereins war die Losung!

Welche Verluste und Nachtheile man aber mit eben dieser Maaßregel der nationalen Schifffahrt, dem nationalen Handel und den nationalen Industriezweigen des Zollvereins aufbürden würde, was man verlieren könne und wirklich verliere, nicht bloß in den Finanzen, welche Schwierigkeiten der Durchführung sich böten, dieses zu überlegen, fiel nur Wenigen ein. Die Stimmen dieser Wenigen aber verhallten von der großen Masse unserer Zeitungsschreiber ungehört. Man begnügte sich mit glänzenden Hoffnungen und der Zustimmung einzelner Interessirter, wies die Vorschläge derjenigen, welche die Frage gründlich erörterten, wie die Warnungen derjenigen, welche sich gegen die Maaßregel erhoben, zurück. Nicht eine einzige umfassende, gründliche Schrift wurde von den Anhängern der Differenzialzölle zur Vertheidigung derselben geliefert, nachdem die Handelskammer von Köln sich entschieden gegen die Differenzialzölle ausgesprochen, und die nachtheiligen Wirkungen derselben bei vielen Nationen, wo sie existiren, nachgewiesen hatte [1]).

1) Vergleiche (Camphausen) Denkschrift über die Beförderung der Schifffahrt des Zollvereins.

Alle Anhänger der Differenzialzölle klammerten sich vielmehr an die Schrift des Handelsamtes an, wiesen höchstens auf vereinzelte Interessen (etwa Bremens und Antwerpens) hin und blieben bei den allgemeinsten Phrasen über Förderung der nationalen Schifffahrt, des direkten Handels und des Absatzes der Industrie-Erzeugnisse stehen.

Man kann wohl sagen, es waltete auch bei dieser Frage jener merkwürdige und größte Irrthum der Protectionisten und Schutzzöllner vor, daß sie glaubten, hinreichend mit ihren Hoffnungen die Nachtheile der Maaßregel aufwiegen zu können, daß sie Wünsche anstatt der Erfolge zahlten, und sich weiter nicht um die Nachtheile kümmerten [1]).

1) Die größte Täuschung des Merkantil-Schutzzoll- und Prohibitivsystems liegt darin, daß man nicht berechnet, was man bei der Vertheuerung der Waare durch die Schutzzölle aufopfert, und nur das anschlägt, was man producirt oder produciren könnte. Ob die hervorgelockte oder erzwungene Mehrproduktion nicht mit höheren Kosten verbunden sei, ob nicht eben dadurch der wirthschaftliche Zustand der Nation und gerade der anderer Producenten verschlechtert werde, wird nicht gefragt, dagegen aber die ganze Ausdehnung Einer Produktion als Folge der Zölle genommen, auch wenn sich dieselbe oder ein Theil derselben auf natürlichem Wege besser und wohlfeiler ergeben hätte. Gerade in der erzwungenen Ausdehnung der Produktion liegt der Nachtheil. Dies weisen die Schutzzöllner uns selber nach. Wer von diesem Verfahren einen neuen Beweis haben will (wir wollen nicht einmal auf die allbekannten Nachtheile der Weber, Färber und Drucker durch den erhöhten Twistzoll hinweisen), der lese das Pröbchen von der Behandlung dieser Frage in, Glaser Schutzzölle und Konsumenten Besteuerung, Berlin, 1847 S. 17—22, wo die ganze Ausdehnung unserer Eisenproduktion von 1842 — 1845 auf die erhöhten Eisenzölle geschoben wird, während der erhöhte Zoll erst 1844 eintrat, auf der andern Seite aber mit keiner Sylbe auf die erhöhten Kosten der Eisenprodukte hingewiesen, noch die Nachtheile unserer Marine, unserer Eisenwaaren-Fabrikanten, unserer Maschinen-Fabrikanten und Eisenbahnen berührt werden. Nur noch einige solcher Zölle, wie die Eisenzölle, haben wir nöthig, und noch einige solcher gedankenlosen Schriften, um diejenigen, welche die Industrie als ein zusammenhängendes Gebiet nationaler Thätigkeiten aufzufassen gewöhnt sind, von der unbedingten Erwerbsfreiheit und der Nothwendigkeit der Abschaffung aller Schutzzölle zu überzeugen. Herr Dr. Glaser möge doch vor allen Dingen beherzigen, was ihm schon so oft von ältern Nationalökonomen gesagt ist, daß man erst wissen müsse, wie vielseitig und schwierig die

Am 17. Mai 1847 kam die Frage der Differenzialzölle vor die Herren-Kurie des Preußischen Allgemeinen Landtags. In schwesterlicher Umarmung mit der Petition, betreffend eine baldige Revision des gegenwärtigen Zolltarifs unter Zuziehung von Sachverständigen (d. h. Fabrikanten) trat sie auf. Es stand ihr an der Stirne geschrieben, wes Geistes Kind sie war: „Die Schifffahrtsfrage steht mit der Garnfrage in enger Verbindung; durch eine befriedigende Lösung der letzteren werden große Baumwollenmärkte in Deutschland entstehen."

---

vorliegende Frage sei, ehe er sich daran giebt, Rechnungen von Produktionswerthen S. 19. aufzustellen, in welchen er zu keinen Resultaten für die Frage kommt, in welchen er seine Unkunde dadurch zu erkennen giebt, daß er das Roheisen immer wieder bei dem weiter verarbeiteten Eisen ansetzt, und so doppelt rechnet, in welchen er endlich gar nicht einmal die Eine Seite der Frage beantwortet, wie viel Werthe mehr, als früher, denn wirklich nach dem Schutzzoll, wenn auch zu höheren Kosten, in den Hüttenwerken produzirt wurden. Nachdem er dies berechnet hat, möge er sich nach Remscheid wenden, oder auch an unsere Schmiede und Schlosser, und an unsere Rheder, um diese Sachverständigen zu fragen, wie viel sie an den erhöhten Eisenpreisen verlieren. Dies wäre die andere Seite der Sache. Erst dann möge Herr Dr. Glaser sich auch an die Hamburger wenden und fragen, ob es die freie Bewegung ihres Handels sei, dem sie die Ausdehnung desselben verdanken oder nicht. Vorher möge er aber die Schriften über Hamburgs Handel studiren, von denen ich S. 16. meiner Schrift gegen die Schutzzölle eine anführte, in welcher nachgewiesen wird, daß der größte Theil des Hamburger Handels unabhängig vom Zollvereinsgebiet dasteht, denn „daß auch ein wesentlicher Theil der Einfuhren Hamburgs für den Zollverein bestimmt ist," hat Niemand geleugnet. Herr Dr. Glaser hat vielmehr auch hier, wo er mich anzugreifen sucht, die Frage gar nicht verstanden, auf die es ankommt. Es sollte gezeigt werden, wie es im Interesse einer Handelsstadt liege, sich so wenig wie möglich durch Zölle belästigt zu sehen. Deshalb führte ich die ungeheuren Einfuhren Hamburgs an, die aber für den Zollverein allein nicht stattfinden, sondern zum größten Theil wieder ausgeführt werden, weil Hamburg ein Zwischenmarkt für sehr viele Länder Europa's eben durch die Freiheit seines Handels geworden ist. Wer keinen Begriff von der Beziehung dieser Thatsachen auf die Hemmung des Handels durch die Zölle hat, sollte wenigstens die Bescheidenheit besitzen, den Hamburgern keine guten Rathschläge geben zu wollen, „durch Beschützung ihres heimischen Gewerbefleißes indirekt ihren Wohlstand zu fördern!"

„Man berechnet, daß der Bedarf an Baumwolle 600 bis 700 Schiffsladungen beträgt, welche künftig direkt von Amerika bezogen würden. Die Schifffahrt des Zollvereins bedarf einer eben so kräftigen Aufhülfe wie die Industrie; während England, Holland, Spanien und andere Länder den direkten Verkehr mit den transatlantischen Staaten durch hohe Differenzialzölle begünstigen, ist dieses im Zollverein nicht der Fall. — Unter solchen Umständen ist der traurige (!?) Zustand der preußischen Rhederei erklärlich. Während dieselbe in anderen Staaten fortwährend zunimmt, ist das Gegentheil bei uns der Fall (?). Die Einführung eines Differenzial- und Reciprocitätssystem wird daher als die dringendste Maaßregel angesehen, um die diesseitige Rhederei zu heben und den Wohlstand der Ostseeprovinzen, welche alle Elemente für das Gedeihen einer großartigen Rhederei haben, zu fördern." So lauteten die Worte der Begründung, und die Abtheilung der Herren-Kurie hielt demnach dafür, daß die im Eingange beregten Fragen über Garnzölle und Rückzölle, und über ein Differenzialzoll-System nach vorhergegangener Anhörung von Sachverständigen, namentlich der betreffenden Fabrik-Besitzer und unter Beachtung der Aeußerungen der Handels-Kammern der westlichen, und der Korporationen der Kaufmannschaften der östlichen Provinzen der Monarchie bei der nächsten Zollconferenz noch einmal preußischerseits zur Erörterung zu stellen sein werden." — Es ist bekannt, welchen Gang die Sache in der Herren-Kurie nahm; die Petition sollte zur Empfehlung bei Sr. Majestät dem Könige auf dem gesetzlichen Wege angenommen werden. Die Herren schienen überzeugt, daß Industrie und Schifffahrt des Zollvereins leide, Alles leide, und daß Schutz- und Differenzialzölle das Universalmittel zur Abhülfe der Noth seien. Nur wenige Redner, unter diesen aber gerade diejenigen aus den leidendsten Fabrik-Distrikten Schlesiens, sahen die Schutzzölle nicht als ein Medikament an, daß man den kranken Webern und Spinnern einzugeben habe, ja sie hatten die Kühnheit, auf die Wirkungslosigkeit und Schädlichkeit der Schutzzölle hinzuweisen. Aber ihre und des Herrn Finanzministers Excellenz, so wie des Herrn General-Steuer-Direktors Zahlen und

Gründe verhallten ohne merklichen Eindruck. Es war schwierig, ihnen zu folgen. Die Differenzialzölle wurden so nebenbei berührt, und mehr als Zugabe empfohlen; dabei vernahm man aus dem Munde des Herrn Grafen v. Arnim folgende Nachrichten: „In dem Antrage eines Abgeordneten der Rheinprovinz ist behauptet, die preußische Rhederei habe seit 1832 um 4000 Lasten abgenommen. Wenn ich dies natürlich nicht verbürgen kann, so verweise ich wiederholt auf die Anschauung (!) Vergleichen wir den Zustand der Rhederei in den Ostsee-Häfen mit demjenigen Zustande, der vor 20 und 30 Jahren bestand, so erklären alle Augenzeugen, alle (!) Kaufleute, die dort leben, daß er zurückgegangen ist und können dies durch Data nachweisen, die irrekusabel sind!"

Abgesehen von der gänzlichen Bodenlosigkeit der vermeintlichen Thatsache und den trüben Quellen derselben, wurde nicht einmal eine Erläuterung versucht, wie denn nun Differenzialzölle gegen die indirekte Schifffahrt diesem Zustande unserer Rhederei aufhelfen könnten, nicht einmal der Zusammenhang des Mittels mit dem Zwecke wurde erläutert. Wie man den guten Willen dort für die That nahm, ist bekannt.

Nicht genau bekannt ist aber, welchen Verlauf die Frage weiter in der Kurie der drei Stände nahm. Dort lag auch bei der sechsten Abtheilung eine sehr wohlgemeinte Bitte eines Abgeordneten der pommerschen Ritterschaft vor, des Herrn v. Heyden-Cartlow, die auf die Erlassung eines Gesetzes zielte, wonach jede direkte Einfuhr aus außereuropäischen Produktions-Ländern in den Zollverein, durch Zollvereins- oder diesen gleichgestellte Schiffe — wenn auch über einen Hafen zwischen Schelde und Elbe eingehend — eine Zollvergünstigung von 20 pCt. genießen sollte. Hier war der Antrag also schon bestimmter und deutlicher gefaßt. Es wurden als Zwecke der Bitte ausgesprochen:

1) die Rhederei der Zollvereinsländer gegen Beeinträchtigungen zu schützen, welche ihr durch die Schifffahrtsgesetze anderer Länder zugefügt werden;
2) den Seehandel des Zollvereins dafür zu entschädigen, daß

seine Bewegung durch die Mauthgesetze des Zollvereins in vielen Richtungen beengt ist, wodurch ihm die Konkurrenz mit dem Seehandel der Vorhäfen des Zollvereins erschwert wird;

3) diesen Vorhäfen und den deutschen Uferstaaten den Beitritt zum Zollverein wünschenswerth zu machen, der vereinsländischen Industrie durch Begünstigung des direkten Austausches ihrer Fabrikate und direkten Bezüge ihres Rohmaterials neue Vortheile zu eröffnen, und endlich

4) ein Mittel zu gewinnen, vortheilhafte Verträge mit andern Schifffahrt treibenden Nationen herbeizuführen.

Neu war in dieser Petition nur die frappante Motivirung des Punktes 2., den Seehandel zu entschädigen für die Hemmung, die er durch das Mauth-System des Zollvereins erleide; eine Ansicht, die gar nicht in der Herren-Kurie berührt war, der es unbekannt zu sein schien, welche Nachtheile unser Ostseehandel z. B. durch die Erhöhung der Eisenzölle erlitten habe.

Auch mußte es alle ruhigen Beobachter des Verlaufes dieser großen und sehr wichtigen Frage, bei der es sich um eine Abänderung unserer bisherigen Zollvereins-Politik handelte, schmerzlich berühren, zu vernehmen, daß kein einziger der Deputirten unserer Seestädte in dieser Abtheilung Platz genommen hatte, daß Männer, die durch ihre staatswirthschaftlichen Arbeiten in der Handels-Kammer von Köln durch ganz Deutschland berühmt geworden sind, wie Camphausen, nicht darin saßen, ja es mußte auffallen, daß die so wichtige und allgemein gehaltene Petition des Abgeordneten Diergardt zuerst in der Herren-Kurie berathen wurde, wo doch die unmittelbaren Interessen des Handels und der Industrie am wenigsten vielseitig vertreten sein können.

Dessen ungeachtet erfuhren die beantragten Projekte von Schutzzöllen und Differenzialzöllen sehr bald einen kräftigen Widerstand in der sechsten Abtheilung der drei Stände-Kurie. Es verbreitete sich das Gerücht, daß die Anhänger derselben nicht die Majorität der Stimmen für sich gewinnen könnten, daß ihr Verfahren selbst bei der Petition für die Umwandlung des Handels-Amtes in ein Handels-Ministerium — zur Zeit — ihnen viele Stimmen feindlich gemacht hätten, ja für die Schutzzölle schienen sich nur absolut diejenigen Stimmen aussprechen zu wollen, die ein eignes Interesse oder das interressirter Wähler dabei zu vertreten hatten. Man hatte übrigens, was sich auch von selbst verstand, wenn man die Sache nicht in Pausch und Bogen behandeln wollte, die Frage getrennt.

Die Frage der Schutzzölle war viel einfacher, leichter und bekannter, gegen sie stand die größere Majorität der Abtheilung; die Frage der Differenzialzölle war viel verwickelter, mit vielen Hoffnungen und Illusionen durchschlungen, auch hatten sich die Rheder und Kaufleute, die zunächst Betheiligten, die man damit beglücken wollte, noch nicht darüber vernehmen lassen. Nun aber ereignete es sich, daß der Landtags-Abgeordnete und Aelteste der Kaufmannschaft von Danzig, Herr Commerzienrath Abegg, mehrere Gutachten gegen die Petition des Herrn v. Heyden-Cartlow, und zwar Gutachten der königsberger und danziger Kaufmannschaft gegen die Einführung von Differenzialzöllen vorlegte [1]), die mit sehr triftigen Gründen und Nachweisungen auch das Interesse unserer Ostseehäfen und eignen Handels beleuchteten. Zu gleicher Zeit hatte es ein Vertreter pommerscher Bauern am stettiner Haff ebenfalls unternommen, der Petition des Herrn Rittergutsbesitzers v. Heyden mit mehreren praktischen Gründen des vaterländischen Interesses entgegenzutreten. Herr B. Michaelis, Abgeordneter der Landgemeinden in Pommern, randowschen und ückermünder Kreises, hatte als Mitglied der sechsten Abtheilung die Wider-

---

1) Dem Verfasser sind diese Gutachten selbst durch die Güte des Herrn Abegg zugekommen. Ein wesentlicher Theil ihrer Gründe findet sich zusammengefaßt in Abegg, Bemerkungen, betreffend die Schutz- und Differenzialzölle, so wie die Verhandlungen der Herren-Kurie über eine Revision des Zolltarifs unter Zuziehung von Sachverständigen. Berlin, bei Schneider und comp. 1847.

sprüche aufgedeckt, in welche die Gegner des freien Handels mit sich selbst in ihren Schutz- und Differenzialzöllen geriethen, und mit kräftiger, kurzer Sprache bereits am 5. Juni 1847 die wohlwollenden Hoffnungen des obigen Vorschlages auf die nüchterne Bahn pommerschen Bodens geführt [1]). Es gesellte sich dazu ein kleines Schriftchen sehr sachgemäßen Inhalts, welches namentlich ganz vorzüglich die Basis unseres Waarenhandels zur See, die Hin- und Herfrachten, die unsere Schiffe beschäftigen, die Verhältnisse unseres indirekten und direkten Handels zu einander, kurz die Bahn und Natur unseres Handels beleuchtete, wie er nothwendig gegeben ist durch die Hinterländer der Ostsee und die unsere Produkte abnehmenden Länder. Dieses Schriftchen rührte von mehreren Mitgliedern der kaufmännischen Korporation in Stettin [2]) her, und sprach sich entschieden gegen die Petition von Differenzialzöllen aus.

Es erfolgte zwar ein Angriff gegen diese Schrift, und zwar eine nicht ganz zu verachtende Entgegnung, in so fern sie die vielleicht zu starken Befürchtungen jener stettiner Schrift zu widerlegen suchte, die Befürchtungen, daß England die umfangreichsten Repressalien gegen ein Differenzialzoll-Gesetz anwenden werde, und daß Hamburg dann den Importhandel der Ostsee an sich reißen würde, aber sie behandelte diese Punkte doch mit zu großer Leichtigkeit und ohne Kenntniß der englischen Gesetze, so wie auch ohne genaue Kenntniß der Ausfrachten der Nordsee-Häfen nach Amerika [3]). Sie widerlegte deshalb nicht das Wesentliche jener ersten stettiner Schrift, daß unsere

1) Widerlegung der bei dem Vereinigten Landtage eingebrachten Petition, wegen Einführung von Differenzialzöllen von V. Michaelis. Berlin, 1847.

2) Ernste Bedenken über die bei dem Vereinigten Landtage eingebrachte Differenzialzoll-Petition, ausgesprochen durch Mitglieder der kaufmännischen Korporation in Stettin. Berlin, 1847. J. Spinger.

3) Vergl. Beleuchtung der von einigen Mitgliedern der kaufmännischen Korporation ausgesprochenen Ernsten Bedenken über die — Differenzial-Petition von E. Rahm, Mitglied des Vorsteher-Amts der kaufmännischen Korporation zu Stettin. Berlin, 1847. S. 15.

Schifffahrt ganz vorzüglich auch auf dem indirekten Handel beruhe, und daß eine Begünstigung des direkten Handels vor diesem eben deshalb die Mehrzahl unserer Rheder und Kaufleute in Nachtheil bringen müsse. Sie sprach sich, was wohl wünschenswerth gewesen wäre, eben deshalb auch nicht über andere Maaßregeln als Differenzialzölle aus, die dazu dienen könnten, dem Schiffsbau und der Rhederei, die beim direkten Handel nach transatlantischen Ländern betheiligt sind, zu nützen, ohne den indirekten Handel zu belästigen. Auch stimmen keineswegs, wie diese Entgegnung doch vermeinte, die Beilagen des Vorsteher-Amtes der stettiner Kaufmannschaft mit den Absichten der Denkschrift des Handels-Amtes vollkommen überein; denn diese wollte Begünstigung des direkten Verkehrs zwischen den Staaten des Zollvereins und den außereuropäischen Ländern als Mittel des direkten Absatzes für unsere Fabrikate und als Mittel, um große Marktplätze für die Rohprodukte der transatlantischen Länder, z. B. Baumwolle, im Gebiet des Zollvereins zu erzwingen; sie mußte deshalb eine mittelbare Belästigung des indirekten Handels wollen. Das Vorsteheramt des stettiner Kaufmannstandes wollte dies Anfangs nicht [1]), sondern erklärte sich entschieden gegen jede Art von Schutzzöllen, zu denen auch Differenzialzölle gehören, und wollte das Mittel nur so weit angewendet wissen, als nöthig ist, um volle Gerechtigkeit und wirkliche Reciprocität von anderen Staaten für den deutschen Seehandel zu erlangen und demselben eine Aufmunterung und einen weiteren Spielraum zu verschaffen. Das Vorsteheramt erklärte sich ferner (Beilage B. 1845) für Differenzialzölle als indirekte Repressalien gegen England, weil dieses gegen das Prinzip der englischen Navigationsakte den indirekten Handel von unseren Ostseehäfen nach England den deutschen Flaggen von Oldenburg, Mecklenburg, Hannover und den Hansestädten zugestanden hatte, während uns für den preußischen Seehandel dieses Zugeständniß fehlt. Es wollte also wiederum die Diffe-

---

1) S. Beilage A. 1845 der obigen Schrift.

renzialzölle nur als Schutzzölle für einen Theil unserer Rhederei, als Ausgleichungsmittel für deren Nachtheile und als Retorsionsmaaßregel. Hier beging das Vorsteheramt allerdings den Fehler der Inkonsequenz, nicht auf die viel eher zu erreichenden und gerechten Maaßregeln der Gegenseitigkeit und vollkommenen Gleichstellung unserer Schifffahrt zu dringen, d. h. auf das Verlangen, den Schiffahrtsvertrag mit England zu kündigen, um ebenfalls die Concession unseres indirekten Handels nach England zu erreichen. Das Vorsteheramt wich dann endlich später (Beilage C. v. 19. April 1846) von seinen Ansichten darin ab, daß es ein Differenzialzoll-Gesetz will, „welches den vorländischen [1]) Nordseehäfen, so lange sie dem Zollvereine nicht angehören, ihren Eigenhandel mit den Zollvereins-Hinterlanden nehme und diese selbst (nemlich die Zollvereins-Hinterlande) gewissermaaßen an die Küsten der Nordsee hervortreten lasse, um unter dem Schutze jenes Gesetzes den direkten Verkehr mit den transatlantischen Ländern zu unterhalten, bei welchem alsdann die betreffenden Nordseehäfen nur noch als Speditionsplätze betheiligt bleiben würden."

Es ist dies eine Abweichung von den früheren Ansichten, die sich nur auf unsere Ostseehäfen bezogen, und zwar eine Abweichung sehr eigenthümlicher Art, die auf der Voraussetzung ruht, die Nordseehäfen von Antwerpen bis Hamburg würden sich Maaßregeln und Zollinstitute in ihren eigenen Plätzen gefallen lassen, die ihnen ihren Eigenhandel beschränken und sie zu bloßen Spediteuren für den Zollverein machen sollten. — Wie das Vorsteheramt, daß diese Piece der Kaufmannschaft von Stettin nicht publicirte, in welcher es allerdings nun mit dem Vorschlage des Handelsamtes näher übereinstimmte, glauben konnte (S. 7.) es befinde sich in vollkommener Uebereinstimmung mit der Corporation der stettiner Kaufmannschaft, sehen wir nicht ein. Gerade dieser Plan war

1) S. 30.

nicht ausführbar, sobald man nicht die stärksten Rivalen der Ostseehäfen, die Nordseestaaten auch vollkommen an den vermeintlichen Vortheilen der Differenzialzölle Theil nehmen lassen wollte. Sollte dies aber geschehen, so blieb es mindestens sehr zweifelhaft, ob auch nur die Interessen der Mehrzahl der stettiner Kaufmannschaft damit übereinstimmten, und ob diese Maaßregel nicht eher geeignet wäre, die Nordseestaaten auf immer vom Zollverein zu entfernen, nachdem sie die Vortheile der Differenzialzölle gewonnen hatten. Das Handelsamt hatte ja gar nicht die Differenzialzölle als Preis des Beitritts zum Zollverein für die Nordseestaaten hingestellt! Diesen sehr wesentlichen und wichtigen Unterschied übersah das Vorsteheramt. Auf wessen direkten Handel und Schifffahrt sich aber die Vortheile der Differenzialzölle vorzüglich erstrecken würden, auch wenn nur der Plan des Handelsamtes ausgeführt würde, ob vorzüglich auf unsere Ostseehäfen, oder nicht vielmehr auf die Nordseehäfen, dies konnte jedem Kundigen nicht schwer fallen, zu entscheiden. Außerdem war wohl gar keine Hoffnung vorhanden, daß Preußen einen Plan begünstigen oder vertreten würde, der dazu dienen sollte, den deutschen Nordseehäfen irgendwie ihren Eigenhandel zu schmälern; eben so wenig, wie die Hoffnung begründet sein kann, den Hansestädten Vortheile zu bieten, die nur auf Kosten unserer Ostseehäfen errungen werden können. Die Preußische Regierung hatte sich von der Vertretung solcher Projektenmacherei durchaus fern gehalten, mochten auch einzelne Beamte darüber Ansichten haben, welche sie wollten.

So standen die Sachen, als die Bewegungen innerhalb der Kaufmannschaft von Stettin gegen die Differenzialzoll-Petition durch die Zeitungen von daher bekannt wurden. Der Herr Landtags-Abgeordnete B. Michaelis legte auch der sechsten Abtheilung des Landtags alsbald eine Erklärung von 162 stettiner Kaufleuten und ersten Rhedern gegen die betreffende Differenzialzoll-Petition vom 2. Juni 1847 vor, die sich entschieden gegen Differenzialzölle, so wie überhaupt gegen alle, den freien Verkehr störende Schutzzoll-Maaßregeln aussprachen [1]).

Es konnte demnach gar nicht fehlen, daß diese Reihe von Thatsachen und Gründen, von den Gutachten der danziger und königsberger an, bis zu dem Gutachten der stettiner Kauf-

---

1) Die Erklärung lautet:

Wie wir erfahren, hat sich in Berlin bei den Herren Abgeordneten des Vereinigten Landtages im Allgemeinen, namentlich aber bei den Herren Deputirten der preußischen Ostsee-Provinzen die Meinung verbreitet, als ob die stettiner Kaufmannschaft ganz deren Ansicht zuwider, für die bei dem Vereinigten Landtage petitionirten Differenzialzoll-Gesetze gestimmt sei, und solche wünschte und unterstützte; weshalb wir unterzeichnete Mitglieder der kaufmännischen Korporation Stettins uns veranlaßt finden, hiermit die Erklärung abzugeben; daß wir auf das Entschiedenste gegen dergleichen Differenzialzölle, so wie überhaupt gegen alle, den freien Verkehr störende Schutzzoll-Maaßregeln sind, welche Erklärung wir durch unsere eigenhändige Namensunterschrift bekräftigen.

Stettin, den 2. Juni 1847.

Gebr. Weber.
A. Silling.
Sucrow & Co.
L. F. Winkelsesser.
F. F. Rosenthal.
P. Gutike.
Ferd. Koch.
F. Trope & Co.
Alb. Haase.
R. C. Griebel.
A. F. Schultze.
A. Sachse.
C. A. Schmidt.
B. Pieschel.
Herbing.
Aug. Lindau.
G. Wellmann.
Louis Käber.
Carl Stephan.
J. G. Weidner & Sohn.

Theodor Fritsch.
C. Meister.
C. Simon.
Ed. Lübcke.
Ww. Klemm.
C. Neumann.
G. Sturm.
A. Buchholz.
F. Plübbemann.
R. Richter.
Alb. de la Barre.
F. L. Schultz.
Tätz & Co.
G. Bartels.
Runge & Co.
H. Kettner & Co.
Carl Kotelmann.
F. Bachhusen & Co.
W. Th. Siebe & Co.
L. Karkutsch.

F. Pitzschky & Co.
Jul. Rohleder.
G. H. von Stade.
C. Kähn.
Aug. Wichards.
A. Picht.
Schwahn & Co.
Alb. Lentz.
A. Schwinning.
Röbenbeck.
G. Müller.
A. Bredt.
E. Reiche.
Meyer & Co.
Gust. Herms.
Guido Fuchs.
A. Weilandt.
A. F. Prätz.
Hellwig & Sanne.
Carl Pipes.

mannschaft und des Herrn Abgeordneten Michaelis einigen Eindruck auf die sechste Abtheilung des Landtags machte. Es waren nun die gegenseitigen Interessen und Ansichten zur Sprache gekommen und lagen vollständig vor.

Die sechste Abtheilung hatte über den Petitionsantrag des Herrn von Heyden in 5 Sitzungen berathen und sich am 7. Juni 1847 mit 8 gegen 3 Stimmen dagegen ausgesprochen.

Dennoch wollte die Frage sowohl über die Schutzzölle, als über die Differenzialzölle gar nicht vor der Kurie der drei

---

Herrmann Hoffmann.
Ferd. Jahn & Co
J. G. Ludendorff & Co.
Eug. F. Minsch.
Fried. Retzlaff.
C. Bach.
G. L. Borchers.
Böthke & Wach.
Julius Schmidt.
L. Heyn.
J. Agas & Co.
Rud. Zillmer.
A. W. Dähnert.
C. F. Ladwig.
Ferd. Kruse.
Kohlau & Silling.
Aug. Kreßmann.
M. Flemming & Co.
Aug. Renzmer.
Joh. Fr. Lebrenz.
J. Wahl.
F. G. Kanngießer.
Heinr. Kettner.
Jul. Eckstein.
J. H. Harmsen & Co.
Fr. Aug. Behnke.
Otto Radloff.
E. Münchmeyer.
A. Reinhard.

Herrmann Burchard.
J. Bräunlich.
A. Engelbrecht & Co.
G. A. Golien.
Joh. Ferd. Berg.
D. B. Breßler.
F. C. Lüdritz.
Krey & Drägan.
J. Wiesenthal.
Döbel & Eichhoff.
Aug. Sievert
P. C. Krüger.
Jul. Raabe.
Aug. Krüger.
Georg v. Melle.
Schülke & Koberstein.
H. E. Jahn.
Schreyer & Co.
Wertheim & Bander.
J. R. Degner.
Fried. Marggraf.
Ludw. Heske.
Gustav Pfeiffer.
Schmids & Schneider.
Carl Prüssing.
Th. Lieckfeld & Co.
Dreher & Herwig.
Louis Grotjohann.
Gebr. Schneider.

F. Rahm.
J. Meister.
C. Galle.
C. A. Bierbach.
Christen & Stolting.
J. C. Dieren.
H. Gravitz & Co.
D. Witte.
J. Schwolow.
Friedr. Poll.
Carl Wrede.
R. Stadion & Co.
Theod. Fuchs.
Rob. Golde.
Wummer.
Ferd. Rischmann & Co.
Schindler & Mützen
Aug. Hoffschild.
Gräber & Knorr.
C. W. Kemp.
Carl Schultze.
A. Philippi.
F. H. Petersen.
Friedr. Fatzler.
C. F. Fischer.
J. Lesser & Co.
A. H. Schultz.
J. Schön & Strömer.
Seidlitz & de la Barre.

Stände auf der Rennbahn der allgemeinen Discussion erscheinen. So sehr sich auch einzelne Deputirte, wie z. B. die Herren Camphausen und Merkens von Köln die Betreibung der Sache angelegen sein ließen, so viel Grund vorlag, wegen einzelner Petitionen gegen die Eisenzölle, die von Remscheid und von Danzig und von Stettin und von allen Ostseehäfen aus, unterstützt wurden, die Fragen im Zusammenhange und gründlich zu erwägen, die Sache kam nicht zur Discussion. Der Landtag schloß, ohne daß das Referat über Differenzialzölle nur gedruckt den Mitgliedern desselben mit auf die Reise gegeben werden konnte.

Es blieb deshalb den Deputirten der Ostseeprovinzen kein anderer Ausweg, als der Regierung (des Finanzministers Excellenz) Nachricht von dem Verlaufe der Verhandlungen zu geben, und sich zugleich an die Oeffentlichkeit zu wenden, um wenigstens das Volk, die Provinzen und diejenigen, die sich auch im allgemeinen Deutschen Nationalinteresse mit der vorliegenden Frage beschäftigt hatten, über den Verlauf der Verhandlungen aufzuklären.

Die Mittheilung der Aktenstücke und der Wunsch der Herrn Deputirten B. Michaelis und des Hrn. Kaufmann und Rathmanns Petschow von Uckermünde, der Verfasser möge es unternehmen, diese Frage in einer eigenen Schrift in ihrem ganzen Verlauf dem Deutschen Publikum vorzulegen, mußte mir eine um so größere Ehre sein, als alle noch beim Schluß des Landtags anwesende Deputirte der Ostseehäfen, so viel ich weiß, fast ohne Ausnahme, sich in einer eigenen Erklärung den Ansichten jener beiden Deputirten von der Region des Stettiner Haffs gegen das vorgeschlagene Projekt der Differenzialzölle anschlossen. Daß aber auch die Beistimmung des Deputirten von Barth, eines ebenfalls nicht unwichtigen Rhedereiplatzes, der schon abgereist war, gewiß erfolgen werde, wurde mir versichert, so wie ich selbst annehmen konnte, daß auch derjenige der Deputirten von Danzig, der Krankheits halber den Landtag bereits verlassen hatte, Herr Kommerzien- und Admiralitätsrath Abegg dieselbe Meinung theilte; ich durfte und darf dies voraussetzen, da ich bereits früher schon mit demselben eben wegen dieser Frage in spezielle Berührung zu treten, die Ehre gehabt hatte, und nachträglich mir auch die unten beigebrachte briefliche Erklärung überreicht wurde [1]).

Es liegt mir die Veröffentlichung dieser ganzen Verhandlungen, wie sie mir mitgetheilt wurden, aber um so mehr am Herzen, als es in der oben erwähnten Eingabe des Herrn Abgeordneten und Mitgliedes der sechsten Abtheilung V. Michaelis an Sr. Excellenz den Königlichen Geheimen Staats- und Finanzminister heißt:

„Die sechste Abtheilung hat über den Petitionsantrag des Herrn v. Heyden in fünf Sitzungen berathen und sich am 7. d. M. mit 8 gegen 3 Stimmen dagegen ausgesprochen.

„Der Referent Herr v. Beckerath erklärte zwar Anfangs, er könne, da er sich in der Minorität befände, das Referat nicht fortsetzen, änderte jedoch seinen Vorsatz und versprach das Gutachten der Abtheilung auszuarbeiten, wenn ihm von einem Mitgliede der Majorität das Material dazu gegeben würde. Dies ist dadurch geschehen, daß ich dem Herrn Referenten unter dem 9. das abschriftlich beiliegende Gutachten behändigt habe.

---

1) Herrn Professor Dr. Dönniges in Berlin.

Auf ihre gefällige Anfrage: ob ich mit der Erklärung vom 25. Juni 1847, welche mehrere Landtags-Abgeordnete aus den Provinzen Preußen und Pommern gegen Differenzialzölle abgegeben haben, einverstanden sei, erwiedere ich ergebenst, daß ich dieler Erklärung, so wie dieselbe von meinen werthen Mitbürgern, den Herren F. W Frantzius und Jebens gutgeheißen worden ist, uneingeschränkt beistimme, und dieselbe unterzeichnet haben würde, wenn ich damals noch in Berlin gewesen wäre. — Meine Ansicht von der Schädlichkeit der Differenzialzölle werden Sie auch in den Bemerkungen über dieselben und über Schutzzölle, angegeben finden, welche ich dem Vereinigten Landtage in den ersten Tagen des Juni in einer kleinen Schrift überreichen ließ, als Krankheit mich zur Abreise zwang.

Salzbrunn, den 14. Juni 1847.

Abegg,
Landtags-Abgeordneter aus Danzig.

„Als in der Sitzung der Abtheilung am 14. entschieden wurde, daß wegen Kürze der Zeit keine neuen Arbeiten mehr angenommen werden sollten, verlangte ich, daß wenigstens das Gutachten über die Differenzialzölle dem Herrn Landtags-Marschalle zugefertigt würde.

Der Herr Referent verweigerte jetzt entschieden, meinem Verlangen nachzukommen.

In Betracht ziehend, daß es zur Ausfertigung des Gutachtens dem Herrn Referenten nicht an Zeit gefehlt hat [1]), konnte ich in dem eingeschlagenen Verfahren nur eine absichtliche Unterdrückung der Majorität erblicken. Ich habe deshalb einen Protest zu Protokoll gegeben.

Wenn es als höchst bedauernswerth zu betrachten ist, daß ein so wichtiger Gegenstand nicht mehr zur Diskussion in der Ständeversammlung kommt, so muß ich auch befürchten, daß die Wünsche und Ansichten der Bewohner der Ostseeprovinzen nicht zu Ew. Excellenz Kenntniß kommen. Aus diesem Grunde habe ich es mir erlaubt, die Einlagen unterthänigst zu überreichen."

Berlin, den 16. Juni 1847.

P. Michaelis.

Wenn wir nun dahingestellt sein lassen, ob die Verzögerung eine absichtliche oder unabsichtliche von Seiten des Herrn von Beckerath gewesen sei, so fanden sich doch die Deputirten unserer Ostseestädte veranlaßt, die folgende Erklärung zu unterzeichnen und dem Verfasser dieser Schrift zur Veröffentlichung zu übergeben:

Erklärung der unterzeichneten Abgeordneten der Ostseestädte:

Da die sechste Abtheilung die ihr zugetheilten Petitionsanträge: auf Begünstigung der Vereinsschifffahrt durch Beförderung des direkten Verkehrs im Wege des Differenzialzoll-

1) Vom 9. bis zum 26. Juni war noch die Dauer des Landtags.

Systems wegen Kürze der Zeit nicht so weit vorbereitet hat, daß sie der hohen Ständeversammlung zur weitern Berathung hätten vorgelegt werden können, so fühlen, bei der Wichtigkeit des Gegenstandes, die unterzeichneten Abgeordneten sich gedrungen, deshalb ihr inniges Bedauern auszusprechen, und Folgendes zur Kenntniß der hohen Versammlung zu bringen.

Sie können in keiner Weise damit übereinstimmen, daß die in den Petitionen vorangestellten Endzwecke erreicht werden. Da den direkten Beziehungen aus außereuropäischen Produktions-Ländern positive Hindernisse nicht entgegenstehen, so wird die vorgeschlagene Maaßregel weniger ein Beförderungsmittel, als eine entschiedene Beschränkung des indirekten Verkehrs sein, welcher unter gewissen Verhältnissen vortheilhafter betrieben werden kann, als der direkte.

Um Beeinträchtigungen zu begegnen, welche der vaterländischen Rhederei durch die Schifffahrts-Gesetze anderer Nationen zugefügt werden, sind Differenzialzölle im Allgemeinen nicht nöthig. Es genügt, bei Schließung von Handels- und Schifffahrts-Verträgen, „für Begünstigungen, Gegenbegünstigungen und für jede einzelne Beschränkung eine entsprechende Repressalie anzuordnen."

Die Unterzeichneten können nicht zugeben, daß die preußische Rhederei nicht Schritt halte mit den übrigen Industriezweigen des Zollvereins. Die preußische Flagge weht in allen Weltgegenden und wird sich noch mehr entfalten, je nach den natürlichen Bedürfnissen der Völker und ihren ungekünstelten Beziehungen unter einander, sie ist in ihrer Entwickelung ohne Schutzzölle fortgeschritten, erhält sich auf dem Niveau der Zeitverhältnisse und wird nur dann einen bedeutenden Aufschwung nehmen können, wenn der Bau ihrer Schiffe nicht durch hohe Eisenzölle erschwert und ihre Fahrten durch den Sundzoll nicht mehr belästigt werden.

Im Interesse der durch sie vertretenen Städte erklären die Unterzeichneten sich entschieden gegen Einführung eines Differenzialzoll-Systems und sprechen hiermit die Ueberzeugung aus: „daß nur ungekünstelte Entwickelung und freie

Bewegung im Innern und nach Außen zum Aufblühen des Handels und der Schifffahrt beitragen werden."

Berlin, den 25. Juni 1847.

(gez.) Petschow, Landtags-Abgeordneter aus Ueckermünde.
(gez.) Fr. W. Jahnke, Abgeordneter aus Swinemünde.
(gez.) J. F. Grunau, Landtangs-Abgeordneter für Stolp.
(gez.) C. Arndt, Abgeordneter für Anklam.
(gez.) B. Michaelis, Abgeordneter im Randower Kr.
(gez.) C. G. Fabricius, für Stralsund.
(gez.) Dr. Zumssen, für Greifswald.

(gez.) Denzin, für Rügenwalde.
(gez.) M. Jebens, von Danzig.
(gez.) F. W. Frantzius, für Danzig.
(zeg.) Frentzel Beymer, aus Memel.
(gez.) Stägemann, Heinrich, für Königsberg in Pr.
(gez.) J. Grunau, aus Elbing.

Der hohe Standpunkt über aller Polizeihülfe des Staats, welchen die Abfasser dieser Erklärung einnehmen, das Vertrauen zu eigner Kraft und Tüchtigkeit als Grundlage alles wirthschaftlichen Strebens, welches sie ausdrücken, und welches sie unendlich hoch über die Mehrzahl unserer Schutz anflehenden Fabrikanten erhebt, werden des Eindrucks auf das deutsche Volk nicht verfehlen. Uebrigens kann der Verfasser ausdrücklich erklären, daß unter diesen Deputirten selbst große Rheder und Zuckersiederei-Besitzer sich befinden, die, wenn es sich bei dieser Frage um Beförderung ihres Privatinteresses auf Kosten ihrer Mitbürger handeln könnte, eher von den vorgeschlagenen Maaßregeln der Differenzialzölle ihren Privatvortheil gehabt hätten. Aber eben diesen unrechtlichen Privatvortheil überall, wo er sich geltend machen will, verschmähend, erklärten sie auch, sie, von denen mehrere vier und fünf Schiffe in See haben, ihre vollkommene Beistimmung dem Verfasser dieser Schrift, als er die Meinung aussprach, es handele sich nicht allein darum, das lokale und vielleicht einseitige Interesse der Ostseestädte geltend zu machen, sondern es müsse die Frage der Differenzialzölle vom gemeinsamen und höhern Standpunkt der vaterländischen Interessen überhaupt beleuchtet werden. Gerade in ihnen erkannte der Verfasser mit großer Freude die wahrhaften Stützen unserer nationalen Handelspolitik, Vertheidiger unserer nationalen Ehre anderen Völkern gegenüber, die aber nicht den Hintergedanken hatten, wie andere Herren des Westens, sich ihr Theilchen Profit von dieser Maaßregel der nationalen Ehre, als welche man die Differenzialzölle auch anwenden kann, zurückzulegen, und so unbemerkt unter deckendem Schilde den Eigennutz zu verhehlen.

Mit ihrer Zustimmung daher und auf ihren wie nach seinem eigenen Wunsche unternahm er es, die Frage vom deutschen Standpunkte aus, zu beleuchten, um so mehr, als gerade in denselben Tagen, wo er die Ehre dieses Auftrages empfing, eine Schrift von Frankfurt am Main über Differenzialzölle im Verhältniß des deutschen Zollvereins zu andern Ländern (von H. L. Biersack 1847) erschien, die vom Interesse des deutschen Zollvereins, namentlich auch der rheinischen Territorien aus alle die verschiedenen bis jetzt bekannt gewordenen Differenzialzoll-Projekte zurückwies, und als fast in denselben Tagen die Schrift eines hamburger Bürgers, des Dr. C. W. Asher (nationale Handelspolitik, Differenzialzölle, Schifffahrtsgesetz, Berlin, 1847) sie auch im Interesse der Hansestädte als nichtig, zum Theil als nichtssagend, zum Theil als schädlich, mit so gründlicher Darlegung der Verhältnisse des direkten Waarenhandels nachwies, daß bei der Uebereinstimmung derjenigen Blätter, die in Hamburg selbst als tüchtige Organe des Handels angesehen werden, wir meinen des hamburger Correspondenten und der Börsenhalle, diese Maaßregel als eine bereits von denjenigen, welche dabei zunächst betheiligt wären, fast allgemein abgewiesene zu betrachten ist.

Wenn es der Verfasser daher übernimmt, hier die Gründe

zu beleuchten, die für und gegen die Differenzialzölle geäußert worden sind, und diese so einleuchtend, wie es möglich und wünschenswerth erscheint, zusammenzustellen, so kann er es sich nicht versagen, auch auf einige weitere Gesichtspunkte wenigstens nebenbei einzugehen, welche mit der Frage im Zusammenhange stehen.

Daß es ihm möglich wurde, sich in den wesentlichsten Punkten dieser Frage auf glaubwürdige Aktenstücke statistischen Inhalts für unsere Schifffahrt, Rhederei und direkten Waarenverkehr zu stützen, hat er der Güte des Herrn General-Steuer-Direktors zu verdanken, der ihm auf sein Ansuchen mit dem größten Wohlwollen und ohne allen Hinterhalt die Hand bot. Er fühlt sich also verpflichtet, demselben im Interesse der Sache, unserer Ostseehäfen, wie des deutschen Zollvereins seinen Dank öffentlich auszusprechen.

Nachdem die obigen Worte bereits zum Drucke vorbereitet waren, sind im August d. J. noch mehrere andere Abweisungen der Differenzialzoll-Projekte bekannt geworden. Außer den Deklarationen der Rheder und Kaufleute von Swinemünde und Ueckermünde, die der Erklärung der 14 Abgeordneten beitraten, ist besonders die Denkschrift des Senats von Hamburg zu erwähnen: „Das Differenzialzoll-System nach den bei mehreren Nordseestaaten Deutschlands zur Erörterung gekommenen Vorschlägen für die Errichtung eines deutschen Schifffahrts- und Handelsvereins. Hamburg, 1847. Diese meisterhafte Schrift ist theils mit so umfassender Kenntniß unseres deutschen Handels geschrieben, mit so verständiger Klarheit in der Würdigung auch der politischen Seite der Frage allen andern Staaten gegenüber, theils bringt dieselbe ein so reiches Material für unsere deutschen Handels- und Schifffahrts-Verhältnisse bei, daß der Verfasser dieser nachträglich kommenden Schrift geschwiegen haben würde, hätte er sich nicht im Stande gefunden, in manchen Punkten das von Hamburg her weniger Anggeklärte in unsern Zollvereins-Verhältnissen, namentlich in den Interessen unserer Ostseeprovinzen weiter zu beleuchten. —

Nachdem nun aber neuerdings zu den Abweisungen der Differenzialzoll-Projekte von Hamburg und Lübeck aus, zu den Erklärungen der Deputirten der preußischen Ostseehäfen, der großen Mehrzahl der stettiner, der ganzen danziger und königsberger Kaufmannschaft noch speziell die Erklärung der swinemünder und ückermünder Rheder und Kaufleute, eine eigene Erklärung von Anklam, eine eigene von Stolpe und Elbing hinzutraten (vergl. Börsennachrichten der Ostsee No. 57. der 4. Beilage, 63 des Hauptblatts, 62 der 5. Beilage d. J.), so fehlten nur im deutschen Zollvereine die Rheder und Kaufleute Neuvorpommerns, unter denen besonders die Stimme Stralsunds als des zweiten Rhedereiplatzes im Zollvereine von Wichtigkeit war. Aber auch diese, Rheder und Kaufleute Neuvorpommerns, haben sich bereits unterm 9. August d. J. sehr entschieden und kräftig nach allen Seiten hin gegen Differenzialzölle in einer eigenen Eingabe und Erklärung an des Finanzministers Excellenz verwahrt, und es erscheint demnach unter allen Seeplätzen Deutschlands das einzige Bremen, wenigstens wenn man den fast unglaublichen Zeitungsgerüchten glauben darf, sich für Differenzialzölle unbegreiflicher Weise erklärt zu haben, und somit ganz isolirt dazustehen. Da die schlagende Erklärung der Rheder und Kaufleute Neuvorpommerns noch nicht der Oeffentlichkeit übergeben wurde, so erscheint sie hier vollständig abgedruckt in der Beilage I., wie sie dem Verfasser vom Herrn Deputirten B. Michaelis, Rittmeister a. D., unterm 14. Sept. d. J. mitgetheilt ist.

W. P.

I. Ueber Differenzial-Zölle, ihre Wirkung und Unterschiede.

Differenzialzölle (discriminating duties, surtaxes) sind Unterschiedszölle auf Schiff oder Ladung je nach der Nationalität der Schiffe oder dem Ursprunge und Bezuge der Waaren; ungleich aufgelegt, d. h. niedriger zu Gunsten der nationalen Schiffe oder des eigenen direkten Handels, höher gegen fremde Schifffahrt und gegen den indirekten Handel überhaupt; oder endlich auch so aufgelegt, daß sie für die nationale Schifffahrt und den direkten Handel, so wie für die gleichgestellten Nationen, ganz wegfallen, während sie für die nicht begünstigten bestehen bleiben. Die Unterschiedszölle zerfallen hiernach wesentlich in drei Kategorieen:

1) In Flaggen- und Tonnengelder (tonnage), oft verbunden mit den Hafengeldern und Leuchtgeldern. Dies sind Abgaben vom Schiffskörper (Schiffsgefäß), die entweder allein von fremden Schiffen, oder höher von fremden Schiffen als von den nationalen erhoben werden. Diese Zölle sind jedoch in neuerer Zeit fast allgemein durch die Handelsverträge auf den Fuß der Gleichheit oder gegenseitigen Aufhebung zurückgeführt worden. So bezahlen z. B. nach dem Gesetz vom 28. April 1816 in Frankreich die inländischen Schiffe kein Tonnengeld; fremde, nicht gleichgestellte, dagegen etwas über 4 Fr. pro Tonne. Die Flaggengelder in Preußen nach der Kabinets-Ordre vom 20. Juni 1822 gehören ebenfalls hierher.

2) Von der Ladung der fremden Schiffe werden Differenzialzölle zu Gunsten der nationalen Flagge, die für die

nationalen Schiffe ganz wegfallen, erhoben, oder es werden höhere Zölle, als von den einheimischen erhoben. So verordnete das Schifffahrtsgesetz der nordamerikanischen Union als eine Retorsions-Maaßregel nicht nur, daß alle fremden nach den Vereinigten Staaten handeltreibenden Schiffe $\frac{1}{2}$ Piaster mehr pro Schiffstonne entrichten sollten, sondern auch, daß alle Waaren der Ladung in fremden, nicht gleichgestellten Schiffen eingeführt, 10 pCt. mehr entrichten sollten, als in amerikanischen Schiffen. So zahlen ferner in Frankreich nur fremde Schiffe von der Ladung einen Zoll, welcher nach dem Orte, woher sie kommen, wechselt. Er beträgt pro Tonne bei Einfuhren aus europäischen Entrepots und aus dem Mittelländischen Meere 50 Fr.; bei Einfuhren von Orten außerhalb Europa 100 Fr.; bei Einfuhren vom Cap der guten Hoffnung und westlich vom Cap Horn 200 bis 300 Fr. Außerdem sind in diesem Lande des Restriktiv-Systems Surtares gegen die fremde Schifffahrt fast bei allen wichtigen Handels-Artikeln angeordnet. — Dagegen haben die meisten europäischen Staaten, welche diese Art der Differenzialzölle von der Ladung einführten, sie dadurch wieder aufgehoben, daß sie Verträge schlossen, nach welchen die Schiffe der begünstigten Nationen mit den nationalen gleichgestellt wurden. So ist dies namentlich auch in England und Holland geschehen.

3) Differenzialzölle für den direkten gegen den indirekten Handel, so daß man den Grundsatz aufstellt, alle Waaren, die nicht unmittelbar vom Ursprungslande eingeführt werden (gleichviel ob in fremden oder einheimischen Schiffen), sondern von Zwischenmärkten herkommen, werden mit höheren Zöllen belegt; oder es genießen diejenigen Waaren, welche direkt vom Ursprungslande eingeführt werden, einen Zoll-Rabatt bei der Einfuhr (etwa von 20 pCt.) gegen die Verzollung der indirekt eingeführten. In England, das die Differenzial-Zölle auf dem Wege der Verträge für alle begünstigten Nationen aufgehoben hat, steigert sich die letzte Maaßregel der Waaren-Differenzial-Zölle zum Verbot des indirekten Handels nach England, und nur einzelne Ausnahmen davon

sind einigen deutschen Flaggen neuerlich zugestanden. In Frankreich werden diese Differenzialzölle zu Gunsten des direkten Handels bei den einzelnen Waaren verschiedenartig, je nach den Ländern, erhoben, wo sie herkommen; das heißt die Zölle steigen wenigstens höher, wenn die Waaren nicht direkt von den Erzeugungs-Ländern eingeführt werden. So zahlt die Baumwolle pro Ctr. aus nicht europäischen Ländern kommend 20 Fr., aus europäischen Entrepots kommend 30 Fr. Diese Zölle beruhen nun nicht nur auf der Annahme, daß der direkte Handel immer wünschenswerther als der indirekte, und deshalb zu begünstigen sei, sondern sie bezwecken auch, wenn man damit die Differenzial-Zölle für die nationale Flagge von der Ladung fremder Schiffe kombinirt, eine noch umfassendere Begünstigung und Beförderung für den Theil der Kaufleute und Rheder, der vorzugsweise die Schifffahrt nach den transatlantischen Ländern direkt betreibt. Es sind einseitige Förderungs-Maaßregeln für einen Theil der Rhederei und des Handels. Da sich nun mit einem allgemeinen Zoll-Rabatt oder Zoll-Aufschlag (selbst etwa um 20 pCt.) in Bezug auf alle solche Handels-Artikel, die, wie Indigo, Felle, Baumwolle, Farbhölzer u. s. w., als Hülfsstoffe der Fabrikation sehr niedrig oder gar nicht belastet zu sein pflegen, sehr wenig wegen des unbedeutenden Unterschieds des Zollbetrags für direkten und indirekten Handel erreichen ließe, so wird man durch diese Maaßregel meist genöthigt, fast in allen wichtigen einzelnen Handels-Artikeln die verschiedenartigsten Zollsätze anzunehmen und sie zu erhöhen, je nachdem man der Industrie und den Verbrauchern der Waare etwas bieten zu können meint, oder je nachdem man den Handel mit dem einen und dem anderen transatlantischen Lande für besonders vortheilhaft hält. Deshalb zahlt die Baumwolle aus den französischen Kolonieen nur 5 Fr., die aus Ost- oder Westindien 10 Fr.; aus andern transatlantischen Ländern (gerade die beste Baumwolle) 20 Fr., und die aus den europäischen Entrepots (oft die wohlfeilste Baumwolle) 30 Fr. beim Eingange in Frankreich. — Welch' eine ungeheure Störung des Handels und welch' eine Belastung der Fabrikation dadurch bewirkt werden kann, ist auf den ersten Blick ersichtlich, wenn man beachtet, daß andere Nationen die Baumwolle ganz frei eingehen lassen. Solche Differenzialzölle oder auch Verbote gegen den indirekten Handel können aber überhaupt nur solche Länder bei sich einzuführen wagen, deren Schifffahrt und Handel eine einseitige Richtung auf den direkten Verkehr mit transatlantischen Ländern durch die Natur der Dinge oder die Lage des Landes, oder Kolonieenbesitz genommen hat, dagegen niemals solche Länder, deren Haupt-Interesse die Frachtschifffahrt, gleichviel, ob mit eigenen oder fremden Artikeln, ist. England hätte niemals den indirekten Handel verbieten können, wenn es eine so bedeutende Frachtschifffahrt, wie Holland, gehabt hätte, oder wenn es einen so wohlfeilen Schiffsbau, wie die Ostseeländer hätte. — Nur Belgien konnte noch in neuester Zeit, seit 1844, dem Zuge Frankreichs in dieser Art der Differenzialzölle folgen (es belästigt die indirekte Schifffahrt mit höheren Zöllen, als die direkte, und in der direkten Schifffahrt die fremde Flagge mit höheren Zöllen, als die nationale), weil sein Seehandel ganz vorzüglich auf die beiden Stationspunkte von Nord-Amerika und England hinweist, und außerdem das Land auf den Bezug einer großen Menge niederländischer Kolonial-Waaren angewiesen ist. Deshalb gab eben das Differenzial-Zollgesetz von Belgien sogleich auch drei sehr wichtige Ausnahmen von der Regel zu, indem es für den direkten Handel die nordamerikanische Flagge der nationalen gleichstellte, für 7 Millionen Kil. Kaffe aus den Niederlanden die Zölle ermäßigte, und es den belgischen Schiffen freistellte, auf transatlantischen Rückfahrten in europäischen Häfen landen, d. h. weitere Bestimmungen für den direkten oder indirekten Absatz der Waaren abwarten zu können, ohne den Anspruch auf die niedrigsten Zölle zu verlieren.

4) Nur uneigentlich gehören auch die Maaßregeln hierher, die zur Förderung der engeren Handelsverbindung zwischen Kolonieen und Mutterland von allen Kolonieen besitzenden Staaten ergriffen sind. Man weiß, daß die eigentliche Küsten-Schifffahrt oder die Cabotage, d. h. die Schifffahrt von einem

inländischen Hafen zum anderen, so gut im Zollvereine, wie in allen anderen Ländern der fremden Flagge verboten ist. Dieses Verbot dehnte man nun schon seit der Entstehung des Kolonial-Systems auf die Kolonieen dadurch aus, daß man jede fremde Flagge von der Schifffahrt und dem Handel zwischen Kolonien und Mutterland ausschloß. Indirekten Handel fremder Schiffe mit Waaren des Mutterlandes nach den Kolonieen erlaubte man nicht; dieser Handel wurde wie eine Art Cabotage angesehen. Aber man trifft auch den direkten Schifffahrtsverkehr fremder Länder mit den Kolonieen ebenfalls durch jene obige Art von Surtaren oder Differenzialzöllen, d. h. man behält den indirekten Waarenhandel mit europäischen Waaren den Schiffen des Mutterlandes vorzugsweise vor, so daß man nicht nur den Kolonieen die Gelegenheit erschwert, europäische Waaren in etwa wohlfeilerer Fracht durch fremde Schiffe zu beziehen, sondern auch ihnen die Gelegenheit erschwert, vermöge der sonst ungehinderten Konkurrenz der fremden Schiffe ihre Kolonialwaaren direkt und auf die wohlfeilste Weise an jene anderen Nationen abzusetzen. In diesem Verfahren steht Holland in der Reihe der europäischen Staaten obenan, und der deutsche Zollverein hat allerdings ein vorzügliches Interesse, das Aufhören jener Belastungen zu erreichen oder zu erzwingen, weil die südlichen und westlichen Bewohner der Zollvereins-Länder die bedeutendsten Konsumenten der niederländischen Kolonialartikel sind. Mit Recht hob diese Unbill die Petition bei der Herren-Kurie mit den Worten hervor:

„In Java müssen preußische Schiffe 100 pCt. Ausfuhrzoll auf Kaffee mehr bezahlen, als die holländischen; bei der Einfuhr sind letztere in ähnlicher Weise begünstigt. Z. B. bezahlen holländische Baumwollenwaaren in holländischen Schiffen eingeführt $12\frac{1}{2}$ pCt vom Werthe; preußische Baumwollenwaaren in holländischen Schiffen 25 pCt. und in preußischen Schiffen eingeführt 50 pCt vom Werthe, ungeachtet der Zollverein der größte Abnehmer der in Holland verkauften Javaprodukte ist. Auch Spanien, wie England haben in ihren Kolonieen, letzteres auch in Ostindien, diese Differenzialzölle. In Cuba müssen deutsche Leinen, in deutschen Schiffen eingeführt $18\frac{1}{4}$ pCt vom Werthe bezahlen, während im Zollverein die Erzeugnisse von Cuba, Java u. s. w. zu gleichen Sätzen eingeführt werden können, gleichviel, ob solche mit spanischen, holländischen oder preußischen Schiffen ankommen." —

So belästigend nun auch diese Maaßregeln für uns Deutsche sind, so müssen wir doch, ehe wir Retorsionsmaaßregeln gegen ein solches Verfahren blind annehmen, vor allen Dingen nach der Wirkung solcher Differenzialzölle fragen, damit wir dann beantworten können, ob sie nicht an sich Thorheiten seien und Belästigungen auch jener Länder mit sich bringen, die es räthlicher machen, lieber andere Retorsionen zu ergreifen, als Differenzialzölle gegen Differenzialzölle anzuwenden; denn so viel leuchtet auf den ersten Blick ein, daß wir ganz dieselben Maaßregeln nicht einmal im deutschen Zollverein anwenden können, weil wir keine Kolonieen besitzen. Wir können hier schon, blos formell genommen, gar nicht dieselben Maaßregeln ergreifen, weil wir auch nicht gleiche Vortheile, nämlich freieren Handel mit Kolonieen des deutschen Zollvereins, jenen Ländern bieten können, und weil wir uns vielleicht selbst nur wehe thun würden, ohne den Zweck, nämlich freieren Handel zu erreichen.

Die Wirkungen der Differenzialzölle, mögen sie nun als Unterschiede der Schifffahrts-Abgaben eintreten, je nach den Flaggen, oder je nach den Ursprungsländern, in welchen die Waaren erzeugt sind, oder je nach den Märkten, von welchen diese Waaren bezogen werden, sind folgende:

1) Differenzialzölle sollen oder müssen die Fracht für die begünstigten Schiffe einer Nation im Gegensatz zu den nichtbegünstigten erhöhen; haben sie diese Wirkung nicht, so haben sie gar keine Wirkung; haben sie sie nicht mehr, so sind sie überflüssig. Wenn ein Zollrabatt von 20 pCt. für die direkte Schifffahrt und den transatlantischen direkten Waarenhandel den preußischen Schiffen bewilligt wird, oder wenn die im indirekten Handel, d. h. nicht vom Erzeugungslande direkt eingeführten Waaren 20 pCt. Zoll mehr bezahlen müssen (durch einen

Zollaufschlag, was dasselbe ist), so sollen sich die direkten Bezüge jener Waaren dadurch vermehren, daß sich die Schiffe vermehren, welche jenen direkten Handel, etwa zwischen Amerika und dem Zollverein, vermitteln. Die inländischen Rheder sollen die Vergünstigung haben, durch eine angemessene Erhöhung ihrer Fracht um den Zollunterschied die Preise der gefrachteten Waaren so hoch zu steigern, daß sie nun mit den wohlfeiler fahrenden ausländischen Schiffen Konkurrenz halten können, und daß sie nun die im indirekten Handel beschäftigten Schiffe überflügeln oder aus der Konkurrenz im gleichen Waarenhandel verdrängen können. Der Differenzialzoll ist also ein Schutzzoll, ein Vertheuerungszoll zu Gunsten des inländischen Rheders zunächst, und zwar für den inländischen Rheder, der den direkten Handel vermittelt.

Erhöht der Zollverein die Zölle auf transatlantische Produkte um 1 Rthlr. pro Centner, wenn sie indirekt eingeführt werden, oder läßt er 1 Rthlr. daran nach, wenn sie direkt, d. h. von den Ursprungsländern eingeführt werden, so hat der inländische Rheder, welcher 8000 Ctr. Zucker, Baumwolle, Tabak mit einem Schiffe von daher bringt, die Macht in den Händen — da die Preise gleicher Produkte auf den inländischen Märkten gleich sind — seine direkte Fracht um 8000 Rthlr. zu steigern. Derjenige Rheder, der diese Waaren aus europäischen Entrepots mit seinen Schiffen bezieht, muß die höheren Zölle zahlen, es müssen sich die Preise der indirekt bezogenen Waaren um den Zoll höher stellen; dieser muß herausgeschlagen werden, oder der indirekte Handel muß aufhören.

Immer zahlt der Rheder in direkter Schifffahrt weniger Zoll, ihm kommt also die Differenz zu gut, er kann die Preise seiner Waaren, wenn er eigenen Handel treibt, um diesen Zollbetrag steigern. Immer ist es die Differenz zwischen dem Zollsatz für die begünstigte Schifffahrt und den begünstigten Waarenhandel und zwischen dem Zollsatz der nicht begünstigten, welche als reiner Gewinn für den Rheder übrig bleibt. — Dieser Gewinn soll stattfinden, um zur Vermehrung der direkten

Schifffahrt und der direkten Handelsbeziehungen zu reizen. Ist nun aber die Zahl der Schiffe klein, welche diesen Handel vermitteln können, etwa wegen des bisherigen Baues der Schiffe oder wegen der bisherigen Handelsbeziehungen des Landes, wo die Unterschiedszölle eingeführt worden, so wird sich die Frachterhöhung auch auf den ganzen Zollunterschied steigern und längere Zeit auf dieser Höhe erhalten können. Vermehren sich die Schiffe für den direkten Handel, so wird zwar die Konkurrenz unter ihnen eine Verringerung der Frachtsätze bewirken, immer aber wird ein Unterschied des Zollsatzes und deshalb auch der Fracht für den indirekten Handel bleiben, wenn nicht Schiffe für den direkten Waarenverkehr etwa bis zu solchem Ueberflusse entständen, daß sie die erhöhte Fracht um anfangs vielleicht 4000, dann um 6000, dann um 8000 Rthlr. herabdrückten. Wäre dies aber geschehen, so wäre der Differenzialzoll auch überflüssig geworden und hätte keine Wirkung mehr für die direkte Schifffahrt. So lange aber der Zollunterschied besteht, müssen auch die indirekt bezogenen Waaren den höheren Zoll tragen. Ein Schiff gleicher Tragfähigkeit also, was von England Kolonialwaaren oder transatlantische Produkte einnimmt, müßte für 8000 Ctr. 8000 Rthlr. mehr entrichten. Nur so lange, als die direkten Rheder und Kaufleute nicht die Fracht herabdrücken und einen Theil ihres Gewinnes aufgeben, können die indirekten noch in gleichen Waaren mit ihnen konkurriren. Fangen jene aber an, sich zu vermehren, so muß der indirekte Handel aufgegeben werden, denn er kann nun nicht mehr den vollen Kostenbetrag des Zolls aus seinen Waaren erhalten, er wird vollkommen vom Markte verdrängt. Bringt er 8000 Ctr. transatlantischer Produkte auf den Markt, und hätte er sie auch gleich wohlfeil, wie der direkte Rheder bezogen, so käme doch der Zoll hinzu; drücken nun die direkten Bezieher unter einander die Preise ihrer Waaren herab, so daß Jeder von ihnen 2000 Rthlr. am Gewinn aufgäbe, oder nur 1000 Rthlr., oder nur 100 Rthlr., so würde der indirekte Bezieher sein Geschäft nicht mehr fortsetzen können, denn er käme nicht zu seinen Kosten.

So wie also dasjenige eintritt, was die Vertheidiger der Schutz- und Differenzialzölle erreichen wollen, eine hinreichende Vermehrung der direkten Schifffahrt und des direkten Handels, so würde der indirekte Handel mit gleichen Waaren vernichtet sein. Wenn nun im wirklichen Leben auch nicht so rasch, als es scheinen möchte, eben diese Wirkung eintreten würde (der indirekte Handel würde sich mit Aufstapelung der Waaren bis zur Preissteigerung derselben in einzelnen Fällen zu helfen suchen, der direkte Handel würde öfters so viel Kosten mehr wegen der größeren Gefahren und des Risikos und der längeren Fracht verursachen, daß er die Preise seiner Produkte zu steigern genöthigt wäre), so ist doch so viel ganz unleugbar, allmälig müßten jene Wirkungen eintreten, man müßte der indirekten Schifffahrt und diesem Handel immer mehr Kapitalien entziehen; man könnte nicht mehr die Gelegenheit des temporair wohlfeileren Waarenbezugs rechtzeitig ergreifen, eine sehr bedeutende Verminderung der indirekten Schifffahrt und des indirekten Handels müßte die Folge sein, was unter Umständen, wie weiter unten sich zeigen wird, ein großer Verlust für die Schifffährt und den Handel eines Landes sein kann.

Es ist dies aber um so mehr zu beachten, als wohl fast alle bedeutende Rheder in Deutschland auch Kaufleute sind, nur wenige bloßen Schiffbau und bloße Fracht-Schifffahrt treiben, und wiederum die meisten Rheder eben sowohl beim direkten, als indirekten Handel zugleich betheiligt sind; daher auch der merkwürdige Umstand, daß sie selbst die Differenzialzölle entschieden zurückweisen; — nur die Bremer thun dies nicht. —

2) Würden nun aber die Vortheile der Differenzialzölle für direkte Schifffahrt dem eigenen Lande allein zu Gute kommen? Dies ist es gerade, was äußerst zweifelhaft erscheint, fast niemals vollständig eintritt. Die Schiffe der Ursprungs-Länder der Waaren, also hier der transatlantischen Produkte, müssen gleichgestellt werden mit der nationalen Flagge. Sie genießen den Zollrabatt sowohl für die Ladung der Schiffe als für die unmittelbar zu uns gebrachten Waaren, weil sie sonst

bei dem Mangel der Gegenseitigkeit ganz einfach unsere Schiffe bei sich nicht gleichstellen und unsere Waaren höher belasten würden. So tritt es also ein, daß z. B. im direkten Handel zwischen Belgien und Nord-Amerika, zwischen England und Nord-Amerika, zwischen Frankreich und Nord-Amerika, die nord-amerikanische Flagge alle jene drei Flaggen überflügelt hat, daß es also die fremde Flagge ist, welche in höherem Grade die Vortheile des Zollrabatts für die Schifffahrt, wie für die direkten Waarenbezüge genießt, und daß also die Rhederei des „nationalen Landes" den größeren Vortheil nicht erhält. Jene drei Länder haben ihren indirekten Handel benachtheiligt, haben auf die Vortheile desselben verzichtet, um einen viel geringeren Vortheil zum größten Theile an den Ausländer abzutreten. Wie würde sich die Sache denn nun im deutschen Zollverein stellen? Würden nicht auch bei uns die Nordamerikaner in sehr vielen Fällen wenigstens gleichen Antheil an der direkten Schifffahrt und dem direkten Handel nehmen, um so mehr, als ihre Schiffe bereits für diesen direkten Verkehr, nach England, Belgien, Frankreich, vorhanden sind?

3) Die Differenzialzölle, wenn sie wirksam sein sollen für die Schifffahrt, müssen einen großen Nachtheil und eine große Störung für die Gewerbe und den Handel des Vaterlandes mit sich bringen. Man denke sich die Artikel des Waarenhandels, Baumwolle und Zucker, nur mit ½ Rthlr. pro Ctr. höher belastet, wenn sie indirekt eingeführt werden, so wird dies einen sehr großen Nachtheil für unsere Baumwollen-Industrie, wie für unsere Zucker-Raffinerieen mit sich bringen. Hamburg führt jetzt über 200,000 Ctnr. Baumwolle jährlich ein, wovon nur etwas über 50,000 Ctnr. unmittelbar transatlantischer Bezug sind. Der größte Theil dieser Baumwolle geht in den Zollverein zum Verbrauch für die inländischen Spinnereien, der Zollverein führt überhaupt jetzt 300,000 Ctnr. Baumwolle in runder Summe ein. Wenigstens zwei Drittel davon werden auf indirektem Wege von den großen Zwischenmärkten, namentlich Englands, bezogen, wo man stets die Baumwolle aller Qualitäten nnd aller Preise findet.

Sollten nun für 200,000 Ctnr. Baumwolle nur 100,000 Rthlr. jährlich mehr Zoll entrichtet werden, so würde dieser Umstand nicht nur die inländischen Spinnereien mit diesem größeren Zollvorschuß belasten, sondern auch eine vermehrte Konkurrenz aller derjenigen fremden Baumwollenwaaren und Twiste im Inlande möglich machen, welche für den Rohstoff in ihrem Produktionslande nicht diesen Zoll zu leisten haben. Aber auch für die anderen direkt bezogenen 100,000 Ctnr. müßte ein Preisaufschlag erfolgen, wenn der zu vermehrende direkte Bezug durch die nationale Schifffahrt erreicht werden soll, denn ohne einen solchen Gewinn würden sich die Handeltreibenden nicht zu den neuen direkten Bezügen herbeilassen. Regelmäßig würden also unsere Spinner die Baumwolle theurer erhalten, als z. B. England, und unsere Weber würden um so weniger im Stande sein, auf ausländischen Märkten mit anderen Geweben zu konkurriren. Daß sich allmälig auch bei uns Baumwollenmärkte im Inlande bilden würden, kann um so weniger als ein Ersatz für die Industrie angesehen werden, als diese dann nur von diesen inländischen Märkten etwa zu gleichen Preisen später die Baumwolle beziehen würde, wie jetzt von den durch die Natur der Dinge geschaffenen größeren Weltmärkten. Die Verluste der Zwischenzeit und die Störung der Handelswege würde sie dann getragen haben, um gleiche Vortheile, d. h. etwa gleiche Preise, und doch nicht eine gleich große Auswahl des Rohstoffes zu erringen. — Ueber Holland werden jetzt circa 400,000 Ctnr. Javazucker in den Zollverein eingeführt; die Handelsstraße des Rheins und die rheinländischen Raffinerieen sind es also, die zunächst unter der Erhöhung des indirekt bezogenen Zuckers leiden würden. Es würde ein Aufschlag des Zuckers erfolgen, der eine Verminderung der Consumtion und eine vergrößerte Konkurrenz des direkt bezogenen Zuckers mit sich bringen müßte. Erfolgte aber der Aufschlag nicht, so hätte der Differenzialzoll auch keine Wirkung. — Kann man nun auch Holland mit der verminderten Einfuhr wehe thun, so bleibt es doch wieder die Frage (welche unten berührt wird), ob wir zu unserem Vortheile dadurch Konzessionen erzwingen würden, oder ob nicht von Seiten Hollands Alles beim Alten bliebe, so daß wir uns selbst und Anderen zugleich nur Nachtheil zugefügt haben. Ganz ähnlich würde dies aber mit Differenzialzöllen auf Wildhäute und Indigo erfolgen, welche beide Artikel zum größten Theile auf indirektem Handelswege bezogen werden.

4) Differenzialzölle gewähren dem ausländischen Produktionslande, von welchem her der direkte Handel begünstigt werden soll, den Vortheil der Preissteigerung für seine Produkte im Gegensatz zu den gleichartigen Produkten anderer nicht begünstigter Produktionsländer. „Wenn man von allen Konjunkturen, welche auf die Preise der Waaren einen Einfluß üben, absieht," sagt ganz richtig in dieser Beziehung die bekannte Denkschrift des Handelsamtes, „würde die Bestimmung eines niederen Zolls bei der Einfuhr in das Gebiet des Zollvereins auf die Waare eines bestimmten Produktionslandes gegen die gleichnamige Waare aus anderen Produktionsländern Veranlassung dazu geben, daß die Konsumenten im Zollverein ihren ganzen Bedarf an dieser Waare, welcher früher von verschiedenen Märkten her befriedigt wurde, in dem durch den Zoll begünstigten Produktionslande suchten. Schon die vermehrte Nachfrage würde dort zunächst den Marktpreis der Waare steigern — vorausgesetzt, daß der Bedarf des Consumtionslandes von dem Belang ist, um auf den Märkten fühlbar zu werden — bis etwa eine dadurch vermehrte Produktion das Verhältniß zwischen Angebot und Nachfrage wieder ausgliche. Ueberdies würde der Importeur versuchen, den Betrag des Minderzolls auf den Preis der Waare zuzuschlagen, denn sein Interesse weist ihn darauf hin, die importirte Waare eben nur um so viel wohlfeiler auf dem vereinsländischen Markte zum Verkauf zu stellen, als erforderlich ist, um vor dem vertheuerten Produkt der nicht begünstigten Länder noch irgend einen Vorzug zu behaupten." Daß diese Preissteigerungen nicht ausgeglichen werden können, liegt darin, daß, wenn auch der Importeur von nicht begünstigten Waaren oder Ländern wegen seiner etwaigen Vor-

züge in den Transportkosten durch die Nähe des Marktes einen Theil des Zolles auf sich nehmen wollte, dieser Zoll doch hoch genug sein müßte, um ihn fortdauernd zu höheren Preisen zu zwingen. Er muß den nicht begünstigten Import und soll ihn allmälig aufgeben; sonst hat der Zoll keinen Sinn.

Nur wenn die Konkurrenz der begünstigten Importeure für den inländischen Markt unter einander so bedeutend angewachsen ist, daß sie die Preise der Waaren unter sich herabdrücken und also auf den Vortheil des Differenzialzolls verzichten, würde eine Ausgleichung der Preise erfolgen und der Differenzialzoll unnöthig werden. — Dies hängt aber ganz davon ab, ob die betroffene Waare eine solche ist, die man in beliebiger Menge erzeugen kann, was bei den wenigsten Handelsprodukten der transatlantischen Länder der Fall ist. Durch die vermehrte Nachfrage nach dem Produkte des begünstigten Landes, so wie durch die erschwerte Konkurrenz der anderen Erzeugungs- oder Bezugsländer, muß eine Preissteigerung der Waare erfolgen, wenn der Differenzialzoll eine Wirkung haben soll. Den Nachtheil soll der Verarbeiter dieser Waare im Inlande (z. B. bei der Baumwolle) oder der Verbraucher dieser Waare im Inlande in letzter Hand (z. B. in dem Verbrauch der Baumwollenzeuge und in der Consumtion der Kolonialwaaren) tragen. Den Vortheil der Preissteigerung muß der Produzent des transatlantischen Produkts beziehen.

So ist also der Differenzialzoll nach dem Ursprunge der Waare ein Schutzzoll, nur mit dem Unterschiede, daß beim gewöhnlichen Schutzzolle der inländische Produzent die Steuer der Vertheuerung bezieht, beim Differenzialzoll der ausländische.

Auch findet kein Unterschied in Bezug auf die Wirkung der Differenzialzölle statt, dadurch, daß man sie anstatt auf dem Wege einzelner Verträge mit bestimmten Nationen auf dem Wege eines allgemeinen Gesetzes einführt. Die ersteren haben vielmehr das Gute, daß sie die Vortheile derselben zum Nachtheile der Inländer nur einzelnen wenigen ausländischen Nationen bieten, die dann Gegenleistungen zu machen haben, wie dies zwischen dem Zollvereine und Belgien, dem Zollvereine und Sicilien geschehen ist und zwischen dem Zollverein und Nordamerika geschehen sollte, während Differenzialzölle, durch ein allgemeines Gesetz eingeführt, alle Nachtheile derselben im Großen einführen würden, welche man dann nur einzeln durch eine Reihe neuer Verträge wieder beseitigen könnte. Nur als Retorsions-Maaßregel ließe sich ein eigenes Gesetz vertheidigen für eventuelle Anwendung jener Zölle in bestimmten einzelnen Fällen.

5) Es macht übrigens auch gar keinen Unterschied in der Wirkung der Differenzialzölle, ob man den bisherigen Tarifsatz als Zoll für alle Waaren gleicher Art bestehen läßt und den Begünstigten allein einen Zollrabatt gewährt, oder ob man für die nicht Begünstigten den Zollsatz erhöht.

Kann der Staat eine Zollermäßigung im Verhältniß zu seinen Bedürfnissen gewähren, so ist er dies vor Allen seinen inländischen Steuerpflichtigen schuldig; man kann an ihn die Anforderung stellen, daß die Ermäßigung dann allgemein für jene Waare eintrete, damit sie dem gesammten Volke zu Gute komme. Im ersteren Falle eines einseitigen Zollrabatts für begünstigte Waaren und Länder erleidet aber die Staatskasse einen Ausfall zum Vortheil der Produzenten im Auslande, und der inländische Consument zahlt nach wie vor einen höheren Preis für die Waare, je nach dem Unterschiede des Zolls gegen die nicht begünstigten Länder. Er zahlt die Steuer, nur fließt sie nicht in die Staatskasse. Im zweiten Falle der Zollerhöhung auf nicht begünstigte Waarenbezüge, zahlt der Consument noch darüber hinaus, über den fortbestehenden alten Zoll, eine Preissteigerung zu Gunsten des begünstigten ausländischen Produzenten. Immer bleibt es dieser, der den Vortheil genießt; immer der Inländer, der den Nachtheil hat. Soll aber dieser Nachtheil für ihn durch den Zollrabatt um etwas ermäßigt werden, so verliert wieder die Staatskasse den ganzen Betrag des Zolls, und werden die Zollnachlässe dann allmälig auf dem Wege der Verträge sehr weit ausgedehnt, so daß gar keine nichtbegünstigten Waaren mehr eingehen, so tritt dadurch eine allgemeine Zollermäßigung ein, die sogleich hätte eintreten sollen, wenn sie der Staat ertragen konnte. Dies ist der Punkt, der auch einige Handeltreibende in ihrem Interesse für Differenzialzölle gestimmt hat, weil sie für den direkten Bezug namentlich von Kolonialwaaren die einseitige Ermäßigung des Zolles in Anschlag brachten. Aber darüber haben denn doch allein die Finanzmänner und die gesetzlichen Organe eines Staats zu entscheiden, ob ein Ausfall in den Finanzen erfolgen kann oder nicht, und wie derselbe zu decken sei. Ein Beispiel möge diese Fälle weiter erläutern.

Sollte der Zollsatz von $6\frac{2}{3}$ Rthlr. auf den Ctnr. Kaffee um 20 pCt., d. h. um 1 Rthlr. 10 Sgr. oder auf 8 Rthlr. gegen allen Kaffee erhöht werden, der nicht direkt von Java oder Brasilien bezogen wird, so würden im Zollvereine alle diejenigen Consumenten des Java-Kaffees, die wie die Rheinländer auf den indirekten Bezug über Holland vorzüglich angewiesen sind, diese Preiserhöhung des Zolls zu tragen haben, ohne daß sich dadurch irgend ein wesentlicher Nutzen weder für ihre Schifffahrt, noch für ihren Handel, noch für die Industrie absehen ließe. Man würde den Holländern vielleicht — aber dies ist sehr problematisch — dadurch wehe thun können, daß sich die Consumtion ihres Kaffees verringerte — aber der Nachtheil für die Rheinländer würde bleiben. Stellte man nun auch die sehr unwahrscheinliche Möglichkeit her, daß brasilianischer Kaffee (ein Kaffee von schlechterer Qualität) in hanseatischen oder zollvereinsländischen Schiffen über Bremen direkt bezogen werden würde, so wäre dadurch den Rheinländern in nichts geholfen; der brasilianische Produzent würde die Preiserhöhung zumeist genießen, es würden an derselben die Kaufleute von Bremen und dem Rhein vielleicht geringen Theil nehmen, aber eben so viel Kaufleute an der Verringerung der Consumtion des holländischen Kaffees verlieren. Immer würde der Hauptnachtheil des Preisaufschlags den Inländer treffen, die Staatskasse würde um nichts mehr gewinnen, wenn der Zoll seinen Zweck erreicht; der begünstigte ausländische Produzent würde den Vortheil haben.

Umgekehrt, denkt man sich die Preisermäßigung vermittelst eines Zollrabatts von 20 pCt. auf direkt von Brasilien bezogenen Kaffee, also um 1 Rthlr. 10 Sgr. auf 5 Rthlr. 10 Sgr., eingetreten, so wird wieder dadurch der brasilianische Produzent ermächtigt, um so viel oder doch nahezu so viel, seinen Kaffee zu steigern (der andere Kaffee zahlt nach wie vor 6⅔ Rthlr.) und zu dem gesteigerten Preise in die rheinischen Zollvereinsländer einzuführen. Er soll diese Vergünstigung erhalten, damit der direkte Handel über Bremen oder Hamburg mit brasilianischem Kaffee betrieben werde, damit man Holland wehe thue und — die Rheinländer den Nachtheil spüren. Die Staatskasse erleidet aber nun den Ausfall von 1 Rthlr. 10 Sgr. an jedem Centner von Brasilien direkt eingeführten Kaffee's.

Soll die Maaßregel nur einigermaaßen eingreifend auf die Förderung der Schifffahrt und des direkten Waarenbezugs wirken, so muß ein bedeutender Zollrabatt oder ein starker Differenzialzoll für alle transatlantischen Produkte eintreten. Geringe Zollunterschiede werden von den Preisschwankungen des Verkehrs selbst, durch erhöhte Transportkosten (z. B. des Kaffees von Bremen und Hamburg nach den oberen Rheinlanden) zu leicht wieder ausgeglichen, als daß sie eine Wirkung haben könnten. Wie sehr aber die Staatskasse bei starken Zollermäßigungen betheiligt ist, das geht unter Anderem aus folgendem praktischen Beispiele hervor.

Von den nachstehend genannten 5 Artikeln hat im Jahre 1845 der Eingangszoll im Zollvereine betragen:

Von Gewürzen . .	364,514	Rthlr.
„ Kaffee . . .	5,437,094	„
„ Reis . . .	400,122	„
„ Tabaksblättern	1,774,976	„
„ Rohzucker . .	7,045,115	„
Zusammen	15,021,821	Rthlr.

Wird die Absicht der Differenzialzölle erreicht, so werden nur solche transatlantische Erzeugnisse zur Verzollung kommen, welche auf den Zollrabatt Anspruch haben. Nun würde schon allein für diese fünf Artikel jedes Prozent Rabatt in runder Summe 150,000 Rthlr. betragen, ein Zollerlaß von 10 pCt. somit den Kassen der Vereinsstaaten eine jährliche Einnahme von $1\frac{1}{2}$ Millionen Rthlrn. (von 20 pCt. von 3 Millionen u. s. w.) entziehen; ein Umstand, welcher bei der Prüfung eines Vorschlags, dessen Nützlichkeit überhaupt sehr problematisch ist, gewiß auch seine Berücksichtigung verdient. Rechnet man nun aber dazu die Preissteigerungen der begünstigten Waaren im Gegensatz zu den nichtbegünstigten oder die erhöhten Zölle auf die bis jetzt gering versteuerten Waaren bei indirektem Bezuge, so z. B. die Erhöhung auf indirekt bezogene Baumwolle, Felle, Indigo, so würden schon diese Umstände allein mehrere Millionen eines jährlichen Opfers zur Vernichtung des indirekten Handels und der indirekten Schifffahrt erfordern, um einen hohen Gewinn für ausländische Produzenten, einen kleineren vielleicht auch für einen kleinen Theil der nationalen Schifffahrt und des direkten Handels mit sich zu bringen. Würde es da nicht viel praktischer sein, geradezu 2 Millionen jährlich eben der Schifffahrt und dem Handel zuzuwenden?

Wie problematisch aber die zu erzielenden Vortheile und wie sicher die eintretenden Nachtheile der Differenzialzölle, ohne daß die endliche Ausgleichung der Preise eintritt, bleiben, dies kann man mit Leichtigkeit aus den Ausführungen entnehmen, wie sie die Denkschrift des Kölner Handelsamtes „über die Beförderung der Schifffahrt des Zollvereins" S. 15. in Bezug auf die Niederlande gegeben hat.

„Die Differenzialzölle, womit die niederländische Flagge bei der Ausfuhr aus Java nach den Niederlanden begünstigt ist, reichen allerdings aus, die fremde Flagge von dieser Schifffahrt auszuschließen." Aber man muß hinzusetzen, sie haben den Zweck verfehlt, gleich wohlfeile Frachtsätze in niederländischen Schiffen herbeizuführen, als in den ausländischen; sie haben vielmehr die Nachtheile des niederländischen Handels, der Kolonieen und der Staatskasse fortdauernd ohne Ausgleichung herbeigeführt, um ein Monopol der Maatschappey, im Interesse einiger wenigen Geld-Aristokraten aufrecht zu erhalten.

„Diese Kolonial-Differenzialzölle betragen für Kaffee 2 Fl. pro Pikul von 135 Pfd., für Zinn 2 Fl., für 100 St. Häute 4 Fl., für Zucker 6 pCt. vom Werthe. Für die Schiffslast von 40 Ctnrn. besteht somit bei den beiden erstgenannten Artikeln eine Begünstigung von 64, und unter Hinzurechnung des in Java üblichen Zollaufschlags von 5 pCt. reichlich von 67 Fl. Wie groß auch dieser Unterschied sei, so haben die niederländischen Rheder ihn doch zum Vollen in Anspruch genommen, indem sie Frachten bedingen, die häufig um den Betrag des Zollunterschieds diejenigen übersteigen, wozu fremde Schiffer zu fahren bereit gewesen wären. Die niederländische Handelsgesellschaft, welche bekanntlich die Transporte von und nach Java für Rechnung der Regierung vermittelt, hat damit begonnen, pro Last nach Java und zurück 250 Gulden nebst 15 pCt. Avarie und Kaplaken zu zahlen; 1825 ging sie auf 240, 1828 auf 230 Gulden zurück; und da die Fracht nach Java für 30 Gulden bedungen wird, so betragen diese Sätze für die Fahrt von Java nach den Niederlanden resp. 220, 210 und 200 Gulden; von 1834 an beschränkte sie sich auf Befrachtungen von Java nach den Niederlanden und bewilligte 170, später 160, zuletzt 150 Gulden für die Last Zucker; für Kaffee ist die Fracht 10 Gulden niedriger; jedoch werden 1500 Kilogramme Kaffee für eine Last gerechnet, so daß die Last eigentlich 187 Gulden kostet außer dem Zuschlage von 15 pCt. für Avarie und Kaplaken. Die Gesellschaft legte nun im Jahre 1838 ungefähr 16,500,000, im Jahre 1843 11,200,000 Gulden für Frachten aus; und man darf kühn annehmen, daß sie jährlich im Durchschnitt mindestens 3 Millionen weniger ausgegeben haben würde, wenn Gleichheit der Abgaben für alle Flaggen und freie Konkurrenz zwischen Java und den Niederlanden bestanden hätte. Diese drei Millionen würden in den öffentlichen Schatz geflossen sein, weil die transportirten Kolonialerzeugnisse Eigenthum der Regierung sind, und weil die bezahlten Frachten der Regierung berechnet werden; sie sind demnach als eine Unterstützung anzusehen, welche die Niederländische Regierung aus öffentlichen Mitteln zur Förderung der National-Schifffahrt leistet."

Wie wenig aber der Zweck dieser Unterstützung bis dato erreicht worden ist, bei allen Nachtheilen des holländischen Volks und Handels, geht daraus hervor, daß die Fracht von Batavia nach Hamburg viel niedriger steht, als die obige, und circa 96 Gulden pro Last beträgt.

6) Wie problematisch ferner die Wirkung der Differenzialzölle sein kann, in Bezug auf die zu erstrebende Erhöhung der Waarenpreise der nicht begünstigten Nationen und Handelsbezüge, dies hat noch kürzlich ein Hamburger Schriftsteller mit solcher Sachkenntniß des Welthandels nachgewiesen, daß wir diesem Umstande nichts hinzuzufügen haben. Er hat in seiner Schrift [1]) gegen Differenzialzölle hervorgehoben, daß Deutschland vorzüglich gegen Holland eine alte Schuldrechnung einzukassiren habe, weil dieser Staat durch sein Kolonial-System und seine Monopolien uns Deutschen, besonders den rheinischen Territorien und den nordwestlichen Handelsstädten, die größten Nachtheile zugefügt hat. Deutschland ist der wichtigste Markt seiner Kolonialwaaren, dafür sind Deutsche Schiffe von seinen Kolonieen so gut wie ausgeschlossen; Deutschland ernährt seine Kolonieen, während Hollands Kolonieen sehr wenig von unseren Industrieerzeugnissen verbrauchen; die Nachtheile, die wir von daher erleiden, müssen also beseitigt werden. Durch Differenzialzölle gegen holländische Waaren würden wir unseren Zweck wahrscheinlich verfehlen, gewiß aber uns mehr Nachtheile aufbürden, als Nachgiebigkeit von Seiten Hollands erreichen. Es sind besonders zwei holländische Kolonialprodukte, durch deren höhere Belastung wir Holland wehe thun können, Zucker und Kaffee von Java. Wenn aber von 176 Millionen Pfd. Rohzucker aus Java im Jahre 1846 nur etwa 40 bis 50 Millionen Pfd. Rohzucker in die Zollvereinsstaaten von Holland ausgeführt wurden, so würde die Benachtheiligung des erhöhten

---

1) Nationale Handelspolitik, Differenzialzölle, Schifffahrtsgesetz, Beitrag zur Beantwortung dieser Fragen von Dr. C. W. Asher. Berlin, 1847.

Zolls zunächst unsere rheinländischen Raffinerieen und Consumenten treffen, welche nicht im Stande sind, durch Bahia oder anderen Rohzucker (etwa über Antwerpen oder Bremen bezogen) die Verluste der Preissteigerung zu ersetzen. Die Holländer aber würden gezwungen sein, in erhöhtem Maaße mit unseren deutschen Raffinerieen im Norden zu konkurriren, wo sie neuerdings auch in Rußland die Zulassung ihrer Raffinaden erlangt haben; ja sie werden wahrscheinlich auch die Zulassung ihres Zuckers in Großbritanien nach Art. 1. des englisch-holländischen Vertrages vom 27. Oktober 1837 zu den Bedingungen der begünstigten Nationen erreichen. Eröffnen sich so für den holländischen Zucker neue bedeutende Märkte, so ist kaum daran zu zweifeln, daß für sie kein großer Verlust eintreten würde, während der Nachtheil unserer Raffinerieen durch den erhöhten Zoll und die Preissteigerung der anderen Zuckersorten bestehen bliebe.

Mit dem Java-Kaffee verhält es sich aber noch entschieden ungünstiger für uns und günstiger für Holland. Er kann nicht ersetzt werden. Wenn wir nun auch nicht zu denjenigen gehören, welche da meinen, es sei ein großer Verlust für die Kaffeetrinker, statt jener vorzüglichen Bohne das schlechtere Getränk von Brasilien zu schlürfen, wenn wir uns daher sehr gern eine Ausschließung des Java-Kaffees vom Deutschen Zollvereins-Gebiete gefallen lassen würden, um den freien Handel nach den holländischen Kolonieen zu erreichen, so müssen wir doch bedenken, daß wir durch einen eingeführten höheren Zoll höchstens eine Ableitung des javanischen Kaffees auf andere Märkte, kaum irgend einen Nachtheil den Holländern, wohl aber eine Preissteigerung aller Kaffeesorten nebst derer von Java unseren Consumenten bereiten würden [1]). — Es giebt viele Waaren, deren Produktion in bestimmter Güte und Menge von der Natur an gewisse Orte gebunden erscheint,

1) In Bezug auf die wahrscheinlichen Wirkungen eines Differenzialzolles gegen Kaffee, denn nur von den wahrscheinlichen Wirkungen kann die Rede sein, s. Asher S. 22.

deren Preis deshalb durch alle mögliche Konkurrenz schlechterer Waare ähnlicher Art nicht herabgedrückt wird. Das Ausgebot jener besseren Waare, wie der Johannisberger Weine, des Kaiserthees, des Champagners, ist beschränkt, sie können nicht in beliebiger Menge auf den Markt gebracht werden, weil die Produktion nicht dem Begehr folgen kann. Zu diesen Waaren der sogenannten natürlichen Monopolpreise gehört leider der Java-Kaffee auch; der Preis desselben hat sich in neuerer Zeit um 20 pCt. gesteigert, ohne daß die Consumtion abgenommen hätte. Wenn nun Holland auch 40 bis 50 Millionen Pfund Java-Kaffee an die rheinischen Territorien absetzt, so würde sich doch auf keine Weise ein Ersatz für diese Quantität bilden lassen, weil auch der schlechtere Kaffee der amerikanischen Produktionsländer noch bisher jährlich vollständig verkauft wurde, weil ferner die bloße Ausdehnung der Produktion dieser schlechteren Sorten der Zeit nach sehr beschränkt ist, da Kaffeepflanzungen bis zur ersten vollen Aerndte etwa 4 bis 5 Jahr in Anspruch nehmen, und weil von allen amerikanischen Sorten etwa nur das geringe Quantum des in St. Domingo gebauten Kaffees eine nahekommende Güte erreicht. Die Kosten der Produktion aber stehen in Mittel- und Süd-Amerika höher als in Java, namentlich wegen des hohen Arbeitslohns.

Nach diesen Vorbemerkungen zieht der Verfasser der obigen Schrift nachstehende Folgerungen aus dieser Art von Differenzialzöllen in Bezug auf die deutschen Handels-Verhältnisse überhaupt:

„Auch im Anfange dieses Jahres 1847 hat die Meinung, daß die nächste Auktion der holländischen Maatschappey kleiner sein würde, als gewöhnlich, alle Kaffeesorten um $\frac{1}{4}$ — $\frac{1}{2}$ Schilling pro Pfund vertheuert. — Es wird aber auch nicht schwer sein, nachzuweisen, daß die ganze Maaßregel, eine so empfindliche Störung der Handels-Verhältnisse für Holland sie zuerst hervorbringen möge, dennoch die beabsichtigte Wirkung als eine bleibende nicht nur zugleich verfehlen, sondern vielleicht ein geradezu entgegengesetztes Resultat herbeiführen kann. Die erste Ausgleichung wird in der Art eintreten, daß, sobald die Rheinlande, anstatt Java-Kaffee aus Holland zu beziehen, auf den amerikanischen Märkten als Käufer auftreten, dort den Preis steigern und die indirekten Zufuhren in Hamburg — sage um 20 Millionen Pfd. — schmälern, alsdann der Kaufmann in Berlin und Magdeburg sich direkt nach Holland wenden wird, wo er den Kaffee vermuthlich um so viel billiger erhalten kann, als der Differenzialzoll (gegen den indirekten Bezug) beträgt. Noch viel gewisser dürfte sich dieses Resultat in Bezug auf die nordischen Staaten, Dänemark, Schweden, Norwegen und Rußland, herausstellen. Diese Staaten, welche sich jetzt zum größten Theile aus Hamburg, als dem ersten Kaffeemarkt im Norden Deutschlands, mit amerikanischem Kaffee versehen, werden, sobald aus den angeführten Gründen die Preise desselben bedeutend höher, die Vorräthe dagegen geringer geworden sein sollten, sich genöthigt finden, der Consumtion von Java-Kaffee sich zuzuwenden, und dann denselben zu wohlfeileren Preisen direkt von Holland beziehen. Darunter würde aber nicht nur Hamburg leiden, sondern in vielleicht noch größerem Maaße die deutsche Industrie, deren Erzeugnisse an den Käufern aus jenen Ländern jetzt in Hamburg bedeutende Abnehmer finden, was aufhören dürfte, sobald die Käufer, die nun nicht länger in gewohnter Weise mit allen ihren Bedürfnissen sich dort versorgen können, ganz ausbleiben oder doch in spärlicherer Anzahl sich einfinden sollten. Endlich ist nicht außer Acht zu lassen, daß bei einem einigermaaßen wirksamen Differenzialzoll, etwa um 2 Rthlr. pro Centner, die Umgehung desselben dadurch leicht möglich wird, daß man Java-Kaffee z. B. nach den Vereinigten Staaten und von dort zurück zur Einfuhr in den Zollverein verschifft, was unter so viel billigeren Bedingungen geschehen kann, daß der ermäßigte Preis des holländischen Kolonial-Kaffees gegenüber dem gesteigerten der anderen Produktionsländer mit in Anschlag gebracht jener am Bestimmungsorte nicht viel theurer als dieser zu stehen kommen könnte. — Der Zwang also, den man durch die fragliche Maaßregel gegen Holland zu üben gedenkt, wird solchergestalt wieder sehr geschwächt erscheinen und die Erwägung, wiefern sie überhaupt zur Erreichung ihres Zweckes dienen könne, auf's neue nöthig machen."

Wenn man nun auch nur einige aus diesen Schlußfolgerungen nothwendiger Weise zugeben will, so bleibt so viel gewiß, nicht Waaren-Differenzialzölle, sondern Schifffahrts-Differenzialzölle, und zwar gegen indirekte wie direkte holländische Schifffahrt nach unseren Häfen bleiben uns vielleicht neben rein politischen Maaßregeln als wirksame Retorsionsmittel übrig, die wir ohne zu große Nachtheile unserer deutschen Territorien gegen Holland anwenden könnten. Es bleibt für uns die Aufgabe stehen, das Monopol der Handels-Maatschappey, welche seit 1823 den größten Theil des Ertrages von Java in Zucker, Kaffee und Indigo für Rechnung der Regierung zum Verkauf nach dem Mutterlande bringt, zu brechen. Wie schwer die Aufgabe ist, geht daraus hervor, daß diese Gesellschaft auf Kosten der holländischen Kaufleute selbst die Verlängerung ihres Privilegiums von 1848 bis 1854 von der Regierung erlangt, ja die Aussicht hat, es bis 1874 vorläufig verlängert zu sehen. Die Maatschappey und die niederländischen Finanzen sind sehr eng mit einander verbunden. Ehe nicht das von der Gesellschaft der Regierung bis 1874 gemachte Darlehen von 10 Millionen Gulden zu 4 pCt. zurückgezahlt ist, soll der Kontrakt, wodurch der Maatschappey die Consignation an Kaffee, Zucker, Indigo und Gewürze ganz und ausschließlich, die aller übrigen Artikel aber insofern zugesagt ist, als sie aus den Kolonieen für Rechnung der Regierung nach dem Mutterlande gesandt werden, fortdauern Zu Gunsten dieser Gesellschaft vorzüglich besteht das Kolonialsystem Hollands, und der Staat ist ihr Schuldner. Nur dadurch, daß allmälig die Regierung und die Maatschappey selbst diejenigen Differenzialzölle aufgäben, die ihnen doch nur lästig sein können, weil sie ihnen die Nothwendigkeit höherer Frachtsätze von den Kolonieen nach Holland auferlegen, ließe sich eine Ausgleichung unserer Interessen erwarten. Holland muß dahin gebracht werden, wenn dies unsere Interessen dereinst nach der Ausdehnung des Zollvereins an die Gränzen des deutschen Meeres oder nach der Errichtung eines Flaggenbündnisses mit den Hansestädten erfordern werden, die Zulassung unserer Schiffe zu seinen Kolonieen wenigstens in so genügender Zahl, als der deutsche Markt seiner Kolonialwaaren es erfordert, ohne Differenzialzölle zuzugeben. Hierdurch würden die holländischen Kolonieen, die holländische Regierung und der deutsche Handel gleichmäßig gewinnen. Bis dahin möchte es der Erwägung werth sein, ob wir nicht gelegentlich in der Zukunft höhere Flaggengelder und Schifffahrts-Differenzialzölle nach der Kabinets-Ordre von 1822, 20. Juni, oder darüber hinaus gegen holländische Schiffe in unseren Häfen zur Anwendung bringen könnten.

II. Die Wirkung der Differenzial-Zölle, ihre Modifikationen und theilweise Aufhebung in Frankreich, Großbritanien und den Vereinigten Staaten von Nordamerika.

Nach den früheren Ausführungen möchte das Resultat derselben sich kurz so zusammenfassen lassen.

Differenzialzölle sind ganz verschiedene Maaßregeln, je nachdem sie blos als Retorsionen gegen das Ausland betrachtet werden, oder je nachdem sie als Mittel betrachtet werden, einen Theil des Handels, der Schifffahrt und des Absatzes inländischer Fabrikate auf ausländischen Märkten zu fördern.

Darin liegt ein so wesentlicher Unterschied für die Anwendung und Erhebung dieser Zölle, daß, wenn man ihn außer Acht läßt, man für einen Anhänger der Differenzialzölle dem Prinzip nach gehalten werden kann, während man ein Gegner derselben ist. Die erstere Art dieser Zölle soll verschwinden, sobald ihr Zweck, freie Haudelsverbindung, erreicht ist; die zweite Art soll einen dauernden Schutz einem Theil der Schifffahrt und des Handels gewähren, sie gehört zu den Schutzzöllen, und zwar in voller Ausdehnung zu denjenigen Schutzzöllen, die dem Ausländer mehr Vortheile als dem Inländer zuwenden. Um ihren Zweck zu erreichen, müßten sie gegen alle

Nationen beibehalten werden, auch wenn diese unsere Schifffahrt der nationalen gleichgestellt haben. Die Flaggengelder als Unterschiedszölle dagegen gehören nicht zu den Mitteln, eine Art des Handels vor der anderen zu begünstigen, sondern sie sind reine Defensivmaaßregeln gegen die Unbill anderer Staaten und können leicht in Offensivmaaßregeln verwandelt werden, je nachdem man die Gleichstellung der fremden Flaggen nicht zugesteht, wenn auch nur irgend welche andere Beeinträchtigungen unseres Handels in fremden Ländern durch irgend eine Art von Zollgesetzgebung existirten. Sie machen keinen Unterschied zwischen direkten und indirekten Bezügen unseres Handels, keinen Unterschied des Orts, woher die Ladungen kommen, und können deshalb auch viel freier als jene Differenzialzölle gegen Nationen und Schiffe angewandt werden.

Differenzialzölle gegen Waaren aber können unpassend sein als Retorsionsmittel, weil sie in vielen Fällen nicht ausreichen für unsere eigenen Bedürfnisse, vielmehr uns selbst Nachtheile bereiten, und da nicht als gleiche Waffen erscheinen, wo in anderen Staaten z. B. das Verbot eines bestimmten Handelszweiges uns gegenübersteht.

Sie sind entstanden aus dem Grunde, weil man glaubte (nach den Thorheiten des Merkantilismus) der Gewinn des eigenen, aktiven und direkten Handels sei immer höher anzuschlagen, als der des Kommissions-, passiven und indirekten Handels, was häufig nicht zutrifft. Auf niederer Stufe der Kultur, wo Unsicherheit der Straßen, Mangel an internationalen Verbindungen aller Art, Belästigungen des Transports in hohem Grade wirksam sind, wird fast aller Handel als Eigenhandel, oft des Produzenten der Waare selbst, oft nur auf eigene Rechnung des Kaufmannes bis zum letzten Absatze der Waare betrieben. Bei solchen Zuständen kann sogar jeder Kaufmann genöthigt sein, selbst als Rheder und Kapitain sein Schiff zu besteigen, in eigener Person die Waarensendungen und Rückfrachten zu betreiben, wie dies in den alten Zeiten der Hansa der Fall war. Wechselausgleichungen lassen sich bei so uranfänglichem Zustande des Handels fast gar nicht machen, weil das Geld sogleich in Empfang genommen wird; Baarsendungen und Reisen der Kaufleute erhöhen die Kosten des Handels und vertheuern die Waaren, während diese von Zeit zu Zeit in großen Massen bezogen lange im Waarenlager liegen, ein viel größeres Kapital erfordern und ein größeres Risiko bei Preisschwankungen mit sich bringen.

Erst der weitere Aufschwung des Handels, d. h. die weitere Ausdehnung eines gesicherten Marktes, bringt als Folge auch die weitere Theilung der Arbeiten im Handel hervor. Es entsteht der äußerst wichtige Kommissionshandel, an den sich zunächst die Spedition der Waaren anschließt. Der Kommissionair ist der eigentliche Mittelsmann zwischen Käufer und Produzenten oder Verkäufer der Waare, nicht nur von Stadt zu Stadt, sondern von Land zu Land und von Weltgegend zu Weltgegend. Die Seele des Kommissionsgeschäftes besteht in den fortlaufenden Preisberichten, die nach allen Handelsplätzen der Länder ausgesandt werden, welche vorzüglich als Käufer und Verkäufer auftreten. Diese Preisberichte sind mit bestimmter Angabe der vorhandenen Waaren-Quantitäten verbunden, um das Verhältniß der Aufträge für Einkauf und Verkauf auch in der Fremde überschlagen zu können. Der Eigenhändler am fremden Platze hat also den Vortheil, den Einkauf der Waaren zu bestimmten Preisen in jedem für ihn günstigen Augenblicke und nach Bedürfniß der Menge machen zu lassen, in Bezug auf die Qualität wenigstens durch den Kredit des Kommissionairs gesichert zu sein, d. h. höhere Kosten und eigenes Risiko zu ersparen. Uebernimmt das Kommissionshaus nicht blos den Einkauf, sondern auch den Verkauf von Waaren, so ist der Kommissionshandel der eigentliche Zwischenweg, an welchem man den Waarentausch verschiedener Länder und Weltgegenden unter einander sehr wohl erkennen kann. An ihn schließt sich der Speditionshandel als ein bloßes Hülfsgeschäft für die Fracht, die Schifffahrt und den Zwischenhandel an.

Nahe mit diesem Unterschiede zusammenhängend, ist der zwischen direktem und indirektem Handel. Direkter Handel findet dann statt, wenn man aus der ersten Hand, vom Ursprungslande, Waaren kauft und unmittelbar an die letzte Hand, an das eigentliche Konsumtionsland, eigene Erzeugnisse absetzt. Der Kaufmann ist in diesem Falle nur eine Zwischenperson zwischen Produzenten und Konsumenten der Waare, oder der Produzent setzt auch seine Waare an den Letzteren unmittelbar ab. Der indirekte Handel tritt dann ein, wenn man von einer Zwischenhand kauft oder an solche verkauft; er steht deshalb mit dem Kommissionshandel in naher Verwandtschaft. Wenn die schweizer Fabrikanten ihre Fabrikate an die bremer Kaufleute verkaufen und diese sie auf die transatlantischen Märkte bringen, oder wenn die Bremer die Baumwolle von Liverpool holen und sie an die schweizer und deutschen Spinner verkaufen, so treiben sie indirekten Handel. Wenn ich mir vom großen Büchermarkte Leipzig ein in Frankreich erschienenes Buch kommen lasse, um es schnell, wohlfeil und sicher zu benutzen, so ist dies indirekter Handel; lasse ich es dagegen vom französischen Verleger einzeln, aber direkt kommen, so treibe ich zwar direkten Handel, zahle aber für dieses Vergnügen höhere und besondere Fracht und muß auch länger warten, ehe ich es erhalte. Der blühende Handel Hollands beruhte im 17. Jahrhundert vorzüglich darauf, daß die Holländer den Zwischenhandel für ganz Europa mit transatlantischen Produkten in ihren Händen hatten.

Auch der indirekte Handel gewährt sehr große Vortheile für den Kaufmann, der ihn treibt, wie für den Produzenten der Waare, der ihn benutzen kann. Der schnelle Umsatz der Produkte, die Sicherheit des Absatzes, wegen der Nähe des Marktes, daher die rasche Erstattung der Kapitalien für die Produktion, die Ersparung an Zins, Fracht und Risiko sind es, die ihn auszeichnen.

Wohl davon zu unterscheiden ist die indirekte Schifffahrt und das Interesse der Schifffahrt überhaupt, das ein dem Handel entgegengesetztes sein kann. — Wenn die mecklenburgischen Rheder gegenwärtig ihre Schiffe nach preußischen Häfen senden, dort unsere Frachtgüter einnehmen, um sie nach England auf den Markt zu bringen, so ist dies indirekte

Schifffahrt. Wenn dagegen mecklenburgische Kaufleute preußisches Getraide aufkaufen und es, gleichviel ob in mecklenburgischen oder preußischen oder englischen Schiffen, auf den englischen Markt bringen, so ist dies indirekter Handel. Mit der ersteren ist unserem Handel und unserem Produzenten, mit dem zweiten ist wenigstens unserem Produzenten gedient. Der indirekte Handel der Mecklenburger kann unseren Rhedern günstig sein, weil er ihre Schiffe befrachtet; die indirekte Schifffahrt der mecklenburger Flagge ist unseren Rhedern widerwärtig, weil sie mit ihnen konkurrirt. Kommt die mecklenburgische Flagge aus dritten Ländern nach unseren Häfen, so hätten auch unsere Rheder die Fracht vielleicht von dorther erhalten können; geht das mecklenburgische Schiff aus unseren Häfen nach dritten Ländern, so hätten sie vom inländischen Kaufmann die Fracht erhalten können. Die zweite Art der indirekten Schifffahrt, aus seinen Häfen nach anderen Ländern, kann aber kein Staat der Welt verhindern; und wird es nicht thun, um seinem Handel und seiner Produktion nicht zu schaden; die erste Art der indirekten Schifffahrt allein, aus fremden Häfen nach den eigenen, kann er verbieten oder belasten, wenn er den Handel und die Konsumenten des Inlandes zu Gunsten der nationalen Flagge belästigen will.

Dem Kaufmann kommt es darauf an, daß sich so viel Frachtmittel, wie möglich, für seinen Handel darbieten; er benutzt alle Schiffe, je nachdem sie die Fracht wohlfeil stellen; dem Rheder dagegen ist es lieb, wenn so wenig Schiffe wie möglich mit seinen eigenen konkurriren, weil er die Fracht dann steigern kann. Ist der Rheder nicht selber Kaufmann, so wünscht er daher die Ausschließung und Belästigung fremder Schiffe, so viel wie möglich; er wünscht zuerst, daß ihm alle direkte Schifffahrt nach anderen Ländern vorbehalten bleibe, und wenn dies wegen der Retorsionsmaaßregeln der Fremden in ihren Häfen nicht direkt ausführbar erscheint, so wünscht er wenigstens den Ausschluß oder die Belästigung aller dritten, fremden Flaggen, die den beiden handeltreibenden Ländern nicht angehören, bei ihren indirekten Fahrten. Eine Seestadt, die, wie

Bremen, verhältnißmäßig sehr viel Rhederei hat, wird sich vielleicht eine Belästigung der indirekten Schifffahrt gefallen lassen; eine Seestadt aber, die viel mehr Handel als Rhederei treibt, wie Hamburg, wird dies nie und nimmermehr thun. Wenn der stettiner Kaufmann Zucker von Brasilien verschreibt und nach Stettin kommen läßt oder preußische Waare dorthin sendet, so ist dies direkter Handel, gleichviel ob die Waaren in preußischen oder fremden Schiffen gefrachtet werden; der stettiner Rheder aber wünscht gegen das Interesse des Kaufmanns, der Produzenten und Konsumenten der Waaren, daß jener sich dazu seines Schiffes bedienen müsse, weil er bei der Verminderung der Konkurrenz eine höhere Fracht beziehen kann. — Schließt man also durch Differenzialzölle oder Verbote die fremden Schiffe von der Fracht-Konkurrenz aus, so vertheuert man den Handel, macht ihn wohl gar unmöglich, so lange zu wenige Frachtmittel vorhanden sind, wenn z. B. dadurch der Preis der zu verschiffenden Waaren so hoch stiege, daß sie gar nicht mehr in dem betreffenden Lande abgesetzt werden können. — Sicher ist so viel ersichtlich: Nur die größte Freiheit in der Wahl der Frachtmittel stimmt mit dem Interesse des Kaufmanns, der nationalen Industrie und der Konsumenten der Waaren überein. Der Kaufmann sucht wohlfeile Fracht, der Produzent unserer Waaren ist ebenfalls dabei betheiligt, daß sie nicht vertheuert werde, weil seine Waaren sonst nicht zu günstigen Preisen auf dritten Märkten konkurriren können; der Konsument der Waaren kann sie leichter kaufen, der Verbrauch muß sich steigern — und der Rheder wird am Ende auch darin seinen Vortheil finden, wenn sich eben durch die Wohlfeilheit seiner Frachtgüter dauerhafte Handelsverbindungen als die Grundlage seiner Rhederei bilden und sein Geschäft weiter ausdehnen. Umgekehrt, beziehen unsere Kaufleute für den inländischen Konsumenten fremde Waaren (z. B. Kolonialwaaren), so sind sie wieder dabei betheiligt, daß dies auf so vielen Schiffen wie möglich geschehen könne, und unsere Konsumenten haben den letzten Vortheil der wohlfeil bezogenen Waaren. Der Rheder aber kann am Ende ebenfalls seinen Vortheil darin finden, daß sich durch die freie

Konkurrenz der Schifffahrt nach allen Häfen und aus allen Häfen auch für ihn die größte Vielfältigkeit der Frachtgelegenheiten ergiebt; auch er muß zuletzt anerkennen, daß ihm vollkommene Freiheit des indirekten Handels in aller Welt und der indirekten Schifffahrt nach aller Welt, daher auch nach seinem Vaterlande hin, vortheilhaft ist. — Der Kaufmann kann nicht immer an die letzte Hand verkaufen, denn es kommt darauf an, ob der Rheder eine passende Rückfracht im Konsumtionslande der Waaren erhalten kann. Läßt man sich auf den direkten Handel ein, so kommt man oft in die Verlegenheit, doppelte Kosten für die Versendung Einer Ladung tragen zu müssen, die Kosten der Hinfahrt und leeren Rückfahrt (in Ballast). Man holt umgekehrt die Waaren nicht immer aus dem Erzeugungslande, denn es kommt darauf an, ob der Rheder auch eine passende Hinfracht hat. Dadurch bildet sich der Zwischenverkehr. — Ein sehr bekanntes Beispiel setzt die Vortheile des indirekten Handels auf das treffendste auseinander. Die schlesischen Leinwandhändler wurden 1771 von Friedrich dem Großen aufgefordert, eine Kompagnie für den direkten Leinenhandel nach Spanien zu bilden. Die Sache unterblieb, weil sie ablehnend antworteten aus den Gründen, daß ihnen der direkte Absatz zu langsam und zu unsicher sei. Bei dem indirekten Absatze an die hamburger Kaufleute bezögen sie das Geld schneller, d. h. steigerte sich ihr Kapitalgewinn nach Verhältniß des rascheren Umsatzes, erhielten sie sogar leicht Vorschüsse auf die erst zu liefernde Waare. Sie könnten deshalb auch ein weit größeres Quantum inländischer Arbeit im fortlaufenden Gange erhalten. Zweitens, sagten sie, würde ihnen der direkte Verkauf doch nicht die Vortheile bringen, welche er den Hamburgern bringe. Diese könnten ja nicht nur durch ihre für ihren anderweitigen Handel in Spanien und Portugal errichteten Comtoire den jedesmaligen besten Zeitpunkt des Verkaufs wahrnehmen, und sich vor unsicherem Kreditgewähren bewahren, sondern sie könnten auch den Werth der Retourwaaren, aus deren Verkauf ihnen ein anderweitiger Gewinn zuwüchse, entgegennehmen. Ueberdies wäre längst, sogar schon vor dem Jahre 1740, von manchem reichen schlesischen Kaufmann, ohne daß ihn die Regierung dazu ermuntert hätte, der direkte Verkauf nach Spanien versucht worden, weil ihn mancher einzelne Kaufmann gelegentlich, zumal in Gemeinschaft mit anderen auswärtigen Handelshäusern, unternehmen könne.

Zu diesem schlesischen Beispiele paßt auch die Thatsache sehr gut, daß man in der Schweiz den direkten Handel, den man oft genöthigt ist, namentlich mit Twisten und Seidenwaaren nach Nordamerika zu treiben, als sehr ungünstig ansieht. Der Produzent ist gezwungen, 20 bis 24 Monate zu warten, ehe das Kapital vom Moment des Einkaufs der Rohstoffe wieder in seine Hände zurückfließt, und die Gefahren und Verluste dieses unsicheren und langen Kredits zu tragen.

So viel geht aus dem Angeführten deutlich hervor: Der Großhandel ist eine Combination sehr vieler mit einander eng verbundener Geschäfte; kein Kaufmann ist im Stande, blos direkten oder allein indirekten Handel zu treiben; er muß die Preise der Waaren, die Gelegenheit des Absatzes, Frachtmittel und Risiko, Alles zugleich beachten. Darin besteht seine Speculation. Eine Trennung des indirekten und direkten Handels ist ganz unausführbar und, wo sie versucht wird, schädlich. Freiheit ist das Element aller Handelsgeschäfte und zuletzt selbst der Rhederei. Wenn ein preußisches Schiff nach England geht, um dorthin Getraide zu bringen, so muß es dieses Getraide von Archangel holen können, es muß auf der Rückfahrt den Befehl an den Faröern oder in Norwegen abwarten können, auf welchem Markte es löschen soll, welche Waaren es zurückbringen, wo es diese hinführen, welche Ladung es unterweges weiter einnehmen soll. Sehr viele Länder sind auf den indirekten Bezug sehr vieler Waaren geradezu angewiesen. Nicht blos das Kolonialsystem hat sie gezwungen, die Kolonialwaaren in den Mutterländern der Kolonieen zu suchen, sondern es zwingt sie dazu die Natur des Tausches. Man bringt die eigenen Produkte auf die natürlichen und größten Märkte zum direkten Absatz, nimmt aber von dort Waaren mit, die man oft dort wohlfeiler, als im Erzeugungslande haben kann, weil auf dem Zwischenmarkt alle Quantitäten und Qualitäten dieser Waare zusammenströmen und um passende Rückfrachten für die Heimat zu haben. Man erspart die Hälfte der Fracht. Man kann deshalb auch viel öfter, viel rascher und viel sicherer jene Waaren beziehen und die eigenen Produkte dahin senden. So ist Hamburg ein Zwischenmarkt für den indirekten Handel des ganzen europäischen Nordens, Holland für den Kaffee, Liverpool für die Baumwolle. Will man diesen Gang des Handels stören, so wird man dies niemals ohne Beeinträchtigung des eigenen Interesses können.

Auch die Schifffahrt kann durch die Differenzialzölle im Ganzen und Großen nur verringert werden, wenn ein Land nicht durch seine natürliche Lage fast ausschließend auf den direkten Bezug transatlantischer Produkte verwiesen ist. Der einfache Grund ist folgender. Zerstört man den indirekten Handel, so nimmt man der Schifffahrt die Gelegenheit zu den häufigsten und besten und sichersten Frachten. Eine Reise nach Amerika kann nicht so oft, als nach England unternommen werden; ist der Schiffer verhindert, an dritten Orten, auf europäischen Entrepots, Waaren einzunehmen, so muß oft die ganze Reise unterbleiben. Dieser Grund konnte sich in England nicht so fühlbar machen, wie in Frankreich, er macht sich bei den Holländern, Dänen und Schweden schon viel fühlbarer, als in Frankreich, und bei uns Deutschen am allerfühlbarsten. Unsere nordeuropäische und norddeutsche Marine ist eine solche, die auf recht viele, auch auf fremde Fracht-Gelegenheiten hingewiesen ist.

Viele Staaten Europa's, des meerzerrissenen Hauptes der Welt, sind durch ihre geographische Lage auf die unmittelbare Verbindung mit anderen Welttheilen durch die Schifffahrt hingewiesen; Spanien und Portugal, Frankreich, Holland und England gehören vorzugsweise zu diesen Staaten. Alle haben sehr ähnliche Schifffahrts- und Zollgesetze seit Jahrhunderten angewandt, um gleiche Zwecke zu erreichen. Alle haben die Cabotage ihrer nationalen Schifffahrt vorbehalten, alle haben die fremden Nationen von dem Handel mit ihren Kolonieen so viel wie möglich ausgeschlossen, alle haben den direkten Verkehr durch Differenzialzölle begünstigt. Käme es blos auf die bekannten Schifffahrtsgesetze an, oder wäre ihre Wirkung untrüglich, so würden Spanien und Portugal nicht von Frankreich und Holland, Holland und Frankreich nicht von England, England, wenigstens theilweise, nicht von Nordamerika überflügelt worden sein. Es fragt sich also, welches sind die Gesetze, die eine Wirkung haben können, und welches sind die Länder, in denen sie wirken können. Da aber ist auf den ersten Blick ersichtlich, daß die Schifffahrt vor Allem abhängt von der Wohlfeilheit des Schiffbaues, von der Geübtheit der Mannschaft, von der technischen zur Natur gewordenen Geschicklichkeit der Nation, von der Gelegenheit, sie zu üben, von der Wohlfeilheit der Unterhaltung und von der höheren Bildung der Mannschaft in der Navigation. Voraussetzung aber aller dieser Bedingungen ist der Handel, der die Waaren für die Schifffahrt liefert. Allerdings kann auch der vorhandene Reichthum an Frachtmitteln für den Seeverkehr auf die Vermehrung des Handels wieder zurückwirken, es tritt eine Wechselwirkung ein (jedoch in nicht so hohem Grade, wie bei den Landstraßen und Eisenbahnen); aber immer bleibt die erste Grundlage für die Schifffahrt der Handel. Was diesen hemmt, ist auch der Schifffahrt zuletzt nachtheilig. Wäre dem nicht so, so müßten diejenigen Länder, welche, wie Schweden und Norwegen, den wohlfeilsten Schiffbau und Ueberfluß an Schiffen haben, auch alle anderen Nationen verhältnißmäßig im Handel überflügelt haben. Soll die Handelsmarine, ohne Rücksicht auf den Handel, begünstigt werden, so heißt dies ein Luft- und Wasserschloß ohne Fundament bauen. Schweden hat vielleicht den wohlfeilsten Schiffsbau in Europa, verhältnißmäßig zu der guten Segeltüchtigkeit seiner Schiffe, die dänischen Fischer Seelands kaufen ihre Fahrzeuge in Schweden; von Gefle aus werden große Schiffe bis nach Batavia verkauft; — aber sind Schiffe überflüssig vorhanden, d. h. übersteigen sie das Bedürfniß des Handels, so gehen sie an andere Nationen über. Die Normannen sind die kühnsten Seeleute, die ausdauernsten, die wagehalsigsten; die Natur und die Uebung des Fischfanges haben sie erzogen zwischen ihren Klippen und meerdurchwogten Felsen; sie sind dafür bekannt, daß sie alte schwedische Schiffe kaufen, die den Schweden zu schlecht sind, um damit noch ihr gefährliches Frachtgeld zu verdienen. Die Marine Norwegens hat sich während der 30 Jahre der Unabhängigkeit sehr gehoben — ohne alle Differenzialzölle. Aber der Bauer Norwegens baut sein Schiff selbst, an den Fjords des hohen Nordens liegen an den einsamen Höfen des Strandes die Kähne und Jachten, welche die eigene Art des Bauern zimmert, daneben auf dem Felsen steht der Wald, der zum Schwimmen bestimmt ist. Dessenungeachtet dienen sehr viele Normannen auf fremden Schiffen als Matrosen, weil das Land nicht den nöthigen Handel hat, um sie alle zu beschäftigen.

Ist nun die Natur die beste Anweiserin für die ersten jugendlichen Uebungen dieses Gewerbes, so soll damit noch nicht gesagt sein, daß nichts vom Staate weiter gethan werden könne. Dänemark hat von den skandinavischen Reichen den theuersten Schiffsbau, und dennoch sind die dänischen kleinen Fahrzeuge von Helsingör die berühmtesten der ganzen Welt. Sie werden aus gerissenem Holze gebaut, wird man sagen, aber wer gab den Schiffszimmerleuten die Geschicklichkeit des vortrefflichen Baues, der Präzision für das Segeln, Sicherheit gegen die zerschlagenen Wellen des Kattegat? Da kann allerdings sehr viel von der Regierung und von der Gesellschaft geschehen, durch Vorbilder, Muster, Modellsammlungen, Einführung ausländischer Verbesserungen. Die wohlausgebildete, bis in's Kleinste, bis auf die Fischerkähne ausgebildete Technik der Küstenschifffahrt ist eine der wesentlichsten Grundlagen der Seeschifffahrt. Hierin sind wir an den preußischen und pommerschen Küsten weit hinter den Schweden und selbst Dänen zurück; aber Zölle können da nichts nützen, nur schaden, indem sie die Mittel vertheuern. Was hilft den Schweden nicht die Wohlfeilheit ihres guten Eisens und Holzes? Welche Thorheit ist es, durch Schutzzölle den Schiffsbau zu vertheuern oder z. B. in dem theuersten Lande der Welt, das Gesetz aufrecht zu erhalten, englische Schiffe seien nur solche, die ganz im Lande gebaut und einregistrirt sind! Die Wohlfeilheit des Schiffbaues und der Unterhaltung der Schifffahrt, die auf natürlichen Verhältnissen und der technischen, nationalen, fast möchte man sagen, angeborenen Geschicklichkeit der Seeleute beruht, ist die erste Grundlage; die Ausbildung in tüchtigen Schifffahrtsschulen für die höhere Navigation die zweite. Der Handel aber ist die Voraussetzung der Schifffahrt; Stettin, Danzig und Schweden haben den wohlfeilsten Schiffsbau, deshalb aber noch nicht die zahlreichste Rhederei. — Frankreich hat nun die nationale Schifffahrt seit Jahrhunderten zu heben gesucht durch sein Zollsystem, und es ist ihm damit keineswegs gelungen.

Frankreich hat schon vor Colbert das Tonnengeld gegen fremde, namentlich gegen holländische Schiffe eingeführt und unter Colbert erhöht, dann aber vorzüglich in neuester Zeit, seit dem Jahre 1814 (17. Dezember) und durch das Gesetz vom 28. April 1816 allgemein die Differenzialzölle zur Anwendung gebracht, die Küstenschifffahrt und den Verkehr mit den Kolonieen der nationalen Flagge vorbehalten. Tonnengeld und höhere Zölle von der fremden Schiffsladung belästigen die Schifffahrt anderer Nationen in Frankreich; Differenzial-Zölle nach den Versendungsorten der Waaren, oft vierfach verschieden, begünstigen den direkten Handel; selbst Prämien, die von Jahr zu Jahr steigen, werden zur Förderung der Schifffahrt gezahlt. Frankreichs Zollsystem ist vielleicht das verwickeltste und prohibitivste von allen Nationen; es hat auch von allen Staaten am wenigsten darin nachgegeben. Alle Verträge (von 1822 mit Nord-Amerika, 1826 mit England und Brasilien, 1836 mit Mecklenburg, 1841 mit den Niederlanden, 1842 mit Dänemark, 1843 mit Sardinien und Venezuela) stellten nur hinsichtlich des Tonnengeldes die Gegenseitigkeit, d. h. die gegenseitige Aufhebung desselben oder die Gleichstellung auf; und nur für einige jener Nationen wurden die Differenzial-Zölle für den direkten Verkehr ermäßigt oder erlassen. Frankreich behandelt also noch jetzt sehr viele Länder hinsichtlich der Fahrzeuge und beinahe alle hinsichtlich der Ladung nachtheiliger als die eigene Flagge. Im Vertrage mit England von 1826 wurde sogar die Rückanwendung der britischen Grundsätze mit schärfster Rigorosität durchgesetzt und von England selbst anerkannt, d. h. man kam dahin überein, daß die Einfuhr der Erzeugnisse Afrika's, Asiens und Amerika's zum Verbrauche in Frankreich auf britischen Schiffen und aus Großbritanien auf allen Schiffen verboten sei; man untersagte den wichtigsten, indirekten Verkehr großbritanischer Schiffe nach Frankreich und aller Schiffe aus den großbritanischen Entrepots namentlich für die Kolonialwaaren. — Wenn gleiche Gesetze gleiche Wirkungen hervorbrächten, so hätte es sich hier zeigen müssen; man wollte den betreffenden direkten und den indirekten Verkehr den französischen Schiffen zuwenden. Mit Recht hebt aber die Abhandlung der kölner Handels-Kammer hervor, daß der Erfolg ein ganz entgegengesetzter als der beabsichtigte war, daß dieser ganze Handel nicht an französische, sondern an holländische und belgische Schiffe überging, daß, anstatt früher aus England, gegenwärtig (seit 1838—40) aus Holland und Belgien über 10½ Mill. Kil. der wichtigsten Kolonialwaaren nach Frankreich eingebracht werden. Hier also haben wir ein auffallendes Beispiel, wo zwei Nationen durch Anerkennung gleicher Grundsätze sich einander schadeten, um dritten Nationen die Vortheile zuzuwenden. Die Nutzanwendung auf unsere Verhältnisse der Ostseehäfen zu England liegt sehr nahe und sollte nicht übersehen werden.

Eben so interessant ist es, den Erfolg des Differenzialzollkrieges zwischen Frankreich und den nordamerikanischen Freistaaten nach jener Abhandlung hervorzuheben. Die Nordamerikaner, die sich ganz vorzüglich durch jenes französische Gesetz von 1816 verletzt fühlen mußten, steigerten das Tonnengeld gegen französische Schiffe bis auf 18 Doll., dasselbe that Frankreich gegen nordamerikanische Schiffe; beide Flaggen zogen sich deshalb aus dem direkten Verkehr zurück — und überließen ihn als indirekten fremden Flaggen. Als dieser unerträgliche

Zustand zu dem Vertrage von 1822 führte, Frankreich jedoch seine alten Thorheiten nicht ganz aufgeben wollte, und deshalb nur eine Gegenseitigkeit von gleichen Ermäßigungen des Tonnengeldes und der Differenzial-Zölle eintrat, so gestaltete sich der Schifffahrts-Verkehr so, daß circa $\frac{7}{8}$ davon der nordamerikanischen, $\frac{1}{8}$ der französischen Flagge anheimfiel. Die nordamerikanische Einfuhr in Frankreich stieg der Ladung der Schiffe nach seit 1827 von 915,000 Tonnen bis 1844 auf 2,032,000 Tonnen. Frankreich also verlor an der Preissteigerung der Waaren und an der Schifffahrt.

Die französischen Navigations-Gesetze haben deshalb aus volkswirthschaftlichen Gründen die allergrößten Klagen des Handelsstandes in ihrem Vaterlande hervorgerufen. Nur die politischen Gründe waren es, die man zur Entschuldigung derselben allenfalls anführen konnte. Man wollte eine große, an weite Fahrten gewöhnte Handels-Marine, man wollte unmittelbaren Verkehr mit den Kolonieen und diesen Verkehr als Schule und Grundlage der Kriegs-Marine. Aber auch diesen Zweck erreichte man nicht vollkommen. Im Ganzen hat die Schifffahrt Frankreichs, auch wenn man die Küsten-Schifffahrt, die sehr bedeutend ist, hinzunimmt, unter dem Einfluß dieser Gesetze abgenommen. Es besaß

1827:	14,322 Handelsschiffe	mit 692,125	Tonnen,
1844:	13,679 "	" 689,286	"

d. h. 643 Schiffe und 2839 Tonnengehalt weniger. Im Jahre 1843 waren aber unter den damaligen 13,845 Schiffen 11,562 Küsten-Fahrzeuge mit c. 130,000 Tonnen Gehalt. Schon hieraus geht hervor, wie wenig es gelang, den transatlantischen Verkehr an die französische Flagge zu binden. Nimmt man aber die ungeheure, stets anwachsende Betheiligung der fremden Flagge an dem Verkehr Frankreichs überhaupt hinzu, so zeigt sich die Wirkungslosigkeit dieser Gesetze für die nationale Flagge und ihre schädliche Wirkung gegen den gesammten indirekten und direkten Verkehr im hellsten Lichte. Im Jahre 1842 liefen in französische Häfen ein französische Schiffe mit einer Ladungsfähigkeit von 669,604 Tonnen, wogegen fremde Schiffe einliefen mit einer Ladungsfähigkeit von 1,426,527 Tonnen. Im Jahre 1843 französische Schiffe mit 690,416 und fremde mit 1,430,549 Tonnen. Ausliefen französische Schiffe mit 656,207 Tonnen, fremde mit 1,383,907 Tonnen; im Jahre 1844 französische mit 698,476 und fremde mit 1,442,436 Tonnen. Während die nationalen Schiffe also nur 33 bis 34 Prozent des Gesammtverkehrs vermittelten, hat die fremde Vermittelung immer mehr und mehr zugenommen [1]); 1827 nahm die fremde Flagge nur Theil am Gesammtverkehr mit 915,351 Tonnen, im Jahre 1844 schon mit 2,032,000 Tonnen. Die Zahl der Schiffs-Mannschaft soll gegenwärtig nicht größer sein, als 1776, wo die Einwohnerzahl Frankreichs beinahe um ein Drittel geringer war, als jetzt.

Kann man sich nach diesen Resultaten wundern, wenn gerade diejenigen Franzosen, die mit der Marine am vertrautesten sind, einen wahrhaften Sturm gegen die Gesetzgebung erheben? Noch im vorigen Jahre (1846) hieß es in der Revue des deux Mondes, die Marine habe unter dem französischen Protektionssystem ungeheuer gelitten. Sie muß Monopolpreise zahlen für das Holz, für das Eisen, für das Kupfer, für den Theer, für den Hanf, für die Thaue, die Masten, die Segel, die Lebensmittel, die Kleidung. Alles soll nationales Produkt sein. Man hat aber berechnet, daß die Konstruktion eines französischen Schiffes 50 pCt. mehr koste, als der Bau eines Schiffes in Sardinien und in den meisten anderen Ländern. Frankreich habe alle älteren Navigationsgesetze nachgeahmt, nun schon seit 30 Jahren die strengsten Differenzialzölle angewandt, den Seefischfang als Matrosenschule mit großen Prämien begünstigt (1844 wurden allein dafür 4 Millionen Fr. bezahlt), und dennoch sei die amerikanische Marine $3\frac{1}{2}$ mal, die englische

---

1) In Preußen, wo dergleichen Gesetze nicht angewandt werden, stand das Verhältniß in denselben Jahren umgekehrt so, daß die eigene Flagge 57 bis 58 pCt., die fremden nur 42 bis 43 vermittelten.

6 mal stärker, während die französische abnehme. Im Jahre 1843 betrug die Tonnenzahl mit Ausschluß der Küstenschifffahrt

der französischen	Handels-Marine	590,077
„ nordamerikanischen	„	2,158,603
„ englischen	„	3,588,387

England konnte (und mußte vielleicht) die Differenzialzölle früher anwenden, um erst die eigenthümliche Ausbildung seiner Marine für den transatlantischen Verkehr und seine Kolonialverbindung zu schaffen und zu erhalten; seitdem aber Spanien, Holland, Frankreich, Belgien, Rußland und Dänemark mit ähnlichen Maaßregeln, Nord-Amerika mit Retorsionszöllen gefolgt sind, haben diese Zölle nicht mehr blos die alte Wirkung der Frachtvertheuerung für den Handel, sondern es kommt häufig vor, daß sie auch der Schifffahrt selbst mehr schaden, als nutzen. Die Waaren sollen vom Erzeugungslande eingeführt werden, von dritten Häfen sollen sie nicht bezogen werden. Kommt nun der Schiffer Frankreichs nach einem Hafen Hollands, so soll er dort keine deutschen Waaren aufnehmen oder in preußischen Ostseehäfen keine nordischen Rohstoffe; er hat also keine Rückfracht. Eben deshalb kann er oft die ganze Reise nicht unternehmen, weil die Fracht für den französischen Kaufmann zu theuer wird, der ihn schickt. Die fremden Nationen kommen also und bringen ihre Waaren von allen Weltgegenden, um dagegen französische Waaren in ihren Schiffen nach allen Weltgegenden zu verladen [1]). — Oder die Differenzialzölle haben auch für Frankreich die Wirkung gehabt, daß man, anstatt zur See, die Waaren zu Lande einführt. Auf fremden Schiffen muß die Wolle so viel mehr Zoll bezahlen, daß die Engländer deshalb ihre für die französische Industrie

1) Es ist eine alte Bemerkung, daß Frankreich durch sein Schutzzoll-System nicht nur seinem Ausfuhrhandel nach dem Norden Europa's, sondern namentlich seiner Schifffahrt dahin großen Schaden zugefügt hat. Wer unsere preußischen Schifffahrtslisten mit Aufmerksamkeit durchgeht, wird mit Erstaunen bemerken, daß fast der ganze direkte Verkehr unserer Ostseehäfen mit Frankreich in den Händen unserer oder der dritten Flagge ist.

gerade unentbehrliche Wolle auf den belgischen Markt schicken, wo die Zölle viel unbedeutender sind, und die Belgier sie dann nach Frankreich einführen, als naturalisirte belgische Waare.

Dies sind die Gründe, welche der Association pour la liberté des Echanges in Frankreich die Gelegenheit gegeben haben, in ihrem Programm sich vorzusetzen, daß les distinctions de zones et de classes donnant lieu à des différences de droits, selon les frontières de terre ou de mer où les produits se présentent, seraient abolies; daß die Zollgleichheit zwischen den Produkten der Kolonieen und der fremden Länder allmälig ausgesprochen, daß Schiffsbau und Ausrüstung wohlfeiler werde. Namentlich aber hat diese Association sich vorgesetzt, die Verbindungen mit den fremden europäischen Entrepots für die Einfuhr der Produkte Asiens, Afrika's und Amerika's als der Schifffahrt und dem Handel nützlich nachzuweisen. Ein spezielles Gesetz solle die Schifffahrts-Differenzialzölle gänzlich unterdrücken. —

Die englische Navigationsakte wird noch jetzt häufig als das Fundament der englischen Handelsgröße und Seemacht angesehen. Die erstere Annahme aber ist sicher ganz grundlos, während die zweite nur eine historische Wahrheit hatte, für die Gegenwart ebenfalls alle Bedeutung verloren hat.

Es kommt bei der Beurtheilung der Wirkungen, die eine Gesetzgebung haben kann und haben konnte, vor Allem darauf an, sich die Lage des Landes zu vergegenwärtigen, auf welche die Gesetze wirken sollen. Wären die exklusiven Maaßregeln und die Differenzialzölle es gewesen, welche die Größe der englischen Schifffahrt und des Handels hervorriefen, so hätte England lange vor Cromwell und den Stuarts, lange vor dem 17. und 18. Jahrhundert die anderen Nationen in der Schifffahrt und im Handel überflügeln müssen. Schon unter Richard II. gebot im Jahre 1381 ein Statut, alle Einwohner des Landes sollten die Ausfuhren der Waaren nur auf solchen Schiffen besorgen lassen, die dem Könige unterthänig seien; aber das Gesetz konnte nicht durchgeführt werden, weil es zu hohe Frachten und keine Vermehrung der Schiffe herbeiführte. Unter

Heinrich VII. wurde die Einfuhr französischer Weine auf englische Schiffe beschränkt und zugleich das Erforderniß ausgesprochen, daß die Schiffe britisches Eigenthum und der Kapitain, wie die Mehrzahl der Mannschaft, britische Unterthanen sein sollten. Die Königin Elisabeth führte die Abgaben von fremden Schiffen (Differenzialzölle, Fremdenzölle) ein, verbot den Ankauf der Fische von fremden Fahrzeugen und vindizirte der englischen Flagge die Küstenschifffahrt. Unter Jakob I. wurde der Handel mit den englischen Kolonieen allein den britischen Schiffen vorbehalten.

Alle diese Gesetze hätten keine außerordentliche Wirkung haben können, sobald ihnen das Feld der Wirksamkeit mangelte, oder so lange England nicht Kolonieen, die der Mittelpunkt des transatlantischen Handels wurden, erworben hatte. Ueberall sahen sich die Briten von Spaniern, Portugiesen und Holländern in Ostindien, Westindien, Amerika und Afrika vom Handel ausgeschlossen, sie konnten also an eine Nachahmung der exklusiven Gesetze nur dann denken, wenn sie selbst ein hinreichendes Territorium in jenen Welttheilen besaßen, und so viel Mittel der Verbindung hatten, daß sie diese aufrecht erhalten konnten. Nicht im Seeverkehr mit europäischen Ländern waren sie zurückgeblieben, sie hatten den größten Theil des Ostseehandels, einen großen des Grönlandhandels inne; sondern es galt, die Macht der Spanier, Portugiesen, Franzosen und namentlich der Holländer zu brechen, welche Letzteren bei dem allmäligen Verfall der ersten beiden Länder die neuen Erwerber der fremden Welttheile für die Zukunft zu sein schienen.

Deshalb erweiterte Cromwell die älteren Bestimmungen in der Navigationsakte vom 9. Oktober 1651 dahin, daß alle Güter der fremden Welttheile nur auf englischen Schiffen eingebracht werden dürften, und daß alle europäischen Güter nur auf dem Wege des direkten Verkehrs, also auf Schiffen der Ursprungsländer oder britischen Schiffen, zugelassen werden sollten. Allerdings mag diese Akte schon den Zweck verfolgt haben, den direkten Handel mit den transatlantischen Ländern in die Hände der Engländer zu bringen, aber ihr vorzüglichster Zweck war, dies sieht man aus dem Verbot des indirekten Handels nach England überhaupt für alle Schiffe, den Holländern einen Schlag zu geben, welche vermöge ihres Kolonieen-Besitzes die wichtigsten Frachtschiffer für alle europäischen Länder geworden waren. Die Maaßregel hätte aber gewiß nur eine äußerst kleinliche Wirkung gehabt, ja sie hätte sicher nur dem englischen Handel und der Schifffahrt geschadet — denn daß sie auch geschadet hat, ist unbestritten — wenn nicht der große Blake damals seine Seesiege über die Holländer und Spanier erfochten und es Großbritanien gelungen wäre, in allen Welttheilen die Kolonieen zu erwerben, die erst die Grundlage des englischen Welthandels, die Bastion für weitere Ausdehnung englischer Weltherrschaft wurden. Wenn nun Karl II. die Schifffahrtsakte theils erweiterte, theils so milderte (im Jahre 1661; 12 Karl II. c. 18. und 13. und 14 Karl II. c. 11.), daß sie anwendbarer erschien, so muß man doch erst fragen, was sie bewirken konnte. Es wurde nämlich:

1) die Vorschrift der Cromwellschen Akte, daß alle Waaren nur auf dem Wege des direkten Verkehrs nach England und den britischen Besitzungen, d. h. also in englischen Schiffen oder in Schiffen des Ursprungs- oder natürlichen Verschiffungslandes, gebracht werden mußten, zwar theilweise aufgegeben (nur die Güter von Rußland und der Türkei sollten noch ferner auf diesem Wege allein bezogen werden dürfen), aber die Einfuhr der numerirten Artikel, d. h. die wichtigsten Frachtgüter der Schifffahrt, blieben den britischen Schiffen vorbehalten und wurden nur in direkter Fahrt allein den fremden erlaubt. Auch wurden alle fremden Schiffe in Bezug auf die Ladung mit Fremdensteuern (Aliens-duties), d. h. Differenzialzöllen, belegt. — Dies hatte den Sinn, die Engländer sollten die Waaren selbst von den europäischen Ursprungs- oder natürlichen Verschiffungsländern holen, sich nicht von dritten Nationen, nament-

lich nicht von Holländern und Hanseaten [1]), bringen lassen.

2) Alle Güter von Afrika, Asien und Amerika sollten nur auf englischen Schiffen, und zwar nur direkt auf englischen Schiffen (denn hier war an amerikanische, asiatische und afrikanische Schiffe noch nicht zu denken), eingebracht werden. Dies hat den Sinn, daß den Engländern selbst eben sowohl wie den fremden Nationen der indirekte Handel nach England mit den transatlantischen Produkten verboten wurde.

3) Von dem Handel und der Schifffahrt nach den englischen Kolonieen wurden alle Fremden und alle fremden Schiffe ausgeschlossen.

Diese Gesetze verfolgten zwei Gesichtspunkte: Vertheidigungsmittel des Staates in der auf weiten Reisen geübten Handels-Marine zu schaffen, eine tüchtige, erfahrene Seemannschaft zur gelegentlichen Benutzung der Kriegs-Marine und die direkten Handels-Verbindungen der Engländer mit den fernen Welttheilen, wenn auch auf Kosten des Handels, zu erzwingen Denn da der direkte Handel mit den europäischen Ländern immer den beiden Flaggen erlaubt war, so kann man nicht sagen, daß die Engländer auch diesen europäischen Handel allein an sich reißen wollten. Man stellte wie ein Programm der Zukunft hin, England soll das große Centrum des Welthandels werden, an dem zwar jedes Land theilnehmen kann, sobald es sich zu eigner Schifffahrt erhebt, aber die Schifffahrt soll so vertheilt werden, daß, während die Engländer überall hin und her direkt fahren sollen, jede auswärtige Nation nach England nur direkt fahren kann. Die Gesetze konzentrirten die Schifffahrt auf England, während die anderen Nationen nur einzelne Radien des englischen Schifffahrts-Kreises einnehmen sollten.

Die Voraussetzung einer günstigen Wirkung dieser

1) Gegen Holländer und Deutsche wurde sogar das Verbot der Einfuhr von enumerated articles, d. h. der wichtigsten Frachtgüter für die Schifffahrt 14 Karl II. c. 11., eingeführt und erst später modifizirt.

Gesetze für den Aufschwung des Handels und der Navigation war somit absolut die Eroberung oder Erwerbung derjenigen Welttheile, welche die Peripherie des Handels-Kreises bilden; denn ohne einen Ausschluß der anderen Nationen von dieser Peripherie, ohne das Glück der Eroberung wäre die Maaßregel lächerlich gewesen, ja sie hätte nur schädlich gewirkt, sobald die Engländer überall von den fremden Welttheilen ausgeschlossen wären und zu Hause noch ihren eigenen indirekten Handel sich selbst verboten hätten. Durchzusetzen ist also eine solche Maaßregel nur, wenn ein Land von der Natur oder den Ereignissen der Geschichte als das Hauptcentrum des Welthandels wirklich gesetzt wird, wenn es die nöthigen Mittel hat, um die Erfolge zu sichern, die nöthigen Schiffe und die nöthigen Kolonieen, und wenn nicht alle Handelsländer sich verbinden, Gleiches mit Gleichem zu erwidern.

Es ist diesen Gesetzen nicht zuzuschreiben, daß es den Engländern gelang, den Handel der transatlantischen Welt an sich zu reißen, denn sie hatten schon damals ihre Siege über die Spanier und Holländer erfochten, und das Kolonialsystem mit seinen exklusiven Rechten war ein allgemeines bei allen Staaten, welche Kolonieen besaßen. Alle vorhandenen Kräfte sollten — gleichviel, ob mit Verlust zu Hause — auf die Erwerbung und Erhaltung der fernen Welttheile gerichtet werden. Wer in diesem Wettlaufe nicht glücklich war, der konnte Alles verlieren, wie Spanien und Portugal Alles verloren haben, er konnte zu Hause in das tiefste Elend versinken. Aut Caesar aut nihil war der kühne Wahlspruch Cromwell's und dieser Gesetzgebung, lächerlich im Munde eines Staates, dem das Glück oder die Gelegenheit dazu fehlt. Sehr zweckwidrig müßte es z. B. erscheinen, wenn etwa Dänemark heutigen Tages den indirekten Handel seiner Schifffahrt verbieten wollte, um vorherrschend auf die Verbindung mit seinen Kolonieen, d. h. mit St. Croix und Tranquebar, hinzuweisen. Man werfe einen Blick auf die Erwerbung von Kolonieen als Statiospunkte des Handels durch England bis 1661, und man wird die Gesetzgebung der Navigationsakte erklärt, wenigstens entschuldigt finden. In Ostindien, wo die Holländer damals noch die Oberhand behielten, hatten die Engländer bereits 1601 an 33 Faktoreien auf der Malabarküste, in Kalikut, und bis 1661 in Bombay erworben, dann auf der Koromandelküste in Masulipatnam und Madras; 1622 hatten sie sich nach der Vertreibung der Portugiesen aus Ormus des persischen Seidenhandels bemächtigt, worauf sie sich dann bald, 1683, in Bencoolen neben den Holländern und 1690 zu Kalkutta festsetzten; 1651 besetzten sie die Station St. Helena. Bis zu diesem Jahre hatten sie aber schon ihre wichtigsten Grundsteine der Verbindung mit Amerika gelegt; 1610 war die Hudsons-Bay entdeckt und die Faktoreien an derselben nebst Labrador und Ostmaine gegen die Franzosen behauptet. Der länger schon beförderte Anbau von Virginien war gelungen. Aus Neu-England gingen 1621 — 35 Massachussetts mit Maine, Newhampshire, Rhodeisland, Konnektikut hervor, in Süd-Virginien wurden 1627 Carolina, 1632 Maryland angebaut; zur Zeit der Navigationsakte entbrannten die Kämpfe mit den Holländern nicht nur im Kanal, sondern Neu-Belgien wurde 1664 von den Holländern gereinigt, und New-York und New-Jersey zeigten durch ihr Entstehen die Geburt der englischen Herrschaft. In Westindien besetzten die Engländer 1609 Bermudas, 1625 Barbados, 1628 Barbuda und Montserrat, 1632 Antigua, 1650 Anguilla, einige Bahama-Inseln, bes. Providence; sie krönten aber das Werk 1655 durch die Eroberung Jamaika's, wo sie bald darauf den Zuckerbau einführten, den Niederlanden die meisten Jungfern-Inseln nahmen und 1660 mit Frankreich den Vergleich über St. Christoph schlossen. — Es gab damals neue Welten zu erobern, die Kolonialgeschichte war eine fortlaufende Kriegsgeschichte, und die Handelsgesetze waren die Adjutanten der Kriegsthaten.

Ob aber Hollands Handel und Schifffahrt durch die englische Navigationsakte wirklich einen Schlag erhielt, ist noch sehr die Frage. Wahrscheinlich ist es nicht; noch lange nachher, als die Akte fast 40 Jahre lang bestand und gerade gegen Holland durch Zusatzartikel verschärft war, waren die Holländer die eigentlichen Frachtschiffer für Europa und den Welthandel geblieben; noch 1690 schätzte Sir William Petty die Tragfähigkeit der holländischen Schiffe auf mehr als 900,000 Tonnen, während man nach englischen Schriftstellern (Chalmers Comparative Estimate bei Mac Culloch) um 1702, also 50 Jahre nach der Wirkung der Navigationsakte, den Tonnengehalt aller auswärts verzollten englischen Schiffe auf 273,000 Tonnen annimmt. Ueberhaupt ist es sehr auffallend, daß die schnelle Progression in der Vermehrung der englischen Schiffe erst seit der Mitte des 18. Jahrhunderts, seit der Festsetzung Englands in Ostindien, recht bemerkbar wird, namentlich aber seit den für Englands Meerherrschaft so glücklichen Kriegen gegen Ende des vorigen Jahrhunderts, von den Friedenszeiten nach 1814 an, wo England die wesentlichsten Grundsätze seiner Navigationsakte schon anfing zu durchlöchern, bis 1830 hin, wo die Differenzialzölle zu Gunsten der nationalen Schifffahrt den meisten Staaten gegenüber aufgehoben wurden. In dieser letzteren Zeit stieg der Tonnengehalt der englischen Schiffe im auswärtigen Handel von 1,200,000 in 1814 auf 2,180,000 Tonnen in 1830.

Man muß bedenken, daß Holland durch diese Akte ja nur den indirekten Handel nach England, keineswegs nach allen anderen Ländern der Welt verlieren konnte. Hätte Holland durch England nicht mehr verloren, es würde noch heute sein Geschick und die Navigationsakte segnen. Aber auch in England haben sich von alter Zeit her, mehrere Stimmen dahin vernehmen lassen, die Schifffahrtsakte habe dem Handel und theilweise selbst der Schifffahrt mehr geschadet, als genützt; schon 1671 wurde behauptet, daß sie den Andrang von Fremden zu den Häfen Englands vermindere, ja daß seit 1653 der Ostsee- und Grönlandshandel für England verloren gehe; 1691 findet sich von einem bekannten handelspolitischen Schriftsteller, Jos. Child die Notiz, daß sich der Ostseehandel in Bezug auf die englische Flagge um zwei Dritttheile vermindert habe und auf die fremden Schiffe übergegangen sei. Auch hat man (Mac Culloch H. L.) die vielen Klagen der Kaufleute mit Recht hervorgehoben, daß sie den Handel einschränke, indem sie ihm eine einseitige Richtung gebe, die Anzahl der Seeleute verringere und die Schiffsfrachten erhöhe. Wenn man daher auch nicht leugnen mag, daß England politische Gründe hinlänglich gehabt habe, eine eigenthümliche Richtung seines Handels nicht nur zu begünstigen, sondern selbst zwangsweise hervorzurufen, so kann man doch gewiß nicht behaupten, daß der englische Handel überhaupt oder auch nur die englische Schifffahrt dieser Akte ihre Größe verdanken England allein konnte aber mit Erfolg ein solches Gesetz lange Zeit aufrecht erhalten, weil es das glückliche war, der Sieger im Kolonieen-Erwerbe. Uebrigens bemerke man, daß der große Küstenhandel Großbritaniens selbst (über 700 Meilen Küsten) das Hauptfundament der englischen Schifffahrt war und noch ist, daß die natürliche Lage Englands den Erfolg des Gesetzes allein gewissermaaßen verbürgen konnte, denn nimmt man Alles zusammen, sagt die Handels-Kammer von Köln mit Recht, was von englischen Schiffen an den eigenen Küsten nach und von den eigenen Kolonieen, nach und von fremden Ländern transportirt wird, so beträgt der letztere Antheil nur ungefähr 10 pCt., der Verkehr mit den Kolonieen ebenfalls 10, und die Küstenschifffahrt ungefähr 80 pCt. Nachahmungswerth kann das englische Gesetz also in keinem Lande erscheinen, das nicht dieselben natürlichen Bedingungen aufzuweisen hat, so etwa, daß man die bei den Schwankungen des Handels überschüssigen Schiffe für transatlantische Fahrten auch im Küstenhandel beschäftigen könnte (die auswärtige Schifffahrt Englands schwankt sehr stark, dem Tonnengehalte nach), in keinem Lande, das nicht dieselben politischen Gründe für die direkte Verbindung mit seinen Kolonieen oder fremden Welttheilen aufzuweisen hat.

Endlich aber sollte der Tag der Retorsions-Maaßregeln auch gegen Großbritanien erscheinen. Die einzelnen Versuche, — Erhöhung der Tonnengelder, Differenzialzölle auf die Schifffahrt und Ausschluß vom Kolonialhandel, — die mehrere Staaten Europa's sowohl aus Rücksichten auf ihren eigenen Handel als aus dem Prinzip der Wiedervergeltung gegen England angestellt hatten, mußten unwirksam bleiben oder doch weniger fühlbar sein, so lange es für England nur eine Reihe von immer neuen Erwerbungen und Ausdehnungen seines Handels auf Kosten jener Staaten gab. England konnte die kleineren Nachtheile im europäischen Handel, die es sehr vereinzelt, z. B. in Frankreich, durch jene Maaßregeln und beim indirekten Handel erlitt, an den es nirgends gewöhnt war, leicht verschmerzen. Sobald aber seine eigenen Kolonieen in Nord-Amerika die Unabhängigkeit erlangt hatten, änderte sich auch die Lage des englischen Handels diesen gegenüber. Die nordamerikanischen Kolonieen waren an die freie Verbindung ihres Handels, namentlich mit Westindien und Kanada, gewöhnt worden, sie lagen nun als wichtigster fremder Staat mitten zwischen den Resten der britischen Besitzungen jener Welt. Sollten sie nun ausgeschlossen werden von ihren alten Handelswegen nach Westindien und Kanada, und sollten sie beschränkt werden durch Fremdenzölle auf dem englischen Markte selbst, dessen wichtigste Kunden sie neben den Deutschen waren? Großbritanien versuchte es; aber die nordamerikanische Union hatte die wirksamen Mittel der Gegenwehr in Händen, die Gunst ihrer Lage und die wichtige Geltung ihres Marktes für England. Hier zeigte es sich zuerst, daß nur so lange, als das Kolonialsystem unverletzt bestand, der alte wichtigste Artikel der Navigationsakte, welcher den Handel von Asien, Afrika und Amerika an englische Schiffe band, aufrecht zu erhalten war. Die Vereinigten Staaten haben bald nach ihrem Entstehen das vernünftige Prinzip der vollkommenen Gleichheit und Gegenseitigkeit in ihren Verträgen und Gesetzen anstatt des früher versuchten Schutz-Differenzialzolls angenommen. Die Fahrzeuge fremder Nationen wurden zwar mit höheren Abgaben belastet, aber diese sind entweder ganz aufgehoben oder auf gleichen Fuß gebracht, je nachdem das fremde Land die amerikanischen Fahrzeuge behandelt; ganz dasselbe Prinzip ist auch auf die Ladung der Schiffe und die indirekte Schifffahrt angewandt worden. Die Folge dieses Grundsatzes der Retorsion zur Erreichung des freien Handels ist gewesen, daß sie sich überall ein günstiges Terrain für ihre Schifffahrt erkämpften.

Diese selbst ist die bedeutendste der Erde nach der Englischen geworden, obwohl die Nordamerikaner keine Prämien für den Fischfang zahlen, wie Franzosen und Engländer, um ihre Seemannschaft zu bilden; obwohl ihre Rhederei die Schiffe nicht wohlfeiler baut und ausrüstet, als die Frankreichs; obwohl ihr Sold an die Mannschaft viel höher ist als bei den meisten europäischen Nationen. Ihnen war das Loos vorbehalten, den Meerriesen zuerst an seinen Fersen nachhaltig ergreifen zu können. Nicht darin lag das Mittel ihrer Macht, „daß sie die englische Navigationsakte fast buchstäblich im Jahre 1787 herübernahmen und gegen England anzuwenden suchten," sondern darin, daß ihre Naturerzeugnisse (Hanf, Flachs, Holz, Getraide) für die westindischen Kolonieen Englands eben sowohl wie ihr Markt und ihre Produkte (z. B. Baumwolle) für England unentbehrlich waren. Die nordamerikanischen Freistaaten legten so große Lasten auf die Ausfuhr ihrer wichtigsten Artikel in britischen Schiffen nach den westindischen Kolonieen der Engländer, daß die Ausfuhr dieser Erzeugnisse größtentheils an die Schiffe der Freistaaten überging. Die Engländer mußten die wichtigsten Häfen ihres Westindiens zu Freihäfen erklären. Dann kam die Reihe an den direkten Handel mit Großbritanien selbst. Da die Engländer zur Aufmunterung ihrer Schifffahrt die Ladung in fremden Schiffen mit höheren Zöllen trafen, als in den eigenen, und den fremden Schiffen höhere Hafen- und Leuchtgelder berechneten, so verordneten die nordamerikanischen Freistaaten auch ihrerseits, daß in ihren Häfen jedes fremde, nicht gleichgestellte Schiff ½ Piaster mehr pro Tonne und 10 pCt. mehr für die Waarenladung entrichten solle.

Diese Zölle trafen am empfindlichsten die Einfuhr großbritanischer Fabrikate, im Gegensatz zu denen anderer Nationen. England gab deshalb in seinem eigenen Interesse nach, als es 1815 den Reciprozitäts-Vertrag mit der Union schloß, in welchem gleichmäßige Abgaben vom Fahrzeuge und der Ladung für die Schifffahrt beider Nationen festgestellt wurden. — Nun hätte sich freilich bei vollkommener Gleichheit für den direkten Frachtverkehr die gerühmte Kraft der englischen Navigationsakte zeigen müssen, d. h. man hätte wenigstens erwarten sollen, daß die englische Flagge auch zur Hälfte die Fracht nach Nord-Amerika hin behalten würde, eine so alte, sieggewohnte Flagge, durch Jahrhunderte hindurch an diese Fahrten gewöhnt. Dem war aber nicht so; die nordamerikanische Flagge nahm bald den ersten Rang in diesem Handel ein, sie zog von diesem Schifffahrtsverkehr mehr als zwei Drittel an sich, die englische Flagge wurde überflügelt. Auf diesem Territorium wäre übrigens das Feld der indirekten Schifffahrt für die Engländer gewesen, aber nach ihren eigenen Prinzipien mußten sie sich auf dem Wege der Gegenseitigkeit davon ausschließen lassen.

Man muß indessen zur weiteren Erklärung dieser Nachgiebigkeit Albions gestehen, daß es auch die richtigere Erkenntniß der Handels-Interessen überhaupt war, welche einigen Theil an dem Aufgeben alter verrotteter Grundsätze hatte. Besonders zwei Männer, Wallace und Huskisson, waren es, die durch ihre Bills vom Jahre 1821 und 1825 das Reciprozitäts-System für alle europäische Staaten vorbereiteten. Für die fremden Nationen mußte es eine lästige, für die britischen Rheder eine nutzlose Beschränkung des Handels sein, daß die verzeichneten Artikel allein angewiesen waren auf Schiffe des Ursprungs- und natürlichen Verschiffungs-Landes oder auf britische Schiffe. Wenn nämlich Vorräthe von jenen Waaren in einem fremden Hafen aufgestapelt waren, konnten sie nicht anders nach Großbritanien versandt werden, als im Ganzen mit einem englischen Schiffe, oder theilweise in Schiffen der verschiedenen Länder, wo sie erzeugt waren. War nun der fremde Kaufmann selbst Schiffsrheder, so konnte er doch nicht sein eigenes Schiff mit jenen Waaren befrachten, sondern mußte fremde Schiffe oder britische dafür suchen. Meistentheils fand er wohl jene auch, aber sein eigenes Schiff blieb müßig. Da diese Bestimmung den Engländern selbst wenig nützte, dem fremden Rheder ein sehr lästiges Assortiment seiner Waaren auflegte, so hat man die Strenge des alten Gesetzes etwas dahin neuerdings gemildert, daß die Beschränkung nur noch ausgedehnt ist auf britische Schiffe, auf Schiffe des Ursprungslandes oder des Landes, von welchem die Waaren verschifft werden, d. h. kein drittes fremdes Fahrzeug soll das Recht haben, in einem fremden Hafen aufgestapelte verzeichnete Artikel nach England zu bringen, sondern es muß Eigenthum von Rhedern in solchen Häfen oder Ländern sein. Daß dies ein sehr geringes, fast nichtssagendes Zugeständniß ist, leuchtet auf den ersten Blick ein, denn stets bleibt es danach fast unmöglich gemacht, die Erzeugnisse dritter Länder nach den englischen Märkten zu führen. Diese verzeichneten Artikel müssen selbst erst zu dem Hafen hinkommen, wo sich die Schiffe der fremden Nation als ihr Eigenthum vorfinden. Nur die weite Interpretation dieses Punktes, die Ausdehnung desselben auf Schiffe anderer Staaten, aber natürlich zusammengehörender Länder, hat in einzelnen Fällen den Haß beseitigt, den sich ganz allgemein die englischen Navigationsgesetze zugezogen haben.

Dagegen haben da, wo ihr eigenes Interesse es erforderte, die Engländer gegenwärtig ganz von den alten Bestimmungen der Navigationsakte abgelassen. Der belästigendste Punkt für den transatlantischen Handel war der, daß die Produkte von Asien, Afrika und Amerika nur direkt in britischen Schiffen von dem Ursprungslande eingeführt werden durften. Nach dem Vertrage mit den Vereinigten Staaten war diese Vorschrift durchlöchert, die Schiffe der Union nahmen Theil an diesem Handel, es bezog sich das Gesetz also nur noch auf Asien, Afrika und Süd-Amerika für britische Schiffe. Diese mochten nun aber eben hier noch so viele Waaren anderer Länder vorfinden, die auch noch so geeignet für die Kompletirung ihrer Fracht nach England waren, sie durften sie nicht aufnehmen. Gegenwärtig ist auch dieser Punkt aufgehoben; die britischen Schiffe dürfen den indirekten Handel von den fremden Welttheilen nach England vermitteln, die fremden Schiffe aber nicht. Schon Lord Wallace wollte dieselbe Freiheit des indirekten Handels von Asien, Afrika und Amerika auch auf europäische Schiffe anderer Nationen ausgedehnt wissen; seine nur gerechte Absicht scheiterte aber an der übertriebenen Furcht der englischen Rheder, sich durch diejenigen Flaggen, die einen wohlfeileren Schiffsbau als England haben, aus jenem Handel nach der transatlantischen Welt verdrängt zu sehen.

Ein dritter Punkt, der aus den Schifffahrtsgesetzen Englands weggefallen ist, betrifft die Differenzialzölle. Und hier war es bekanntlich Preußen, welches zunächst nach Nord-Amerika allen europäischen Nationen in seinem glücklichen Widerstande gegen Großbritanien voranging. Preußen forderte im Jahre 1818 eine Ermäßigung der hohen Eingangszölle, besonders auf Getraide, und die Aufhebung der Bevorzugung der englischen Flagge durch Tonnengeld und Schifffahrtsabgabe von der Ladung der fremden Schiffe. Die Antwort war ausweichend. Daher erfolgte die Allerhöchste Kabinets-Ordre vom 20. Juni 1822, nach welcher die Küstenschifffahrt nicht allein ausschließlich den inländischen Seeschiffen vorbehalten, sondern auch eine Erhöhung der Hafen-Abgaben (Flaggengelder nach Lasten) für ausländische Schiffe derjenigen Nationen festgesetzt wurde, welche nicht traktatenmäßig oder aus anderer Veranlassung die preußischen Schiffe und Ladungen den inländischen oder doch denen der am meisten begünstigten Nationen gleich behandeln. Die Erhöhung betrug von eingehenden belasteten Schiffen 2 Rthlr. pro Last, von ausgehenden 1 Rthlr. Preußen ließ außerdem mit Erhöhung seiner Waarenzölle gegen die Ladung fremder Schiffe drohen.

Dies genügte vollkommen, um in Großbritanien, wo Huskisson und die erleuchteten Staatsmänner seiner Partei am Ruder waren, auch im eigenen englischen Interesse Nachgiebigkeit herbeizuführen. Der Reciprozitäts-Vertrag vom 2. April 1824 zwischen Preußen und Großbritanien war die Folge. Die preußischen Schiffe unterliegen nun keiner höheren Abgabe vom Schiffsgefäß mehr als die englischen beim Aus- und Einlaufen von und in britischen Häfen; alle preußischen und englischen Erzeugnisse, welche auf englischen Schiffen ein- und ausgeführt werden dürfen, dürfen es auch auf preußischen; alle Waaren, *auch nicht preußischen Ursprungs*, wenn sie nur in preußischen Häfen verschifft sind, und überhaupt gesetzlich in die Häfen des vereinigten Königreichs eingeführt werden können, sollen nur mit denselben Abgaben belegt werden, als wenn sie in englischen Schiffen eingeführt werden.

Der Vertrag vom 2. März 1841, der erste Vertrag, der im Namen des deutschen Zollvereins abgeschlossen wurde, erweiterte auch diese Zugeständnisse um etwas. Er ertheilte den zollvereinsländischen (d. h. preußischen) Schiffen die Befugniß, auch numerirte Artikel, und zwar auch solche von nicht zollvereinsländischem Ursprung aus den Mündungen eines jeden zwischen der Elbe und Maas (incl.) liegenden Flusses (als den natürlichen Verschiffungs-Häfen deutscher Länder) nach England und aus denselben Häfen alle Zollvereins-Produkte nach den britischen Kolonieen einzuführen.

Dagegen wurde die Zulassung der englischen Schiffe zur indirekten Fahrt nach den preußischen Häfen als die Basis des Vertrags hier zuerst ausdrücklich ausgesprochen, so daß den britischen Schiffen bei uns dadurch gestattet wurde, aus den Häfen aller Länder mit ihren Ladungen einzulaufen, d. h. bis zu diesem Vertrage von 1841 oder nach dem Ablauf dieses Vertrages stand oder steht es Preußen vollkommen frei, den indirekten Handel englischer Schiffe nach dem Zollverein zu verbieten.

Um aber die Punkte vollkommen zu verstehen, auf die es für uns ankommen kann, wird es nöthig sein, hier dasjenige zu rekapituliren, was von den englischen Navigationsgesetzen gegenwärtig noch besteht. England hat nämlich dieselben oder sehr ähnliche Reciprozitäts-Verträge, in welchen es die Schifffahrts-Differenzialzölle aufhob, mit fast allen Staaten der Welt geschlossen, mit Hannover, Dänemark, Oldenburg 1824, mit den vereinigten Provinzen Rio de la Plata, Rußland, Columbia, Mecklenburg, Lübeck, Bremen und Hamburg 1825; Frankreich, Schweden und Norwegen, Mexiko 1826, mit Oesterreich 1829; es hat jene Zölle als Schutzzölle aufgegeben und sich nur noch die Macht vorbehalten (4 George IV. c. 77, sect. 2, 3 und 4;

5 George IV. c. 1, sect. 3; William IV. c. 56, sect. 5), die als Retorsions-Maaßregeln eventuell anzuwenden, wenn in anderen Ländern die englische Flagge und der englische Handel nicht wenigstens den Flaggen und dem Handel der meist begünstigten Nationen gleichgestellt wird. Dessen ungeachtet ist allerdings durch die obigen Verträge von 1824 und 1841 noch keine vollkommene Gegenseitigkeit für Preußen und den deutschen Zollverein errungen, um so mehr, als England anderen Staaten gegenüber bereits nach jener Zeit weiter in seinen Konzessionen vorgeschritten ist.

Die Navigationsakte nach dem Statut vom 1. September 1833; 3 und 4 William IV. c. 54 besteht jetzt in folgenden wesentlichen Punkten:

1) Von der Küstenschifffahrt sind in England, wie überall, die fremden Flaggen ausgeschlossen.

2) Der Handel zwischen Mutterland und Kolonieen ist der englischen Flagge vorbehalten. Auf dem Wege des indirekten Handels dürfen keine fremden Flaggen an dem Kolonialhandel Theil nehmen; direkt dahin dürfen sie fahren und handeln. Es ist ihnen z. B. verboten, englische Fabrikate nach den englischen Kolonieen zu bringen, aber es dürfen preußische Schiffe preußische oder zollvereinsländische dahin führen.

3) Nach anderen Zollgesetzen werden fremde Erzeugnisse in den Kolonieen höher, als die gleichartigen englischen Erzeugnisse besteuert, und umgekehrt werden die Erzeugnisse der Kolonieen geringer in England versteuert, als die gleichartigen fremden.

Diese drei Punkte kann und darf man schwerlich durch Retorsions-Maßregeln zu beseitigen suchen, weil sie zur inneren Gesetzgebung aller Länder gehören, die Kolonieen besitzen. Der Handel mit den Kolonieen wird überall als eine Art Kabotage betrachtet, die Kolonieen selbst werden in ihren Erzeugnissen geringer besteuert, weil sie als ein Theil des Mutterlandes angesehen werden. Da nun unsere Erzeugnisse direkt nach den englischen Kolonieen auf preußischen Schiffen gebracht werden können, ohne dort höhere Abgaben entrichten zu müssen, als wenn sie in englischen Schiffen kommen, so haben wir in diesen obigen Punkten keinen Grund zur Klage gegen England.

Es bleiben somit nur die Paragraphen 2 bis 4 oder folgende beschränkende Grundsätze der gegenwärtigen Navigationsakte für uns auf dem Wege der Verträge zu beseitigen:

1) Der indirekte Frachthandel nach England ist für englische Schiffe nur zum kleinsten Theile verboten, er ist nur beschränkt, während er für fremde Schiffe verboten ist. Ganz frei ist die indirekte Fracht für die englischen Schiffe in Bezug auf die enumerated articles §. 2 der N. A. Die verschiedenen nachstehend verzeichneten Artikel, Erzeugnisse Europa's [1]), nämlich Schiffsmasten, Bauholz, Bretter oder Dielen, Theer, Talg, Hanf, Flachs, Korinthen, Rosinen, Feigen, Pflaumen, Olivenöl, Korn oder Getraide, Wein, Branntwein, Tabak, Wolle, Sumach

---

1) Die Unkenntniß und Thorheit des Zollvereins-Blattes ist bekanntlich in Nord-Deutschland sprüchwörtlich geworden, wo es sich um Handels- und Schifffahrtsverhältnisse handelt. Das Gerede in's Gelach hinein, das sich aller ernsten Kritik entzieht, ist besonders in der Frage der Differenzialzölle ein Privilegium dieses Blattes geworden. Wie wenig es solche Blätter ihrer Würde angemessen finden, sich in eben denselben Artikeln, in welchen sie über bestimmte Fragen des Tages phantasiren, auch etwas um die betreffenden Thatsachen und Gesetze zu bekümmern, geht unter vielen Beispielen auch aus den Phantasiestücken jenes Blattes in No. 28. vom 12. Juli 1847 über Differenzialzölle hervor. Da werden nämlich S. 477. ff. fortlaufend die transatlantischen Staaten als die Erzeuger der enumerirten Artikel aufgeführt, ohne daß das handelspolitische Blatt auch nur eine Ahnung davon hätte, daß es europäische Erzeugnisse sind, um die es sich handelt, und daß es der indirekte Verkehr ist, der für unsere Schifffahrt erreicht werden soll mit eben diesen Artikeln, der indirekte Verkehr, den man mit Differenzialzöllen nicht erzwingt. Die Worte jenes Phantasiestücks heißen im Vertrauen gänzlicher Unschuld: „Was zuerst die Verträge mit den transatlantischen Staaten, den Erzeugern der enumerirten Artikel, betrifft u. s. w.“ Auch die elberfelder und andere Zeitungen Süd-Deutschlands spaßen bisweilen in ähnlicher Weise. Soll man aber solche Naivitäten in allen ihren Konsequenzen verfolgen und widerlegen?

Krapp, Krappwurzeln, Barilla, Schwefel, Eichenrinde, Korkholz, Orangen, Citronen, Leinsaat, Rapssaat und Kleesaat sollen nicht anders in das vereinigte Königreich zum inneren Verbrauch eingeführt werden, als in britischen Schiffen, in Schiffen des Landes, wo solche Waaren erzeugt, oder in Schiffen des Landes, von woher dieselben eingebracht werden.

Da wir den Briten die indirekte Schifffahrt nach dem Zollverein vollkommen freigeben, so können wir von ihnen die Freigebung der indirekten Fracht auch für die enumerated articles in unseren Schiffen nach England verlangen. Wir müssen dies um so mehr, als unsere Ostseehäfen keine großen Zwischenplätze für die enumerated articles sind, uns also die Erweiterung dieses Handels auf die Schiffe der Häfen, von woher dieselben eingebracht werden, nichts hilft. Wichtiger ist diese letztere Koncession schon für die eigentlichen Zwischenplätze des nordischen Handels, z. B. für Hamburg, als für uns.

2) Die Navigationsakte §. 3 setzt fest: „Erzeugnisse von Asien, Afrika und Amerika sollen nicht von Europa aus in das vereinigte Königreich zum inneren Verbrauche eingeführt werden (mit einigen für uns nichtssagenden Ausnahmen)."

Der indirekte Frachthandel mit transatlantischen Produkten, die in europäischen Häfen oder Entrepots sich vorfinden, ist also überhaupt von Europa aus für britische Schiffe nach England ebensowohl, wie für Fremde, verboten.

In diesem Punkte wird es sehr schwer halten, Nachgiebigkeit zu erzwingen, da England hier die größte Belästigung seinem eigenen Handel auflegt. Uebrigens ist der Punkt für uns ganz unwichtig, da wir nur Kolonialwaaren von England und europäischen Entrepots holen, nicht dahin zu bringen haben.

Dagegen giebt er uns eine Veranlassung, die gerechte Zurückschiebung desselben Grundsatzes gegen Großbritanien zu versuchen. Es wäre nur dieselbe Anwendung desselben Grundsatzes, wenn wir den Engländern verböten, uns Kolonialwaaren oder transatlantische Produkte aus europäischen Entrepots in ihren Schiffen zuzuführen, während wir unseren Schiffen dies Recht weiter zugestehen können.

3) Die Briten haben den indirekten Handel von Asien, Afrika und Amerika mit allen Produkten nach England ihren Schiffen gestattet, den fremden Schiffen aber verboten. §. 4 der Navigationsakte: „Waaren, das Erzeugniß von Asien, Afrika und Amerika, sollen nicht in das Königreich zum inneren Verbrauche von fremden Schiffen eingeführt werden, wenn solches nicht Schiffe des Landes in Asien, Afrika und Amerika sind, wo jene Waaren erzeugt, oder von woher sie eingebracht worden (mit für uns nichtsbedeutenden Ausnahmen).“

Was wir also beanspruchen können, da es den britischen Schiffen gestattet ist, würde sein:

1) die indirekte Schifffahrt auch mit den enumerated articles in unseren Schiffen nach England und den englischen Kolonieen;
2) der indirekte Frachthandel mit den Erzeugnissen Asiens, Afrika's und Amerika's aus jenen Welttheilen (mit Ausnahme der Produkte der englischen Kolonieen) nach England auf unseren Schiffen;
3) daß in Bezug auf den Verkehr zwischen Großbritanien, seinen Kolonieen und Besitzungen die preußische Flagge stets denen der am meisten begünstigten Nation gleichgestellt werde.

Unzweifelhaft bleibt es aber, daß wir nicht verlangen können, den indirekten Frachthandel nach England mit Produkten der fremden Welttheile aus europäischen Entrepots, den die Engländer selbst ihren Schiffen verbieten, für unsere Schiffe in Anspruch zu nehmen. Würden die Engländer zu einem Aufgeben dieses Punktes ihrer Schifffahrtsgesetze sich nicht verstehen, so könnten wir nur nach der Analogie des französisch-englischen Vertrages von 1826 die Rückanwendung des englischen Grundgesetzes auf die englischen Schiffe machen, und also den Satz aufstellen, daß den englischen Schiffen diese Befrachtung nach unseren Häfen verboten würde. Für unsere Schifffahrt würde dies vielleicht von einiger Wichtigkeit sein, da sie dann ohne Konkurrenz der englischen Schiffe den Handel mit transatlantischen Produkten von europäischen Entrepots und Großbritanien aus nach dem Zollverein um so mehr in ihre Hände bekommen könnte. Uebrigens müßten, um eine solche Maaßregel allgemein wirksam zu machen, dann auch die deutschen Nordsee-Staaten in einem Schifffahrts-Bündnisse diesen Verbots-Maaßregeln beitreten. Geschähe dies nicht, so würden wir nichts weiter, als eine Belästigung unseres Ostseehandels, und eine Ableitung des Kolonialwaaren-Handels von den Ostseestädten nach den Nordseehäfen erzielen. — Es ist aber ein solches Beitreten derselben mehr als zweifelhaft und deshalb viel sicherer, vorläufig zu erwarten, ob England die Navigationsakte vollständig aufheben wird, oder nicht.

Jedenfalls geht so viel aus den obigen Sätzen hervor, daß die ersten drei Punkte vollständiger Gegenseitigkeit erreicht werden müssen; der letzte Punkt kann als der schwierigere und weniger bedeutende schwebend erhalten, und vorläufig als ein bloßes Unterhandlungsmittel betrachtet werden.

Differenzialzölle auf die aus England indirekt bezogenen Waaren erscheinen aber als ganz unpassend und in jeder Beziehung für uns nur nachtheilig. Als unpassend, weil sie England auch gegen uns nicht mehr anwendet; als nachtheilig, weil, wie sich weiter ergeben wird, unser Ostseehandel auf den indirekten Bezug sehr vieler transatlantischer Produkte von daher angewiesen ist. Sie würden aber insofern gar nicht ausreichen, unserer Schifffahrt irgend einen wesentlichen Dienst gegen England zu gewähren, als dieses Land in seiner eventuellen Anwendung von Differenzialzöllen auf die Schiffsladungen der ihm feindseligen Länder von 20 pCt. Aufschlag für alle Waaren ein Mittel in den Händen hat, das uns viel mehr belästigen würde, als wir jemals durch gleiche Zollaufschläge der englischen Schifffahrt oder dem englischen Handel wehe thun könnten. (Vergl. an Act for granting duties of Customs vom 4. August 1845. Victoria 8 und 9. c. 90.)

Uebrigens würde auch ein bloßes Verbot der indirekten Schifffahrt fremder Nationen nach unseren Häfen eine große Belästigung unseres Handels mit sich bringen und immer zu beklagen sein, da es dem Handelsstande sehr viele der wohlfeilsten Frachtmittel nehmen und zugleich unserer Schifffahrt durch Retorsions-Maaßregeln anderer Staaten sehr nachtheilig sein könnte. Aber wir dürfen wohl mit Recht hoffen, daß es kaum eines solchen allgemeinen Gesetzes für eventuelle Rückanwendung gleicher Grundsätze gegen alle andere Staaten, die unseren Handel und unsere Schifffahrt belästigen, bedarf, um speziell England auf die Bahn der Gerechtigkeit zurückzuführen. — England hat bereits seine Navigationsakte in mehreren wesentlichen Grundsätzen durchlöchert, es hat dies gethan in den neuesten Verträgen mit Oesterreich, mit dem Zollverein, mit Rußland, mit Mecklenburg, mit den Hansestädten und mit Hannover; es hat in den ersten jener Verträge das Verbot der indirekten Schifffahrt dadurch aufgehoben, daß es die Häfen, welche von den Hinterländern benutzt werden können, für die natürlichen Ausfuhrhäfen derselben erklärte; es ist dann weiter gegangen und hat den hannoverschen, mecklenburgischen und hanseatischen Schiffen gestattet, Ladungen in preußischen Häfen einzunehmen und in England einzuführen. Dies sind geradezu Abänderungen des Prinzips der Navigationsakte, die gegen Preußen eine einseitige Verletzung unserer Rhederei-Verhältnisse mit sich bringen.

Die indirekte Schifffahrt ist somit in England gewissen bevorzugten Nationen nicht mehr verboten, und wir können und müssen erwarten, daß England bei dem jetzigen Stande seiner Bildung in Handelssachen die Beschwerdepunkte, die wir gegen dasselbe haben, beseitigen wird, ohne es auf einen Zoll- und Verbotskrieg ankommen zu lassen, in welchem es sich übrigens nicht etwa vorzüglich um Schifffahrts-Differenzialzölle, sondern um eventuelle Anwendung von Repressalien verschiedener Art auch in den Zöllen an den Landgrenzen handeln könnte.

Für diejenigen, welche nach den bereits entwickelten Gründen noch nicht von der Schädlichkeit der Restriktionsgesetze und der Navigationsakte Englands für den eigenen Handel und die eigene Schifffahrt des Landes überzeugt sind, mögen hier noch einige Aussagen von Engländern vor dem englischen Parlamentscomité zusammengestellt werden, das sich gegenwärtig mit der Prüfung sämmtlicher Schifffahrtsgesetze Großbritaniens beschäftigt und die Hoffnung rechtfertigt: England werde, ohne es auf erneuerte Zoll- und Verbotskriege ankommen zu lassen, in seinem eigenen Interesse diese Fesseln des Handels und der Schifffahrt entfernen.

Nicht nur die berühmtesten Namen staatswirthschaftlicher Größen, wie Ricardo, S. R. Peel, Villiers, finden sich in dem Comité zur Untersuchung über die Schifffahrtsgesetze, sondern es steht nun auch nach den einzelnen Vernehmungen fest, daß sich fast alle hellen Köpfe der Handelswelt, wie auch Rheder, Zollbeamte und Schiffskapitäne gegen diese Gesetze ausgesprochen haben. Die Beamten des Handelsamtes (Assistant Secretaries of the Court of trade) J. G. Shaw Lefevre und J. Mac Gregor, beides berühmte Namen, die zuerst gehört wurden, sprachen sich besonders über die Inkonsequenzen der Navigationsakte aus, die sich aus bloßer historischer Ueberlieferung noch in derselben finden; über die ganz willkürliche Aufzählung der enumerirten Artikel, bei welchen so wichtige Handelsgegenstände, wie Mehl, Fische, Fischthran, raffinirter Zucker, als Produkte Europa's, gleichsam vergessen seien, über die Sonderbarkeit (aus dem Merkantilsystem erklärlich), daß nur die Einfuhr, nicht die Ausfuhr in fremden Schiffen mit Restrictionen bedacht ist; über die Ausnahmemaaßregeln neuer Zeit von jenem Gesetze auf dem bloßen Wege der Regierungsmaaßregeln, von dem Traktate mit Oesterreich von 1838 an bis zu den Begünstigungen, die neuerdings Mecklenburg, Hannover und die Hansestädte erfahren haben. Sie wiesen die Schwierigkeit, ja die Unmöglichkeit nach, z. B. beim Getraide über den Ursprung der Waaren, wie es das Gesetz will, sich zu vergewissern. Sie zeigten, welche Unsicherheit, welche Willkür dadurch nothwendig bedingt werde; sie gaben ihre gänzliche Unfähigkeit zu erkennen, die sonderbaren Exklusiv-Maaßregeln der englischen Schifffahrtsgesetze auch nur historisch ihren vermeintlichen Gründen nach, erklären zu können; sie wiederholten mehrmals (z. B. bei dem sonderbaren Umstande, daß einige Nationen, wie Preußen, Nord-Amerika u. s. w., durch Geheimeraths-Befehle zu dem direkten Handel und der direkten Schifffahrt nach den britischen Kolonieen zugelassen, andere, wie Frankreich, davon (im Weinhandel) ausgeschlossen oder darin beschränkt seien), den Zweck dieser Gesetze nicht zu verstehen. (I cannot give the reason of it.) Sie mußten gestehen, daß die Bestimmungen dieser Schifffahrtsgesetze so vexatorischer Natur seien, daß sie z. B. in Bezug auf die Rhederei Großbritaniens, auf die Anforderung des Eigenthums an den Schiffen und die Bemannung eben so wenig ausführbar seien, wie in Bezug auf fremde Schiffe, z. B. die der Hansestädte. Mac Gregor wies nach, welchen Schaden der englische Handel durch die Retorsions-Maaßregeln anderer Staaten, z. B. Nord-Amerika's, in einigen Jahren erlitten. Es sanken z. B. die Ausfuhren Englands nach den Vereinigten Staaten, die 1784 über 3,679,000 L. betrugen, schon im ersten Jahr nach den Retorsionen auf 2,308,000 L., im 1785, im folgenden Jahr 1786 aber auf 1,603,000 L. — Hume berührte auch die Nachtheile, welche die englischen Kolonieen dadurch hätten, daß sie gezwungen seien, britische Schiffe zur indirekten Einfuhr ihrer Bedürfnisse zu suchen, wie der Handel deshalb z. B. im Verkehr zwischen Nord-Amerika und Kanada oft einen anderen, kostspieligeren und dem Auslande zu gute kommenden Landweg anstatt des bequemeren zu Wasser und See einschlage; man erkannte an, daß Rußland, Oesterreich, Dänemark, die Hansestädte, Neapel, Genua und Sardinien, namentlich aber Preußen, mit Recht klagten, daß ihre Schiffe nicht dieselben Vortheile in Großbritanien genössen, die britische Schiffe in ihren Häfen genießen. Mac Gregor hob hervor, daß die gegenwärtigen Navigations-Gesetze (welche die Erbauung eines britischen Schiffes in Großbritanien vorschreiben), bei den bestehenden Belastungen auf fremdes Bauholz, sehr häufig die Wirkung haben, daß englische Unterthanen Schiffseigner in fremden Ländern, namentlich in denjenigen, die einen sehr wohlfeilen Schiffsbau haben, werden, um eben diese wohlfeilen Schiffe mit größerem Vortheil im britischen Handel zu benutzen. Uebrigens sei England nur vorzüglich gegen Norwegen, Schweden und etwa Preußen, nur gegen zwei oder drei Länder beim Schiffsbau im Nachtheil; Dampfschiffe baue England wohlfeiler als alle anderen Länder, und wenn es darauf ankomme, wohlgekupferte Schiffe für transatlantische Fahrten zu liefern, so stehe auch England hierin gleich. M. Gregor wies namentlich auf den merkwürdigen Umstand hin, daß diese britischen Schiffe nicht aus dem Frachtverkehr durch wohlfeiler fahrende verdrängt seien, wo kein Unterschied der Belastungen für fremde und britische Schiffe besteht. Sie wären z. B. nicht von norwegischen oder schwedischen Schiffen aus den indirekten Fahrten zwischen Petersburg und Rio Janeiro oder der Havana, nicht aus dem zwischen Triest und der Havana oder Portoriko verdrängt, im Gegentheil hätten die englischen Schiffe die meisten fremden nicht nur im Handel von Triest mit Cuba und Portoriko und Süd-Amerika besiegt, sondern auch in der Fracht der Baumwolle von den Häfen der Vereinigten Staaten nach denen Europa's wären sie nicht von den amerikanischen Schiffen überflügelt.

Wohl aber wies auch er auf den Nachtheil hin, den der Handel und die Konsumtion des britischen Landes durch den Ausschluß fremder Schiffe vom indirekten Verkehr erleiden. Bestehe der Nachtheil nicht stets darin, daß man sowohl für die Ausfuhren als Einfuhren die Leichtigkeit beschränkt, Frachtmittel zu finden? Und muß dies nicht eben so schädlich auf die

Produktion der Güter, wie auf die Konsumtion zurückwirken? Muß dies nicht endlich auch, da es den Handel beschränkt, die Schifffahrt beschränken und vertheuern?

Auf diese und ähnliche Fragen wurden höchst merkwürdige Antworten in einzelnen Beispielen gegeben. So sagte ein Kaufmann Browning aus, daß man in Süd-Australien, wo sich eine sehr große Kupfermine befinde, nicht britische Schiffe genug hatte, um das Kupfer nach England zu verfahren; da es nun in fremden Schiffen nicht eingebracht werden durfte, so war die Folge, daß sich in Hamburg eine Kompagnie bildete, die es in Schiffen jedweder Nation holen konnte und es zu Hause schmelzen und verarbeiten ließ. Der ganze Handelsgewinnst entging den Briten. Ferner sagte derselbe aus, daß die Wolle von Australien oft nicht nach England verschifft werden könne, weil dort in Sydney sich nicht hinreichend britische Schiffe fänden; dies steigere durch die Frachtsätze die Kosten der australischen Wolle zum Nachtheil der englischen Manufakturen, während oft französische Schiffe von Bourbon mit Zucker kämen und in Ballast nach Indien gehen müßten, die gern die Wolle nach England bringen würden, wenn dies erlaubt wäre. Alle also verlören unter diesen Gesetzen, die Kolonieen müßten ihren Zucker theurer bezahlen, die Engländer die Wolle entbehren und die Franzosen die Fracht. — Zu Manilla stand der Hanf äußerst niedrig, aber kein fremdes Schiff durfte ihn verladen. — Ein Kaufmann von London, Berger, führte folgendes Beispiel an: Ein Geschäftsfreund schrieb uns vorigen November (1846) von Massachussetts aus: „Der gute Stand unseres Marktes treibt mich an, Ihnen 150 Casks Palmöl zu senden, wenn sich dafür ein britisches Schiff darbietet u. s. w." Aber bald darauf schrieb er: „Die 150 Casks habe ich verkauft, weil kein britisches Schiff hier war." Es verlor nicht nur das britische Schiff die Fracht, sondern der Kaufmann den Gewinn. Ein noch merkwürdigeres Beispiel gab derselbe zum Vergleich der Wirkung des freien Handels und der Restrictionen. Hamburg, sagte er, hat einen großen Handel und zwar einen stets anwachsenden Handel nach Ostindien; die Zahl der Schiffe, die von Hamburg nach Singapore gehen, wächst jedes Jahr. Nun ist zwar London der große Markt für die ostindischen Produkte, aber es ist in den letzten Jahren oft vorgekommen, daß die Produkte des britischen Ostindiens, Singapore's und Brasiliens von Hamburg aus nach London gesendet wurden, obwohl sie hier im Lande nicht für den inneren Verbrauch verkauft werden dürfen, sondern wieder ausgeführt werden müssen.

Ueberhaupt scheint es das Anwachsen des Handels und der Schifffahrt in unseren deutschen Freihandelsplätzen zu sein, welches die englischen Kaufleute und Rheder auf das Nachdenken über die Wirkung ihres Restriktiv-Systems geführt hat. Ein anderer Kaufmann, Goschen, führte es besonders aus, daß England in ähnlicher Weise, wie Hamburg, aber in größerer Ausdehnung, durch das Freihandels-System der Stapelplatz für die großen Artikel des Seehandels werden müsse. Gegenwärtig seien die Frachten so hoch in britischen Schiffen, daß sie z. B. 4 Pfd. für die Tonne von der Havana nach England betrügen, während sie in den fremden Schiffen 3 Pfd. für die Tonne ausmachen. Wenn ein britisches Schiff hierher nach London Zucker von der Havana zu 4 Pfd. pro Tonne bringt, während ein hamburger oder bremer Schiff zu 3 Pfd. pro Tonne, so kann der Kaufmann, der sich in der Havana dieser deutschen Schiffe bedient, 1 Pfd. mehr für seinen Zucker bezahlen. Sind nun zwei Schiffe in Havana, ein englisches und ein hamburgisches, so wird der Preis regulirt durch den Käufer, der das meiste Geld geben kann. Weil der Hamburger 1 Pfd. mehr für den Zucker geben kann, muß der Engländer ebenfalls 1 Pfd. mehr zahlen. Der Engländer zahlt also eine Preissteigerung auf zwei Wegen, zuerst in der Steigerung der Fracht und dann in der Steigerung des Zuckerpreises.

Mit dem Wegfallen der Restriktivgesetze müsse natürlich auch dasjenige Land, welches die größte Konsumtion habe, der größte Markt werden, dann müsse London und England das im Großen sein, was Hamburg jetzt schon im mittleren Maaßstabe ist. Uebrigens sei es natürlich, daß solcher Stapelplatz des freien Handels auch der nationalen Schifffahrt zu Gute kommen müsse, weil dann die nationale Flagge an den Ausfuhren nach dem Kontinent in größerem Maaßstabe Theil nehmen könne. Dies zeige sich deutlich an der Rhederei Bremens, welche die Konkurrenz der wohlfeiler fahrenden Oldenburger und Hannoveraner sehr wohl ertrage und fortlaufend durch den freien Handel zunehme.

Ein anderes Beispiel der vortheilhaften Wirkung des freien Handels und der Nachtheile der Restriktionen giebt ein Kaliko-Fabrikant und Kaufmann, J. Brooks, folgendermaaßen: „Ich führte nach Batavia gemeiniglich Kaliko und andere Güter aus, zum Betrage von 20,000 bis 25,000 Pfd.-St. Nur wenige Güter konnte ich als Retouren vor der Aenderung der Zuckerzölle benutzen. Als aber die Aenderung Platz griff, daß der Zucker freier Arbeit eingeführt werden konnte, schrieb ich nach Batavia um Zucker als Bezahlung für meine Waaren. Am 31. Oktober 1845 hatte ich Zucker an Bord eines britischen Schiffes, der mir 4077 Pfd. 15 Sh. kostete; ich brachte ihn nach England und verkaufte ihn April 1846 für 4878 Pfd. 19 Sh. 2 Pce. Ich gewann 19 pCt. Das war ein neuer Handel. Dann im November 1845 hatte ich auf demselben Schiff eine Ladung Zucker, die mir 1167 Pfd. 7 Sh. 2 Pce. kostete, und die ich im März 1846 in London für 1422 Pfd. 18 Sh. verkaufte. Ich machte einen Profit von $21\frac{1}{2}$ pCt. Das ist noch ein wenig besser. Dann in Folge des Mangels britischer Schiffe, namentlich in Batavia, wo es keine gab, war ich gezwungen, die nächste Ladung Zucker von Batavia nach Amsterdam auf einem amerikanischen Schiffe zu senden. Dieser Zucker war im November 1845 gekauft und lag in Batavia bis zum 10. März 1846, wo ich denn ein amerikanisches Schiff für Amsterdam nahm. Dieser Zucker kostete 3793 Pfd. 7 Sh. 8 Pce. und ward vergangenen November (1846) zu Amsterdam endlich für 3012 Pfd. 7 Sh. 11 Pce verkauft; ich verlor also 20 pCt. Ich hatte von London geschrieben, ob es kein britisches Schiff für die Ladung meines Zuckers nach England gäbe, aber man antwortete, es gebe keine Wahl."

Wenn irgend ein praktisches Beispiel, so zeigt dieses die Unmöglichkeit, die direkte Schifffahrt erzwingen zu können; es zeigt, welchen Zufälligkeiten der Kaufmann durch die Restriktivgesetze aller Art ausgesetzt sein muß, und daß nur in der vollkommensten Freiheit der Schifffahrt und des Handels das Heilmittel selbst gegen fremde Restriktivgesetze liege; denn hätte der Engländer nur durch das amerikanische Schiff seinen Zucker nach London bringen lassen können, so wären die Nachtheile, die ihm die niederländischen Restriktivgesetze in Batavia auferlegen, doch zum Theil ausgeglichen gewesen.

Ein Kaufmann in Hamburg, aber britischer Unterthan, R. B. Sevaine, sagte aus, daß auch die seewärts verschiffte Wolle, z. B. Alpacawolle, oftmals wohlfeiler in Hamburg als in England sei, und daß für den britischen Handel, wie für die Manufakturen aus dem Verbot der indirekten Schifffahrt große Nachtheile erwachsen: „Gegen Ende des Jahres 1844 kaufte ich eine bedeutende Quantität Alpacawolle und verschiffte sie, unbekannt mit den Navigationsgesetzen, in einem britischen Schiffe nach Hull, wo sie mit Beschlag belegt wurde, als eine Contravention gegen die Schifffahrtsgesetze. Die Lords der Schatzkammer befahlen auf meine Remonstration, daß sie mir zur Wiederausfuhr freigegeben werden solle, aber ich konnte die Erlaubniß nicht erhalten, sie zum inneren Verbrauch nach Yorkshire zu senden. Die Wolle wurde also von Hull nach New-York gesandt, dort gelandet und wieder von New-York nach Liverpool zurückgebracht, von wo aus sie endlich in die Fabrikdistrikte kam, jedoch zu spät, um den beabsichtigten Zweck zu erfüllen.“

Auch dieses Beispiel lehrt vielerlei, die Umgehung der Gesetze, die Nachtheile der Beschränkung des indirekten Handels für den Kaufmann und den Fabrikanten. Derselbe Kaufmann stellte neben einander die niederen Preise der transatlantischen Produkte in Deutschland (z. B. des Guano zu 5 Pfd. 8 Sh.) und die hohen in England (9 und 10 Pfd.), auch er wies darauf hin, daß kein anderer Grund als die Navigationsgesetze es seien, welche durch ihre Restrictionen die Frachten in englischen Schiffen so steigerten, daß sehr wichtige Handels-Artikel, z. B.

Soda, Guano u. s. w., von Süd-Amerika sich andere Märkte als England suchten oder überhaupt gar nicht nach England anders als auf britischen Schiffen eingeführt werden könnten. Die britischen Gesetze schadeten dem britischen Handel und nützten in gewissem Sinne dem Ausländer, der einen Markt davon bei sich zu schaffen gezwungen werde, an welchem England keinen Theil nehmen dürfe.

Wenn nun schon diese bisherigen Einzelnheiten es zeigen, wie viele Gelegenheiten der Fracht die Navigations-Gesetze den englischen und fremden Schiffen gleicherweise entziehen, so fehlt es auch keineswegs an erfahrenen Seeleuten, welche die Behauptung begründeten, daß die Schifffahrtsgesetze für die Rhederei und die Ausbildung der Marine theils unnütz, theils aber geradezu schädlich seien. Weil eine fremde dritte Nation für ihre Schifffahrt die Gelegenheit der indirekten Fracht nach England benutzen könnte, so verbietet man diese Fracht, verhindert den Gewinn für die fremde Nation und zwingt nicht nur zu Retorsiomen, sondern verbietet zugleich auch den britischen Schiffen, an solchen Frachten nach England Theil zu nehmen. Dabei herrscht die Sonderbarkeit vor, daß der indirekte Frachtverkehr zwischen dritten Ländern den britischen Schiffen nicht beschränkt ist, wohl aber der indirekte Frachtverkehr nach England hin. Andere Länder können sich zur Befriedigung ihrer Bedürfnisse der britischen Schiffe bedienen, wie sie wollen; England aber hat diese Vergünstigung nicht.

Aehnlich aber steht es in allen solchen Ländern, welche den indirekten Handel durch höhere Zölle belästigen im Gegensatze zu solchen, welche ihn ganz freigeben. So ist es z. B. eine auffallende Erscheinung, daß in so wichtigen Häfen für den transatlantischen Handel, wie Rio Janeiro, durchschnittlich mehr deutsche Schiffe, als englische, mit einer größeren Lastenzahl der Ausfuhr und Einfuhr nach erscheinen. (Vergl. Report. IV. S. 3 und 4.) Nicht einmal ihren vornehmsten Zweck haben diese Schifffahrtsgesetze überall erreicht, daß sie mehr, als dies bei anderen Nationen der Fall ist, den transatlantischen Verkehr ihren Schiffen sicherten. Deshalb sind auch die

Protectionisten unter den Rhedern noch gar nicht mit diesen Zwangsmaaßregeln zufrieden. Dagegen erklärten sich sehr erfahrene Schiffs-Kapitäne, namentlich der Post-Kapitän Sir James Stirling, der Kolonial-Gouverneur gewesen und das Kommando auf mehreren Kriegsschiffen geführt und aus eigener Erfahrung auch die englische, französische und amerikanische Handels-Marine genau kennen gelernt hatte, dahin, daß weder für die Rheder, noch für die Seeleute, noch für die Königliche Marine die Navigationsgesetze vortheilhaft wirkten (that the present system of the Navigation Laws does not work well, either for shippowners or for seamen, or for the Royal Navy). In allen Arten des Handels, in welchen die Fremden mit den Briten gleichstehen, könnten sie keinen Nutzen gewähren, aber die Registrationsakte, die den Rhedern Restrictionen auferlege [1]), müsse die schädlichste Wirkung haben in dem Handel, in welchem die Engländer mit anderen Nationen in gleichem Wettbewerb stehen. So z. B. im Wallfischfange, welcher eine freie Meer-Industrie ist, gewähre die Navigationsakte keinen Vortheil, aber die Registrationsakte erhöhe die Kosten der englischen Schiffe. Dies sei der hauptsächlichste Grund, weshalb die Amerikaner (die jetzt über 700 Schiffe auf den Wallfischfang senden) die Engländer fast auf ein Nichts in diesem so wichtigen Handelszweige reduzirt hätten.

Die durchgreifende Frage, ob die Erniedrigung der Frachtsätze die Schifffahrt vermehre, beantwortete derselbe Kapitän dahin, daß er dächte, es könne kein Zweifel darüber bestehen, daß sie dies thue. Diese Erfahrung ist einer der merkwürdigsten und schlagendsten Gründe für die Freiheit des Verkehrs, weil sie zeigt, wie der durch die Wohlfeilheit der Waaren und ihre Konsumtion erweiterte Handel auch eine größere Anzahl von Schiffen beschäftigt. Ich finde, sagte der Kapitän, daß unsere Schiffe im Jahre 1816 nach Indien und zurück zu einem Frachtsatze von 33—34 Pfd. pro Tonne fuhren,

1) Nämlich in Bezug auf den Bau der Schiffe in Großbritanien und die Bemannung derselben mit britischen Unterthanen.

gegenwärtig fahren sie für 6—7 Pfd. die Tonne. Während des höheren Frachtsatzes gab es nur sehr wenige Artikel, welche die Transportkosten nach England hin tragen konnten. Selbst die Fracht der Baumwolle war gegen Ende des vorigen Jahrhunderts so hoch, daß sie die Amerikaner zur Anpflanzung der Baumwolle in ihrem Lande antrieb. Die hohen Frachtsätze der englischen Schiffe waren der Hauptgrund für die Wohlfahrt der Amerikaner in diesem Artikel. Unser Handel mit Indien hat unter der Wirkung der niedrigen Frachtsätze sehr beträchtlich zugenommen. Ich glaube mit Genauigkeit sagen zu können, daß die Tonnenzahl der Schiffe, welche in diesem Handel gegenwärtig beschäftigt sind, zehnmal mehr beträgt, als sie 1816 betrug.

Da dies der Kardinalpunkt ist, um den sich alle Fragen drehen, so kam man auch immer wieder auf die hohen Frachtsätze, auf die Kosten zurück, welche die Beschränkungen des Handels hervorbringen und dadurch auch die Schifffahrt verringern.

Außerdem führte dieser erfahrene Kapitän aus, daß die Küstenschifffahrt als die gefährlichste, schwierigste und härteste Arbeit der Seeleute gar keiner Protection bedürfe, weil sie sich von selbst nur in den Händen nationaler Seeleute befinden könne. Ich glaube, sagte er, die Navigationsakte hat nicht die Wirkung, welche sie bezweckt; sie ist überflüssig für den Küstenhandel; sie bringt keinen Nutzen in dem Handel, der den Fremden so gut wie uns offen steht; und im eignen Handel ist ihr Geist annullirt durch das Reciprozitäts-System. Es bleiben somit nur die Steigerungen der Kosten übrig, welche den Handel wie die Rhederei gleichmäßig belästigen.

Man weiß, welche Illusionen sich unsere deutschen Bewohner des Neckar- Lech- und Wupperthales über die Wirkung einer solchen Navigationsakte auf die Bemannung der nationalen Kriegs-Marine aus der Mannschaft der Handels-Marine machen, wie selbst pommersche Rittergutsbesitzer der süßen Hoffnung leben, es bedürfe nur der Nachahmung einer englischen Navigationsakte, um dann nicht nur vom Neckar und Lech aus direkten Handel mit den fernsten Enden der transatlantischen Welt treiben zu können, sondern um auch allmälig eine deutsche Kriegsflotte entstehen zu sehen, die sich aus der Handelsflotte rekrutire. Hier mögen sie nun die Ansicht eines alten Kapitäns über den Gegenstand vernehmen. Auf die Frage: Glauben Sie, daß die Handels-Marine das sei, was man gewöhnlich die Pflanzschule für die Seeleute der Königlichen Marine nennt? war die Antwort: „Gewiß nicht. Ich glaube, es setzt eine gewaltige Unkenntniß voraus, wenn man annimmt, daß die jetzige Kriegs-Marine eine große Zahl Seeleute von der Handels-Marine entnehme. Als ich vor drei Jahren ein Linienschiff kommandirte, versuchte ich, die Zahl der Seeleute zu finden, welche unter jener Bemannung auf Kauffahrtei-Schiffen gebildet werden; ich fand die Zahl auf meinem Schiffe nicht über fünf Hundertheile. Später fand ich ungefähr dasselbe Verhältniß aus den Büchern der anderen Schiffe. Das Komité möge bemerken, daß die Kriegs-Marine eine sehr komponirte Macht ist, in welcher nicht mehr als ein Viertel Seeleute sind, von welchem Viertel wieder nicht über ein Zehntheil in der Handels-Marine gedient haben. Diese Leute von der Handels-Marine sind aber nicht von der besten Art; wir sind wahrlich nicht besonders begierig [1]), die zu nehmen, die zu uns kommen. Daß die Handels-Marine fähig ist, die besten Seeleute auszubilden, die es giebt, ist richtig; aber diese besten Seeleute kommen nicht zu uns, unsere Lohnsätze sind zu niedrig. Die Kriegs-Marine wird zum größten Theil rekrutirt durch Knaben, die in ihrem Dienste groß gezogen sind. Durch die Matrosenpresse allein können wir gute Seeleute von der Handels-Marine erhalten, aber die Matrosenpresse ist unklug und unausführbar. Meine Schlußfolgerung in Bezug auf die Navigationsakte ist, daß sie ihren Zweck nicht erfüllt, daß sie nicht das Wohl der Schifffahrts-Interessen befördert, und also, daß ihre Aufhebung nicht schädlich auf die

1) Er nimmt an einer anderen Stelle nur die Küstenfahrer aus, keinesweges aber die auf langen, transatlantischen Fahrten gebildeten.

maritime Macht unseres Landes zurückwirken wird. Wenn ich die geographische Lage Englands betrachte, die besondere Energie unseres Volkes, die Ausdehnung unseres Handels, unser großes Kapital und unsere Erfolge in den Unternehmungen zur See, so fühle ich mich überzeugt, daß, wenn die Schifffahrt von allen Restrictionen und unnöthigen Lasten befreit wird, wenn mit anderen Worten die Navigationsakte, die Registrationsakte, und verschiedene andere Akte, welche fiscalische und lokale Lasten den Schiffen auflegen, aufgehoben werden, daß dann die maritime Wohlfahrt dieses Landes Alles übersteigen wird, wovon wir jetzt einen Begriff haben."

III. Die Interessen des Seehandels und der Schifffahrt des deutschen Zollvereins gegenüber der Differenzial-Zollfrage.

Wenn wir uns nun zur Beurtheilung der Differenzialzoll-Projekte in Bezug auf den deutschen Zollverein und Deutschland wenden, so wollen wir ausdrücklich zuerst der Gesinnung derjenigen Männer ehrend erwähnen, die mit jenen Entwürfen unserem Vaterlande einen Dienst zu leisten glaubten. Wir erkennen es an, daß sehr viel patriotischer Eifer für die nationale Einheit und Größe Deutschlands diejenigen beseelt, welche entweder unserer Schifffahrt und unseren Welthandels-Verbindungen mit jener Maaßregel von ihrem vermeintlichen Niedersinken aufhelfen wollen, oder die Ausdehnung des Zollvereins bis an die Nordsee bezwecken, oder doch eine Abstellung der Unbill fremder Staaten gegen uns damit erzielen wollen.

Aber es kommt natürlich nicht bloß auf die Gesinnung und die Gefühle des Patriotismus, sondern zuerst auf die Kenntniß der Lage unseres Handels und unserer Schifffahrt an, um die Zweckmäßigkeit jener Maaßregel auch für uns zu prüfen. Daß sie in anderen Ländern bestehen, ist noch gar kein Grund, sie auch bei uns einzuführen. Wir glauben vielmehr die Nachtheile der Differenzialzölle z. B. für den französischen Handel und die Schifffahrt, für die holländischen Kolonieen und die Handels-Interessen, die Nachtheile der Beschränkung des indirekten Handels für England hinreichend nachgewiesen zu haben, um wenigstens eine um so größere Besonnenheit in der Prüfung der Nachtheile gleicher Beschränkungen für den Zollverein hervorzurufen. Wenigstens soll man die sicheren Nachtheile gegen die erst zu hoffenden Vortheile in Anschlag bringen, ehe man sich zu dieser Neuerung entschließt; denn selbst nicht einmal darauf kommt es an, sich zu rächen gegen fremde Unbill, sondern darauf, die Früchte des Sieges zu erringen.

Herr von Heyden nahm unter denjenigen, welche die Petition für Differenzialzölle am ersten Vereinigten Landtage Preußens befürworteten, so zu sagen, den umfassendsten, nationalsten Gesichtskreis ein. Er drückte zuletzt noch — in seinem offenen Briefe an seine Mitstände — seine patriotischen Phantasieen — (dieses Wort hat nur einen ehrenwerthen Klang in unseren Ohren) — dahin aus, er möchte nach seinen Kräften dazu beitragen, daß Deutschland, ein kräftiges einiges Deutschland, die ihm gebührende Stellung auch zur See einnehme. „Eine deutsche Flotte ist eine Nothwendigkeit, sie zu erlangen, ist ein Nationalwunsch geworden,“ ruft er aus; „dazu wird es langer Anstrengungen bedürfen, mühsamer Vorarbeiten, aber vor Allem einer tüchtigen Handelsmarine. Diese ist das Fundament jeglicher Geltung zur See; sie bei uns zu befördern, sie empor zu bringen, sie zu vergrößern ist der Zweck der von mir vorgeschlagenen Differenzialzölle.“

Wenn er nun ferner in etwas unbestimmter Art und Weise diesen Zweck, die Beförderung einer tüchtigen Handelsflotte, mit dem politischen Zwecke der englischen Navigationsgesetze, nach den Worten Sir R. Peel's dem Zwecke der Vertheidigung des Staates, zu begründen sucht, so ist dieser Vergleich wenigstens ein sehr schiefer zu nennen, da wir weder dieselben Mittel, noch dieselben Ursachen einer solchen Vertheidigung unserer Meergrenzen und Kolonieen wie die Engländer haben können.

Wir beschränken uns daher, auf solche Gründe zur näheren Prüfung einzugehen, die einen Grund haben oder zu haben scheinen, zuerst die Förderung unserer Handelsflotte; und hier müssen wir gerade der Ansicht sein, die vorgeschlagenen Differenzialzölle am meisten bei uns im Zollvereine zur Verringerung und Belästigung unserer Handelsflotte beitragen würden.

Die Handelsflotte jeder Nation ist ihrer ersten Bestimmung nach Instrument des Handels. Sie hat als Verkehrsmittel nicht einmal jene Rückwirkung auf den Handel, die z. B. Straßen, Eisenbahnen, Kanäle haben, welche in viel höherem Grade den Verkehr, namentlich den Personenverkehr von Ort zu Ort anregen, und dadurch allerdings in immer höherem Grade den Handel und Wandel selber beleben, ohne daß derselbe schon vorher in dem Maaße vorhanden war. Aber eine Eisenbahn, eine Landstraße, ein Kanal sind keine Handelsgegenstände freier Konkurrenz, wie Schiffe; es können weder zweite Gegenstände ganz derselben Art in Wettbewerb treten, noch können sie veräußert oder verlegt werden, wie Schiffe, wenn sie die Kosten ihrer Anlage nicht decken. Seeschiffe dagegen werden nur regelmäßig so viele von einer Nation gehalten und gebaut, als der regelmäßige Handel dieser Nation der wohlfeilsten Frachten wegen bedarf und erhalten kann; ersetzen die Frachtgelegenheiten nach üblichem Gewinnsatz alle ihre Kosten nicht mehr, so werden sie verkauft und gehen von Hand zu Hand, von Nation zu Nation über.

Auf den ersten Blick ergiebt sich aus diesem Umstande, daß es der mannigfaltigste und freieste Handel ist, der Handel jeglicher Art, jeglicher Fracht, der die größte Anzahl von Schiffen hervorruft.

Bei der Herrschaft einer natürlichen und allgemeinen Verkehrsfreiheit würde also diejenige Nation auch die blühendste Seeschifffahrt haben, welche den größten Seehandel und den wohlfeilsten Schiffsbau, wie die wohlfeilste Unterhaltung der Schiffe hätte. Mit anderen Worten, die Frachtgelegenheiten und die Wohlfeilheit der Frachten entscheiden, wenn alles Andere gleichgesetzt wird. Wir haben früher bereits einige Beispiele dieses Erfahrungs-, wie Vernunftsatzes beigebracht. Die Differenzialzöllner wollen das Gegentheil, sie wollen theure Frachten und dadurch einen künstlichen Reiz zur Vermehrung der Schiffe, aber sie bedenken nicht, daß sie die Grundlage der Schifffahrt, den Handel dadurch einschränken, oft unmöglich machen.

Diese ökonomischen Grundbedingungen einer blühenden Schifffahrt, Mannigfaltigkeit der Frachtgelegenheiten und die Möglichkeit einer wohlfeilen Fracht bleiben immer wirksam, wenn sie auch durch die geographische Lage und politischen Hindernisse verschiedener Staaten Modifikationen erleiden.

Auch die Natur läßt sich nicht spotten, sie muß beachtet werden; unsere seichten, häufig nicht genug Fahrwasser für große Seeschiffe darbietenden Ostseeküsten und Flußthäler, unser geschlossenes Binnenmeer, dessen enge Straße des Sundes noch durch einen Zoll belästigt wird, unsere Vergleichsweise zu Frankreich, Holland, Portugal und Spanien, Schweden, Dänemark und namentlich England sehr geringe Länge der Küsten, dies sind Alles Hindernisse, welche uns, d. h. den Preußen und dem deutschen Zollverein in seiner gegenwärtigen Ausdehnung, die Natur entgegengesetzt hat, welche schwer oder theilweise gar nicht überwältigt werden können, wenn es auf einen allgemeineren transatlantischen Schifffahrts-Verkehr ankommt.

Nehmen wir aber an, daß die natürlichen Hindernisse unserer Seeschifffahrt alle überwunden werden könnten, so müssen wir doch zuerst wieder auf die Grundlage unseres Handels zurückgehen, um die Frachtgelegenheiten für unsere Flotte kennen zu lernen.

Die Wohlfeilheit des Schiffsbaues entscheidet nicht allein über die Zahl der Schiffe, welche eine Nation herstellen und erhalten kann; sie ist eine sehr bedeutende Hülfe, indessen steht es jeder Nation frei, da ihre Schiffe zu kaufen und bauen zu lassen, wo sie am billigsten und besten hergestellt werden, wenn man sich diese Anschaffung nicht, wie die Engländer und Franzosen, durch eigene Gesetze oder Zölle erschwert und dem Handel ein neues Hinderniß in den Weg legt. In Rotterdam ist die Herstellung der Schiffe, so wie Lohn und Verpflegung der Seeleute, theurer als in Antwerpen, zu Stettin ist sie theurer als in Danzig, und doch haben diejenigen dieser Städte eine größere Anzahl Schiffe in See, in welchen die Kosten sich höher stellen, als die anderen, wo sie niedriger sind [1]).

Wenn auch die Frachtsätze in freier Konkurrenz, z. B. zwischen einem stettiner Schiff in direkter Fahrt nach England und einem englischen Schiff von gleicher Tragfähigkeit nach Stettin, sich ausgleichen, so braucht doch stets nur so viel aus den Frachten herausgeschlagen zu werden, als der übliche Zinssatz von den fixen und umlaufenden Kapitalen und die umlaufenden Kapitale selbst (namentlich Lohn, Kost) in dem Lande des Rheders betragen. Daraus ist aber ersichtlich, daß die Nachtheile, die ein Land, wie z. B. England, in dem höheren Kapitalaufwande für die Erhaltung seiner Rhederei hat, durch den niederen Zinssatz und Gewinnsatz dieser Kapitale, wie durch wohlfeilen Ankauf der Mate-

---

1) Ohne die Zahlen als ganz genaue verbürgen zu wollen, setzen wir doch als wenigstens hie und da richtig die Kosten eines komplet ausgebauten und aufgetakelten Handelsschiffes nebst Kosten für die Mannschaft hierher aus Oehlrich: „Die deutsche Küste und das Binnenland," S. 172.

Baukosten eines Schiffes in preuß. Cour.:

1) Zu Antwerpen. Ein kupferfestes und gekupfertes Schiff, vollständig getakelt 106 Rthlr. 16 gGr. bis 113 Rthlr. 8 gGr. pro Ton. Für jeden Seemann pro Monat Lohn 11 Rthlr. 2 gGr. 8 Pf. und 12 Rthlr. 5 gGr. 4 Pf. Verpflegung 11 Rthlr. 16 gGr.

2) Zu Rotterdam. Ein dito für die Javafahrt 123 Rthlr. 8 gGr. bis 140 Rthlr. pro Ton.; dito für sonstige Fahrt 73 Rthlr. 8 gGr. bis 86 Rthlr. 16 gGr. Lohn für jeden Seemann 11 Rthlr. 8 gGr. Verpflegung 11 Rthlr. 16 gGr. bis 13 Rthlr. 8 gGr.

3) Zu Hamburg. Ein dito 66 Rthlr. 16 gGr. pro Ton. Ein ungekupfertes 53 Rthlr. 8 gGr. Lohn 10 Rthlr. Verpflegung 8 Rthlr. 8 gGr.

rialien, Holz, Eisen, Kupfer, Taue und Takelage, wieder zum Theil aufgewogen werden können oder mit anderen Worten durch den Ueberfluß an Kapitalien auch für die Schifffahrt sich ausgleichen können. Es erscheint hiernach die Furcht der englischen Rheder wenigstens übertrieben, sich bei freier Konkurrenz in ihren Häfen allmälig wegen des wohlfeilen Schiffbaues zweier oder dreier anderen Länder überflügelt zu sehen. England und Nord-Amerika haben den theuersten Schiffbau, den höchsten Lohn der Seemannschaft, Nord-Amerika hat einen vielleicht doppelt so hohen Zinssatz, als die meisten europäischen Länder, und doch sind beide Nationen diejenigen, deren Rhederei sich am meisten in neuerer Zeit wegen ihres Handels und durch denselben vermehrt hat. Nicht die Schifffahrt ist die Voraussetzung des Handels, sondern umgekehrt, der Seehandel ist die Voraussetzung der Schifffahrt.

Gewährt nun ein Land zollfreien Bezug aller Materialien und des Proviants für Schiffbau und Schifffahrt oder selbst den freien Ankauf ganzer Schiffe, und sieht es wie Preußen blos auf das Eigenthum der Schiffe, das den Unterthanen zu-

---

4) Zu Kiel. Ein Schiff von Eichenbau komplet für die See 80 Rthlr. pro Ton. Lohn 10 Rthlr. Verpflegung 8 Rthlr. 8 gGr. bis 11 Rthlr. 16 gGr.

5) Zu Lübeck. Ein komplet gebautes und getakeltes Schiff mit eiserner Bekleidung 53 Rthlr. 8 gGr. pro Ton. Lohn 13 Rthlr. 8 gGr. Verpflegung 10 Rthlr. (??)

6) Zu Rostock. Ein dito 53 Rthlr. 8 gGr. bis 60 Rthlr. pro. Ton. Lohn 10 bis 11 Rthlr. Verpflegung 6 Rthlr. 16 gGr. bis 7 Rthlr. 16 gGr.

7) Zu Stettin. Ein dito 46 Rthlr. 16 gGr. pro Ton. Für jeden Seemann pro Monat Lohn 8 Rthlr. 16 gGr. Verpflegung 7 Rthlr. 16 gGr.

8) Zu Danzig. Ein dito 40 Rthlr. pro Ton. Lohn 10 Rthlr. bis 10 Rthlr. 16 gGr. Verpflegung 5 Rthlr. bis 6 Rthlr. 16 gGr.

9) Zu Kopenhagen. Ein kupferfestes und getakeltes Schiff 100 Rthlr. pro Ton. Lohn 10 Rthlr. bis 11 Rthlr. 16 gGr. Verpflegung 10 Rthlr.

Sämmtliche vorbenannte Schiffe sind vollständig getakelt und haben doppeltes Segelzeug an Bord.

steht, ohne den Bau im Lande vorzuschreiben, so kann wenigstens ein solches Land, das niedrigen Zins und Ueberfluß an Kapitalien hat, sich nie fürchten wegen des wohlfeilen Schiffbaues und niedrigen Lohnes der Seeleute bei anderen Nationen allein überflügelt zu werden. Diese Unterschiede lassen sich am ersten auf dem Wege des freien Verkehrs, des Kaufes, ausgleichen. Kommt nun ferner die technische Geschicklichkeit der Seeleute, der technische Bau für die Seegelfertigkeit hinzu, so sind so viele Ausgleichungsmittel im freien Verkehr gegeben, daß England am wenigsten sich vor der größeren Wohlfeilheit unseres nordischen Schiffbaues zu fürchten hat.

Für den ersten Anfang einer Rhederei ist die Wohlfeilheit des Schiffbaues allerdings von großer Wichtigkeit, aber der Handel bleibt die wichtigere Voraussetzung für deren Zunahme, um so mehr, als die vorhandenen Schiffe doch meistentheils auf die Stationspunkte ihres Vaterlandes für die Frachteinnahme angewiesen sind.

Die verschiedenen Handels- oder Frachtgüter sind aber für die Ausbildung der Schifffahrt noch von größerer Wichtigkeit, als die Wohlfeilheit des Schiffbaues. Der Produktenhandel mit Rohstoffen ist von viel größerer Wichtigkeit für die Schifffahrt, als der Manufakturhandel, weil er viel mehr massige in's Gewicht fallende und Raum einnehmende Waaren liefert. Getraide, Holz, Wolle, Spiritus als Ausfuhren, Eisen, Metalle, Kolonialwaaren, Salz, Fische, Wein, Steinkohlen als Einfuhren sind die vorherrschenden Frachtgüter unserer Handels-Marine der Ostseehäfen. Fabrikate bieten sich für sie so gut wie gar nicht als Handelsgüter dar, da die Hinterländer der Ostsee diese nicht in Ueberschüssen erzeugen; auch als Einfuhren bieten sie sich nicht in großer Menge dar, weil der Zollverein selbst die Bedürfnisse davon zum größten Theile befriedigt. Es waren z. B. im Jahre 1845 nicht mehr als 923 Ctr. Baumwollenwaaren, 1859 Ctr. Packleinwand und Segeltuch, 2340 rohe Leinwand, 2519 gebleichte Leinwand, 38 reine und gemischte Seidenwaaren, im Ganzen also noch nicht 2 größere Schiffsladungen in Geweben, die von allen Ostseehäfen

Preußens ausgeführt wurden. Welch ein unglücklicher Gedanke ist es hiernach, die Förderung der Marine auf die Verschiffung von Fabrikwaaren gründen zu wollen, und durch welche Mittel und in welcher Zeit will man denn solche Frachtgüter für unsere Zollvereins-Häfen erschaffen? Daß England ein Fabrikstaat ist, trägt nicht sehr viel zur Ausdehnung seiner Schifffahrt bei, obgleich es für seine Fabrikate den Weltmarkt hat. Nord-Amerika führt wenig Fabrikate aus und ist durch seine Rohprudukte die zweite Nation auf dem Meere geworden.

Dagegen vergleiche man nun z. B. den Frachthandel Eines Hafens, wie Stettin, um daran das Interesse unserer Schifffahrt zu erkennen. Stettin führte im Jahre 1845 allein nach Großbritanien über 800,000 Scheffel Getraide, darunter 634,174 Scheffel Weizen, zu einem Werthe von 3,250,000 Rthlr. aus, dagegen von eben daher 2,191,000 Ctr. Steinkohlen ein, wozu noch sehr beträchtliche Quantitäten von Eisen, Heringen, Gewürzen und 84,000 Pfd. Rohzucker aus England als Haupt-Frachtgüter kamen, zum Werth von 7 Millionen Rthlr.

Unter den 715 Schiffen von Großbritanien her nach Stettin, die diesen Handel vermittelten, waren mehr als zwei Drittheile unter preußischer Flagge.

Es gingen ferner von dort nach Frankreich 122 Schiffe mit Holz und Zink, wovon 67 unter preußischer Flagge, und es kamen von dorther mit französischen Weinen und Fabrikaten 26, worunter 8 Preußen; d. h. mehr als die Hälfte der Schiffe, die diesen stettiner Handel vermittelten, waren Preußen [1]).

Wichtiger noch als der französische, war der Schifffahrtsverkehr dieses Platzes mit Holland, es kamen 107 Schiffe daher mit 37,249 Ctr. Kaffee, 78,000 Ctr. Rohzucker, und es gingen 120 Schiffe dahin mit Kartoffeln, Getraide, Holz und ähnlichen massigen Produkten. Nach Dänemark gingen 90 Schiffe

---

1) Im Ganzen steht das Verhältniß im französisch-preußischen Seeverkehr noch günstiger für unsere Flagge.

mit Kleesamen, Getraide, Holzwaaren außer den Dampfschiffen und kamen daher 105 mit dänischen, norwegischen und Kolonial-Produkten. Zunächst am wichtigsten war dann der Schifffahrtsverkehr mit Norwegen, wohin 78 Schiffe mit Getraide gingen, woher 95 mit Heringen und anderen Fischen kamen; dann folgte in der Wichtigkeit der Verkehr mit Rußland, woher hauptsächlich Hanf, Leinsamen und Fettwaaren, wohin hauptsächlich Wolle, Getraide und Kartoffeln geführt wurden. Dann folgte Schweden, dann Belgien, wohin Getraide und Mehl, woher Eisen und Kolonialwaaren gebracht wurden. — Fabrikate spielen nur als Importe eine geringe Rolle, von England und Frankreich her, und mit Ausnahme des holländischen Handels war die preußische Flagge auch von diesem Platze aus zum größten Theile bei jener Schifffahrt betheiligt, oder es vertheilte sich dieselbe ziemlich gleich zwischen preußischen und fremden Schiffen.

Wenn nun Stettin derjenige Platz von allen Ostseehäfen ist, der am meisten transatlantischen direkten Verkehr hat, so muß es auffallen, daß nur 2 Schiffe mit Holzwaaren und Branntwein nach Brasilien gingen, während 24 Schiffe mit 134,604 Ctr. Rohzucker und 11,346 Ctr. Kaffee daher kamen, und daß nur ein Schiff mit Auswanderern und Krapp nach Nord-Amerika ging, während 33 Schiffe von dorther 126,052 Ctr. Thran, 50,657 Ctr. Farbeholz, 13,297 Ctr. Reis, 11,874 Ctr. Pottasche u. s. w. brachten.

Schon diese hervorstechende Thatsache bei einem so im Aufstreben begriffenen Handelsplatz führt von selbst auf die Ursache der Blüthe bestimmter Handelszweige und der Schifffahrt: auf die nicht umzustoßende Wahrheit, daß der dauernde Handel wie die Schifffahrt auf der Gegenseitigkeit des Bezugs von Waaren ruht. Nicht blos für Getraide, sondern auch für Wolle und namentlich für Branntwein war Großbritanien, und ist es noch der bedeutendste Abnehmer (von den 66,775 Ctr. Branntwein und Spriet, die von Stettin exportirt wurden, nahm es allein 50,340 Ctr.), und eben so war Stettin ein sehr bedeutender Importeur nicht blos seiner Steinkohlen und seines Eisens, sondern auch der dort aufgestapelten Kolonialwaaren. Eben deshalb gingen die stettiner Schiffe in direkter Fahrt am meisten nach Großbritanien, dann nach Frankreich, nach Norwegen, Rußland u. s. w.; eben deshalb aber, weil Brasilien und Nord-Amerika von den Ostseeländern so gut wie nichts kaufen, gingen auch nur sehr wenige stettiner Schiffe dorthin, gerade wie nach Spanien und Sicilien, da sie keine Hinfrachten hatten.

Es kann nicht oft genug gesagt werden, Handel und Schifffahrt beruhen auf der Gegenseitigkeit des Bezuges von Waaren, die letztere außerdem auf der Verfrachtung massiger Waaren. Auch wenn die Hinterländer der Ostsee Fabrikländer wären, so würden sie für die Schifffahrt sehr wenig Bedeutung haben in Vergleich zu den Exporten und Importen, welche dieselbe jetzt in Anspruch nimmt. Das bloße Fettwaarengeschäft Stettins lieferte der Schifffahrt im Jahre 1845 über 369,600 Ctr. und der bloße Heringshandel 127,900 Tonnen Zufuhr. Was will nun dagegen eine Ausfuhr aller Ostseehäfen in Fabrikaten von 5000 Ctr. für die Schifffahrt bedeuten? Nun aber ist in der That unser ganzer Ostseehandel dieser Art, daß England, Frankreich, Holland, Dänemark, Norwegen und Schweden die wichtigsten Märkte unserer Produkte sind, während Amerika fast nichts von diesen unseren Erzeugnissen nimmt. Die natürliche Folge ist, daß unsere Schiffe auch vorherrschend in direkter und indirekter Fahrt nach den westlichen und nördlichen Ländern Europa's fahren und von dort als Retourladungen auch die transatlantischen Produkte mitbringen, während sie nicht leer nach Amerika gehen werden, um das Vergnügen zu haben, in theurerer Fracht Kolonialwaaren, Zucker und Tabak von daher zu holen. Auf den indirekten Bezug transatlantischer Produkte ist also unsere Schifffahrt (ganz entgegengesetzt der hanseatischen) deshalb vorzüglich angewiesen, weil sie ihren direkten Absatz in jenen europäischen Ländern, welche Zwischenplätze für die transatlantischen Produkte sind, haben.

Diese Grundlage unseres Seehandels erläutert sich am

besten und auf sehr günstige Weise für uns, wenn wir die Schifffahrtstabellen zur Hand nehmen, wie sie im Centralblatt der Abgaben, Gewerbe und Handelsgesetzgebung von 1847 Nr. 5. Vergl. Beilage II. publizirt sind.

Wir wollen einige Resultate danach zusammenstellen:

1) Bei weitem der bedeutendste Schifffahrtsverkehr Preussens ist der mit Großbritanien. Von den 3393 beladenen Schiffen mit einer Ladung von 403,257 Lasten [1]), welche den Import von Großbritanien nach unseren Ostseehäfen und den Export von uns nach Großbritanien im Jahre 1846 vermittelten, waren 2030 preußische mit 277,929 Lasten und nur 847 großbritanische mit 83,783 Lasten. Den anderen Theil der Ladungen brachten und nahmen fremde Schiffe, unter welchen in direkten Fahrten besonders die mecklenburger und hannoverschen Schiffe sich auszeichnen.

Wir sandten 1150 beladene preußische Schiffe nach Großbritanien, während England uns 409 britische zusandte, es kamen 880 preußische beladene Schiffe aus Großbritanien während 438 englische dorthin von uns aus gingen.

2) Der nächstgrößte Schifffahrtsverkehr findet statt zwischen uns und den Niederlanden, den im Jahre 1846 860 beladene Schiffe mit 58,957 Lasten vermittelten. Es kamen von und gingen nach Holland 448 niederländische Schiffe mit 26,994 Lasten und 239 preußische Schiffe mit 21,568 Lasten. Wenn uns nun auch in diesem Schifffahrtsverkehr die Holländer über-

---

1) Es ist hier nur auf die beladenen, nicht auf diejenigen Schiffe Rücksicht genommen, welche in Ballast kamen oder gingen. Nur jene lassen auf die Beziehungen des Handels unmittelbare Schlüsse zu. Da die Schiffe nach dem Kommen und Gehen gezählt sind, so bezeichnet ihre Zahl nur die einzelnen Ladungen, welche gemacht wurden, und die Anzahl der Lasten, d. h. die Quantität der Waaren, welche sie vermittelten. Dies ist aber das eigentliche Handelsobjekt, welches die Schifffahrt in Bewegung setzt, während daraus kein Schluß auf die Zahl der Schiffe zulässig ist, welche wir oder andere Nationen besitzen.

Anm. d. Verf.

flügelt haben, so stehen wir ihnen doch in der Lastenzahl ziemlich gleich; die niederländischen Schiffe, die unsere Häfen besuchen, sind kleiner als die preußischen, die dorthin gehen. Wenn wir aber Schifffahrts-Differenzialzölle gegen irgend ein Land als Retorsion wirksam machen könnten, so wäre es gegen Holland, wie sich weiter unten ergeben wird. An dem indirekten Verkehr zwischen Holland und den preußischen Ostseehäfen nehmen hannoversche, norwegische, mecklenburgische und dänische Schiffe besonders Theil.

3) Der Lastenzahl nach folgt dann der Verkehr mit Frankreich, bei weitem aber nicht der Zahl der Schiffe nach, die er beschäftigt. Nur 389 Schiffe, aber mit 52,453 Lasten vermittelten ihn. Darunter waren 257 preußische Schiffe mit 39,905 Lasten und nur 32 französische mit 2074 Lasten In diesem Verkehr hat die preußische Flagge die französische bei weitem überflügelt, wie im englischen Handel, während es wieder mecklenburgische und hannoversche Schiffer sind, die als indirekte Rheder den größten Theil an diesem Verkehr nehmen.

Uebrigens ist ein merkwürdiger Umstand für unsere Schifffahrt nach Frankreich nicht zu übersehen, der für unser Interesse charakteristisch ist. Während wir nämlich 234 preußische Schiffe mit über 36,000 Lasten nach Frankreich sandten, kamen nur 23 preußische von dorther mit über 3000 Lasten zurück. Dies ist ein Beweis, daß sehr viele von unseren Schiffen von Frankreich aus nach dritten Ländern gehen und es in ihrem Interesse finden, in indirekten und anderen Fahrten weitere Frachten einzunehmen.

4) Noch auffallender ist dieser Umstand in dem Schifffahrtsverkehr zwischen Dänemark und Preußen. Er wurde vermittelt durch 721 beladene Schiffe mit 30,345 Lasten, wovon 448 Preußen mit 18,464 Lasten und 234 Dänen mit 9886 Lasten. Von diesen Schiffen sandten aber unsere Ostseehäfen 378 nach Dänemark, während nur 70 preußische von daher kamen; die meisten dieser Schiffe gehen also weiter im Interesse ihrer Rückfrachten und ihrer indirekten Fahrten. Auch an diesem

Verkehr partizipiren auf indirektem Wege die hannoverschen Schiffe am meisten unter den fremden, die mecklenburgischen nicht, weil sie den höheren Sundzoll zu entrichten haben.

5) Sehr nahe dem dänisch-preußischen Verkehr in den Lasten, aber ihn noch übertreffend in der Anzahl der Schiffe, die er beschäftigt, steht der norwegisch-preußische Verkehr, an welchem 805 Schiffe mit 28,858 Lasten partizipirten. In diesem Handel, der meistens mit kleinen Schiffen betrieben wird, hat uns die normännische Flagge überflügelt. Bedenkt man aber das eigenthümliche Fahrwasser der norwegischen Fjords, die eigenthümliche Ansammlung und Vermehrung der Jachten und kleinen Schiffe für den Fischfang und Fischhandel Norwegens und die Ausbildung der norwegischen Marine für die Küstenschifffahrt, so wird dies Niemanden Wunder nehmen. Wir sandten nur 7 preußische Schiffe mit 285 Lasten dorthin, und es kamen nur 15 preußische Schiffe mit 896 Lasten von dort zurück, während Norwegen uns 409 beladene Schiffe mit 13,221 Lasten zusandte und 196 norwegische Schiffe mit 6301 Lasten dorthin gingen. An den indirekten Fahrten der fremden Flaggen nehmen bei weitem die Dänen den größten Antheil, einigen auch die Niederländer und Hannoveraner.

6) Dagegen steht das Verhältniß zu unseren Gunsten umgekehrt im preußisch-belgischen Seehandel, der 240 Schiffe mit 21,247 Lasten beschäftigte; wovon 133 preußische mit 15,016 Lasten, während kein einziges belgisches Schiff im Jahre 1846 und nur eins mit 50 Lasten im Jahre 1845 in den preußischen Häfen erschien. Wir sandten 107 preußische Schiffe im Jahre 1846 nach Belgien, und 26 kamen daher. An der indirekten Schifffahrt von daher und dahin nahmen die Dänen, bei weitem aber die Hannoveraner den größten Theil, nach diesen beiden die Holländer.

7) Auch der Schifffahrtsverkehr mit den Hansestädten ist für uns von Bedeutung, ein Verkehr, der mit 322 Schiffen und 14,199 Lasten im Jahre 1846, mit 369 Schiffen und 16,702 Lasten im Jahre 1845 betrieben wurde. Indeß nehmen denselben weder die hanseatische, noch die preußische Flagge zum

größten Theile ein, sondern es sind die Hannoveraner, die Niederländer, die Oldenburger, die Dänen, welche auf indirektem Wege ihn als Zwischenfracht betreiben.

8) Im Verkehr mit Portugal und Spanien waren es von den 79 Schiffen mit 12,823 Lasten 68 preußische mit 11,686 Lasten, die ihn vermittelten, so daß wir ihn fast ganz in den Händen unserer Schifffahrt haben, während die portugiesische und spanische Flagge daran gar nicht betheiligt ist, die Dänen, Mecklenburger und Hansestädte nur wenig Theil mit indirekten Fahrten nehmen.

9) Aehnlich steht es im Schifffahrtsverkehr mit Rußland, woran von den 119 Schiffen mit 9102 Lasten 77 preußische mit 6237 Lasten und nur 28 russische mit 1982 Lasten direkt partizipirten, während im Verkehr mit Schweden auf 181 Schiffen mit 8827 Lasten nur 16 preußische Schiffe mit 903 Lasten sich betheiligten, dagegen 159 schwedische mit 7582 Lasten.

10) Wenden wir uns endlich mit Uebergehung der weniger wichtigen Länder Europa's nach Nord-Amerika und Brasilien, d. h. zu dem transatlantischen Verkehr, der wegen der aufzuschließenden Märkte eine Bedeutung haben könnte, so war und ist der direkte Verkehr unserer Ostseehäfen dahin allerdings gering zu nennen. Den Handel mit Nord-Amerika und den preußischen Häfen vermittelten im Jahre 1846 nur 20 Schiffe mit 3243 Lasten, 1845 nur 39 Schiffe mit 7189 Lasten. Es waren in jenem Jahre nur 6 preußische Schiffe, die mit 1044 Lasten daher kamen, und 1, das mit 39 Lasten dahin ging. Aber es waren noch weniger nordamerikanische Schiffe, nämlich 2 mit 239 Lasten, die daher kamen, und 1 mit 81 Lasten, welches dahin ging. In dem Handel mit Brasilien stand es ähnlich; von den 24 Schiffen mit 4626 Lasten, welche den ganzen Handel vermittelten, waren nur 2 preußische, die daher mit 413 Lasten kamen, während sich gar keine Ladung nach Brasilien hin für unsere Schiffe unmittelbar darbot. In den Beziehungen beider Länder zu Preußen waren es daher auch fast nur fremde Schiffe, 9 schwedische aus Brasilien kommend und 6 schwedische aus Nord-Amerika kommend, so wie ein paar

Dänen, Hanseaten und Engländer, welche von daher Ladungen auf indirekten Fahrten brachten.

Der Umstand aber ist hier von der größten Bedeutung, daß sich so gut wie keine Hinfrachten aus unseren Ostseeländern nach den transatlantischen Ländern darbieten, daß sich deshalb gar kein regelmäßiger Schifffahrtsverkehr dahin und daher bilden kann, daß in diesem Handel weder amerikanische Schiffe noch unsere eigenen stark betheiligt sind, und daß deshalb fast der ganze Handel, der an Wichtigkeit für die Schiffsfrachten noch lange nicht dem zwischen den preußischen und hanseatischen Häfen gleichsteht, solchen Nationen anheimfallen mußte, welche mehr Gelegenheit für transatlantische Fahrten haben und wegen der Nähe ihres Landes zu unseren Ostseehäfen auch bei uns gelegentlich mit transatlantischen Produkten löschten. Für alle jene dritten Nationen zusammen genommen war aber auch dieser indirekte Schifffahrtsverkehr ein höchst unbedeutender zu nennen.

Ziehen wir nun das Resultat jener obigen einzelnen Positionen für unsere Schifffahrt und Handel, so müssen wir sagen: In den wichtigsten direkten Handels-Beziehungen, d. h. zu den westeuropäischen und nordischen Ländern, hat unsere Flagge die großbritanische, die französische, die dänische, die belgische, die portugiesische und spanische, die russische bei weitem überflügelt. In dem direkten Handel mit den Niederlanden steht das Verhältniß der Lastenzahl nach fast gleich; nur die Norweger und Schweden, d. h. sehr wohlfeile Frachtschiffer, haben uns überflügelt.

Da man die Schifffahrt nicht vom Handel trennen kann, da man die Schifffahrt zwischen zwei Ländern nur nach der Lastenzahl beurtheilen kann, welche der Handel hin und her liefert, so ist dies ein für uns sehr günstiges Resultat zu nennen, dessen sich wenige Nationen rühmen können. Ueberdies wäre es gewiß nicht wünschenswerth, wenn sich unsere Schifffahrt so über Bedürfniß unseres aktiven und passiven Handels hinaus vermehrte, daß sie dann nur um immer wohlfeilere Frachtsätze auf überzähligen Schiffen im indirekten Handel anderen Nationen dienen müßte, etwa in der Art, daß sich die in der Rhederei angelegten Kapitalien dann nur zu niederem Gewinnsatze verwertheten. Das Höchste, was man in direkten Handelsbeziehungen nach den Anforderungen einer gesunden Vernunft verlangen kann, ist, daß dieselben zu gleichen Theilen, also zur Hälfte beiden Nationen anheim fallen; unsere Flagge hat aber in den meisten direkten Handelsverbindungen mehr als zwei Drittel der Ladungen, in einigen fast alle Ladungen, in nur drei Ausnahmen weniger als die Hälfte derselben sich vindizirt. Bloße Frachtschiffer für fremde Nationen, wie es die Mecklenburger, Hannoveraner, zum Theil auch Schweden und Dänen sind, zu werden, dazu fehlt uns die verhältnißmäßige Kleinheit des eignen Handels jener Nationen und der Ueberfluß an Frachtgelegenheiten in nahem Verkehr. Eine Thorheit aber wäre es, unsere direkte Schifffahrt nach jenen wichtigsten europäischen Ländern durch Differenzialzölle eigens begünstigen zu wollen, in welcher wir schon so günstig stehen; eine Thorheit wäre es, von jenen Ländern Retorsionen hervorzurufen, welche wir in direkter Fahrt überflügelt haben; denn wir könnten dadurch allerdings sehr leicht auf ein geringeres Maaß unserer Schifffahrt zurückgeführt werden.

Faßt man Alles zusammen, was in preußischen und fremden Schiffen von und nach fremden Ländern ein und ausging, so waren es im Jahre 1846 von den 698,486 Lasten überhaupt 434,606 und im Jahre 1845 von den 684,857 Lasten 460,583, welche in preußischen Schiffen gefrachtet wurden, d. h. das eine Mal etwas mehr, das andere Mal etwas weniger als zwei Drittheile aller Frachtgüter fielen der preußischen Flagge anheim.

Betrachten wir nun aber ferner das Interesse unseres indirekten Handels, so hängt er mit dem direkten Handel und den direkten Fahrten auf das engste zusammen. Unsere Ausfrachten gehen fast alle direkt nach bestimmten (namentlich westeuropäischen) Ländern, unsere Rückfrachten dagegen müssen vorwiegend auf indirektem Wege gesucht werden. — Dies ergiebt sich auch deutlich aus dem Umstande, daß z. B. in Einem

Jahre von uns aus 1150 preußische Schiffe direkt nach Großbritanien gingen, während nur in demselben Jahre 880 preußische direkt von daher beladen zurückkamen, daß wir 378 preußische Schiffe nach Dänemark schickten, während nur 70 preußische von daher zurückkamen, daß wir 234 nach Frankreich sandten, während nur 23 von daher zurückkamen, daß wir 179 nach den Niederlanden sandten, während nur 60 von daher zurückkamen. Da alle diese Schiffe ihre Fahrten beladen von uns nach den fremden Häfen machten, so mußten sie, wenn sie keine direkte Rückladung fanden, diese anderweitig suchen, d. h. auch den indirekten Verkehr benutzen, wenn sie nicht in Ballast heimkehren wollten.

Unsere Schifffahrt wie unser Handel stimmen darin vollkommen überein, daß sie die größte Freiheit der indirekten Bezüge und der direkten wie indirekten Fahrten in Anspruch nehmen müssen.

In dem direkten Verkehr ist unsere Schifffahrt siegreich; wo sie dagegen die Konkurrenz fremder Flaggen zu fürchten hat, dies ist einzig und allein im indirekten Frachtverkehr fremder Schiffe nach unseren Ostseehäfen und im indirekten Verkehr derselben von unserm Ostseehäfen nach dritten Ländern. Diesen letzteren Zweig des Frachthandels können wir aber nicht (wie überhaupt keine Nation) den Fremden versagen und würden auch nicht einmal im Interesse unseres eigenen Handels und unserer Produktion eine solche Neuerung unternehmen. Dagegen fragt es sich vielleicht, ob wir nicht in einzelnen Fällen solchen Nationen, die uns keine Aequivalente gleicher Schifffahrtsfreiheit oder Handelsfreiheit bei sich bieten, den indirekten Handel nach uns hin oder die indirekte Fahrt nach uns hin untersagen oder beschränken könnten. Beides, indirekter Handel und indirekte Schifffahrt nach unseren Häfen hin, ist nämlich sehr wohl von einander zu trennen.

Durch das Verbot oder die Belastung der indirekten Schifffahrt anderer Nationen nach unseren Häfen hin würden wir zunächst den wichtigsten Konkurrenten unserer Rhederei großen Schaden zufügen können. Es sind dies von den Fremden vorzüglich die Niederländer, welche im Jahre 1846 in indirekter Fahrt 37 Schiffe von den Hansestädten, 32 Schiffe von Norwegen, 13 von Großbritanien, 3 von Belgien, 12 von Frankreich [1]) beladen in unsere Häfen sandten; es sind dies ferner die Dänen, die uns 2 solcher Schiffe von Mecklenburg, 16 von den Hansestädten, 71 von Norwegen, 7 von Großbritanien, 1 von Hannover, 3 von den Niederlanden, 4 von Belgien, 4 von Portugal und Spanien, 4 von Italien, 2 von Nord-Amerika und 3 aus Brasilien, 3 aus andern Staaten zusandten.

Dagegen nahmen die großbritanische, die französische, die norwegische und schwedische Flagge nur einen sehr geringen Antheil an der indirekten Schifffahrt nach unseren Häfen; England z. B. betheiligte sich dabei nur mit 14 beladenen Schiffen [2]).

Die größten Konkurrenten unserer Schifffahrt bleiben vielmehr unsere deutschen Brüder, und zwar die Brüder von dem nicht zollvereinsländischen Deutschland. Die Hannoveraner sandten uns 8 Schiffe aus Dänemark, 88 aus den Hansestädten, 28 aus Norwegen, 43 aus Großbritanien (während 176 h. dahin gingen aus unseren Häfen), 20 aus den Niederlanden, 21 aus Belgien, 2 aus Frankreich, 2 aus Brasilien, sage in Einem Jahre 212 Schiffe beladen in indirekter Fahrt zu.

Die nächsten Nachbarn, die Mecklenburger, sandten uns 1 von den Hansestädten, 1 von Rußland, 44 von Großbritanien (während 105 m. aus unseren eigenen Häfen dahin gingen), 1 von den Niederlanden, 2 von Portugal und Spanien, 3

---

1) Die Niederlande in indirekter Fahrt im Ganzen 97,
die Dänen „ „ 120,
die Hannoveraner „ „ 212,
die Mecklenburger „ „ 52,
die Oldenburger „ „ 35.

2) Eine ganz andere Frage bleibt es, wie viel nicht britische Erzeugnisse (also indirekte Handelsgüter) auf großbritanischen Schiffen in unsere Häfen eingeführt werden.

aus anderen fremden Staaten, im Ganzen 52, zu, aber sie beförderten auch mit einer noch größeren Anzahl Schiffe unseren Verkehr mit dritten Ländern.

Die Oldenburger sandten uns 27 Schiffe von den Hansestädten (während 24 o. von unseren Häfen dahin gingen), 1 von Norwegen, 4 von Großbritanien (während 13 o. dahin gingen), 1 von den Niederlanden, 1 von Frankreich, 1 von Portugal und Spanien aus, im Ganzen 35 Schiffe, zu.

Wenn es nun gar keinem Zweifel unterworfen ist, daß diese Flaggen unsere eigene Rhederei am stärksten beeinträchtigen, indem sie unseren Schiffen gerade die vielen Gelegenheiten zu einträglichen Frachten nehmen, welche die nahen und schnelleren Fahrten gewähren, so kann es uns doch nicht einfallen, gegen die deutschen Flaggen irgend eine exklusive Maßregel vorschlagen zu wollen, da wohl von ihren Ländern zu erwarten steht, daß sie dem Zollverein beitreten werden, sobald dieser auch ihren Interessen entspricht. Es ist aber immer gut, sie auf den Vortheil aufmerksam zu machen, welchen ihnen das liberale System des Zollvereins gewährt, und welche Vortheile sie, die Deutschen, auf unsere Rechnung nach ihren neuesten Verträgen mit Großbritanien errungen haben. Sie sandten allein im indirekten Handel beinahe 200 Schiffe in Einem Jahre aus unseren Häfen dahin. An 300 Schiffe aber befrachteten sie im indirekten Verkehr nach unseren Häfen. Dagegen möchte es die Frage sein, ob wir nicht gelegentlich die alte Schuld den Holländern und Dänen anheimzahlten, die wir fast allein durch ein Verbot oder eine Beschränkung ihres indirekten Handels nach unseren Häfen hin einigermaßen treffen können. Beide Nationen senden je circa 100 Schiffe jährlich in indirekten Fahrten nach unseren Häfen. Differenzialzölle überhaupt zur Begünstigung des direkten Verkehrs würden in diesem Falle aber gar nicht anwendbar sein, auch als Retorsionsmittel unpassend erscheinen; nur Verbote oder sehr hohe Belästigungen ihrer indirekten Fahrten könnten vielleicht, ohne unseren Rhedern zu schaden, von einigem Nachdruck sein. Aber wir müssen bedenken, daß wir auch dann unserem Handel die

Gelegenheit nehmen, mehrere 100 Schiffsladungen alljährlich in freier Konkurrenz zu benutzen. Jedenfalls können wir daher eine solche Maßregel nur als einen Ausnahmefall gegen Holländer und Dänen entschuldigen, niemals auf dem Wege eines Gesetzes empfehlen.

Man hat weiter bemerkt[1]), daß seit dem Jahre 1834 bis 1845 unsere Rhederei in dem Verhältnisse zurückgegangen sei, in welchem sie an den Ladungen, die überhaupt von fremden und preußischen Schiffen in unseren Häfen vermittelt werden, betheiligt ist. Dies ist jedoch im Ganzen nicht der Fall. Schon aus dem Obigen erhellt, daß im direkten Verkehr mit fremden Ländern unsere Schiffahrt in einem sehr günstigen Verhältnisse steht, in einem so günstigen, daß sich dasselbe schwerlich steigern läßt, durch ungeschickte Maßregeln nur vermindern wird.

Aus einer Zusammenstellung der in preußische Häfen eingelaufenen und aus preußischen Häfen ausgelaufenen beladenen nationalen und fremden Seeschiffe[2]) geht hervor, daß die Verhältnisse, in welchen beim Eingang und Ausgang der Ladungen unsere Flagge in dem Zeitraum von 1834 bis 1846 betheiligt war, zwar ziemlich schwanken, wie dies in jedem Seeverkehr, der von den Winden, von den Jahreswechseln, von den Aerndten, von dem Wechsel der Ausfuhren abhängt, der Fall sein muß, daß aber das Verhältniß im Ganzen so ziemlich geblieben ist, wie es war.

1834 trafen von den Ladungen für Eingang und Ausgang zusammen auf die preußische Flagge 67 pCt; auf die fremden 33 pCt; ebensoviel aber im Jahre 1845. Das Schwanken zwischen ca. 55 bis 66 pCt. will im Ganzen wenig bedeuten, wenn man die fortlaufende sehr bedeutende Progression der Ausfuhren und Einfuhren unserer Ostseehäfen bedenkt, welche sich seit jener Zeit ereignet hat. Dieses Steigen war allerdings so

---

1) Vergl. von Heyden, Offener Brief S. 5.

2) Vergl. die offiziellen tabellarischen Nachweisungen: Beilagen II. bis VII.

stark, daß es unseren Schiffbauern unmöglich sein mußte, mit der Vermehrung der Rhederei in der Art es zu überbieten, daß sie die fremde Flagge noch mehr verdrängt hätten, als dies bereits geschehen war; denn die Lastenzahl, die überhaupt von und nach unseren Häfen durch die Schifffahrt vermittelt wurde, stieg seit dem Jahre 1834 bis 1846 in runder Summe, also in 13 Jahren, von 362,000 auf 698,000 Lasten, d. h. um beinahe 93 pCt. Während aber die Einfuhren um beinahe 113 pCt. stiegen, vermehrten sich die Ausfuhren nur um circa 75 pCt. der Lastenzahl nach.

Die Schifffahrt eines Landes hängt aber ganz vorzüglich von der regelmäßigen Ausfuhr der Produkte ab, welche dieses Land bietet; die Einfuhren werden zum größten Theile als Rückfrachten gelegentlich gesucht und fallen deshalb viel leichter der fremden Rhederei anheim. Dieser Umstand erklärt es also, weshalb die fremde Rhederei in indirekter Schifffahrt einen immer doch bedeutenden Theil an unseren Frachten nehmen konnte, und es ist als ein günstiges Zeichen anzuerkennen, wenn sich das Verhältniß von circa 6 zu 4 so ziemlich für unsere und die fremde Flagge erhalten hat. Wenigstens der Umstand, daß keine Steigerung in dem Verhältnisse zu unseren Gunsten eingetreten ist und so leicht eintreten konnte, erklärt sich hiernach hinreichend. Uebertriebene Besorgnisse dürfen wir überhaupt nicht in Bezug auf unsere Rhederei hegen; sie hat neben der Bildung und Tüchtigkeit unserer Seeleute, neben der Wohlfeilheit unseres Schiffbaues namentlich den nicht genug zu schätzenden Umstand für sich, daß unsere Ausfuhren dem Gewichte nach bei weitem die Einfuhren übertreffen, was sich aus der massigen Natur unserer meisten Ausfuhrartikel erklärt. — Man hat mit Recht bemerkt, daß die Waizenpreise in sehr naher Beziehung zu unserer Rhederei stehen, daß ein andauerndes Steigen derselben, namentlich in Großbritanien, auch regelmäßig auf eine Vermehrung derselben zurückwirke, aber ein viel dauerhafteres Fundament unserer eigenen Rhederei bildet der Umstand, daß sie ein viel größeres Quantum der Ausfuhren dem Gewichte nach in unseren eigenen Häfen findet, als sie an Einfuhren aus fremden finden kann. Vergl. d. Beilagen.

Es sind z. B. aus preußischen Häfen im Jahre 1846 beladene preußische Schiffe ausgelaufen überhaupt 2152 Schiffe mit 253,338 Lasten, dagegen in preußische Häfen eingelaufen beladene 1247 Schiffe mit 146,625 Lasten.

Das Verhältniß des Eingangs zum Ausgange ist daher, der Schiffszahl wie der Lastenzahl nach, ziemlich genau wie 4 : 7.

Man hat aber auch ferner über die geringe Vermehrung, ja selbst über einen vermeintlichen Rückgang unserer Rhederei in der Zahl der Schiffe öffentlich Klage geführt, und diese Klage ist von so vielen Lippen wiederholt worden, daß man doch hätte glauben sollen, sie beruhe auf einer wohlbegründeten Anschauung. Man wollte die Nothwendigkeit von Differenzialzöllen beweisen, deshalb klagte man, ohne zu bedenken, daß Differenzialzölle zur Begünstigung unseres direkten Verkehrs nach den wichtigen transatlantischen Ländern eine Benachtheiligung unserer weit wichtigeren direkten und indirekten Beziehungen zu den west-europäischen Ländern, d. h. eine Benachtheiligung unserer wichtigsten Rhederei-Interessen mit sich bringen müssen. Man hat geklagt, ohne sich die Thatsachen zu vergegenwärtigen, daß einzelne Städte, wie Stettin, in dem Cyklus der Jahre 1819 bis mit 1844, also in 26 Jahren, 366 Seeschiffe bauten; daß in einzelnen Jahren, wie 1839 und 1840, hinter einander unsere Rhederei überhaupt je um 103 Schiffe vermehrt wurde, und daß von 1819 bis 1844 überhaupt bei uns 921 neue Seeschiffe hergestellt wurden.

An Regsamkeit hat es daher unseren Schiffsbauern und Rhedern, deren Klagen über hohe Schutzzölle, namentlich die Eisenzölle, welche den Handel belästigen und den Schiffsbau vertheuern, von allen Seiten her erschallen, gewiß nicht gefehlt.

Aber man klagt auch darüber, daß wir gegenwärtig, im Jahre 1846, noch immer nur eine wenig größere Lastenzahl in unserer Rhederei repräsentiren, als im Jahre 1805. Man übersieht aber dabei erstens den Umstand, daß bei dem jetzt sehr vervollkommneten Schiffsbau die jetzigen Schiffe von größerer Leistungsfähigkeit sind, daß sie statt der früheren zwei jährlichen Reisen nach England jetzt drei oder vier im Jahre machen; man übersieht ferner dabei die ganze Geschichte unserer Rhederei seit jener Zeit.

Es steht fest, daß im Jahre 1805—6 in denjenigen sämmtlichen Regierungsbezirken, welche gegenwärtig Preußen und Pommern ausmachen, inklusive das damals schwedische Pommern, die Rhederei in 1102 Seeschiffen 106,894 Lasten Tragfähigkeit repräsentirte, während unsere heutige Rhederei in denselben Regierungsbezirken mit dem Schluß des Jahres 1846 in 913 Seeschiffen nur etwas mehr, nämlich 113,650 Lasten Tragfähigkeit repräsentirt. Auf die geringere Zahl der Segel kommt nichts an, da unsere heutigen Schiffe größer sind; während auf jene älteren Schiffe 97 Lasten Tragfähigkeit durchschnittlich kamen, kommen auf die heutigen mehr als 124 Lasten.— Es ist eine alte Bemerkung, daß man Flotten nicht erschafft, wie man die Hand umdreht; sowohl Kriegs- wie Handelsflotten erfordern lange Vorbereitung, große Kapitalien, Bildung der Seemannschaft und die Grundlage eines tüchtigen Handels, der, wenn er einmal gestört ist, sich nicht so leicht wieder erholt. Ein Schlag hat oft das Glück meerherrschender Völker zu Grunde gerichtet! Wir wollen hier nicht auf die alten geschichtlich berühmten Namen, wie Karthago, Spanien, Portugal, hinweisen, sondern nur erinnern, welche Anstrengungen seit Ludwig XIV. und Napoleon in Frankreich zur Wiederherstellung der Kriegs- und Handelsmarine jedesmal gemacht wurden, sobald diese irgend einen unglücklichen Schlag erlitten hatten, wie fruchtlos sie gemacht wurden und wie wenig es auch anderen Nationen, z. B. Holländern und Dänen gelungen ist, großes Unglück zur See in den gesegneten Zeiten des Friedens wieder vergessen zu machen.

Unsere Rhederei aber hat in neuerer Zeit zwei vernichtende Schläge kurz hinter einander erhalten, zwei tödtliche

Wunden, die sie erst jetzt wieder ausgeheilt hat; es war dies das Embargo und die Wegnahme unserer Schiffe durch die Engländer im Jahre 1806 und das darauf folgende Kontinental-System, das den Ostseehandel Preußens fast ganz ins Stocken brachte.

Diese Umstände, so wie die dem Handel ebenfalls nicht günstigen Zeiten des Krieges und die Zeiten von 1815 bis 1825 vergißt man gewöhnlich, mit ihren theils vernichtenden, theils wenigstens sehr schädlichen Einwirkungen in Anschlag zu bringen, wenn es sich um den Zustand unserer Rhederei im Vergleich zu jener Zeit vor 1806 handelt.

Wir wollen die traurigen Erinnerungen an jene Tage hier nicht weiter, als es zu unserem Zwecke dienlich ist, zurückrufen. Als Preußen im Jahre 1806 auf Frankreichs Antrieb Hannover besetzte und es am 1. April in Besitz nahm, erschien am 8. April die Ordre des Ministeriums For, daß von den englischen Kriegsschiffen die Ems, Weser, Elbe und Trave blokirt werden sollten. Allen englischen Unterthanen wurde verboten, mit ihren Schiffen in preußische Häfen einzulaufen und ein allgemeines Embargo ward auf alle in englischen Häfen befindlichen preußischen Schiffe gelegt. Damals schrieb das ministerielle Blatt, Morning Chronicle, nach der bekannten Rede von For: „Sieben Achttheile des ganzen Handels von Preußen hängen von England ab, während nicht ein Artikel der ersten Nothwendigkeit uns durch Schließung der preußischen Häfen vorenthalten werden kann. Die Wirkungen eines Krieges mit England müssen für Preußen fürchterlich sein." Und leider hatte dieses Urtheil nur zu viele Begründung. „Ein blühender Handel", sagt ein deutscher Zeitgenosse, „war fast ohne Widerstand zu zerstören, und ein neues weites, fast gefahrloses Feld war der britischen Kaperei eröffnet; einer Kaperei, aus welcher selbst die königliche Familie einen bedeutenden Theil ihrer Einkünfte zog. Nachdem zuvörderst die Kommandeure der britischen Kriegsschiffe mit der Vollmacht versehen worden waren, die preußischen Schiffe als Prisen aufzubringen, wurde am 2. Juni 1806 auch der Anfang mit Ertheilung von Kaperbriefen an

Private gemacht. Viele hundert preußische Schiffe wurden nun die leichte Beute der Engländer. Man rechnet über 400 preußische Schiffe, die damals von den Engländern genommen wurden, und man sieht aus den Summen Geldes, die aus dem Erlös der schon vor der Austheilung von Kaperbriefen genommenen Schiffe an die Mitglieder der Königlichen Familie von der Admiralität vertheilt wurden, wie rasch und bedeutend der Gewinn sein mußte[1]). Noch wesentlichere Nachtheile (so urtheilten die Zeitgenossen) für Preußens Schifffahrt und Handel in der Ostsee wußte die britische Regierung durch ihren Alliirten, den König von Schweden, zu bewirken. Die Schweden waren von den Preußen aus Hannover verdrängt; die Schweden blokirten nun, in Verbindung mit England und gestützt auf Schwedisch=Pommern, alle Ostseehäfen Preußens, so wie die Mündungen der Pregel, Weichsel, Oder und Peene. Was von unseren Schiffen diesen Feinden während des Sommers 1806 nicht in die Hände fiel, hatte sich in die eigenen und fremden Häfen geflüchtet; ein großer Theil besonders in französische Häfen, um den englischen Kapern zu entgehen. Aber als am 27. September endlich die Bloкaden gegen Preußen aufgehoben wurden, war Preußen schon in den Krieg mit Frankreich verwickelt, und was der englischen Scylla entgangen war, fiel in die französische Charybdis. Wie viel preußische Schiffe von den Franzosen genommen wurden, ist zwar nicht genau bekannt, sicher war es aber ebenfalls eine große Zahl, weil der frühere Ostseehandel mit Frankreich den heutigen noch an Bedeutung übertraf. Er hat durch das französische Schutzzollsystem sehr stark abgenommen. Bald darauf erfolgten die Dekrete von Berlin und Mailand, die mit der Sperre unserer Ostseehäfen auch den wichtigsten und einträglichsten Handel nach und von England vernichteten; und die

1) Der Herzog von Kent erhielt 1000 Pfd. St.; der Herzog von Cumberland 16,000 Pfd. St.; der Herzog von Glocester 19,500, der Prinz von Wales 20,000, Clarence 20,000 Pfd. St.; Sussex 20,000 Pfd. St.

Friedenszeit von 1815 an sah überall, besonders in Frankreich, England und Rußland die Protektions- und Differenzial-Zoll-Systeme entstehen oder erneuert werden, welche dem Aufblühen unseres Handels und unserer Schifffahrt eben so viele Hindernisse in den Weg legten.

Bedenkt man, welche Zeit es erforderte, um durch Verträge die Gleichstellung unserer Flagge mit der nationalen anderer Länder oder die auch nur erträgliche Gegenseitigkeit als Erleichterungen des Verkehrs zu erringen, so wird man es doch wohl mit einigem Erstaunen anzuerkennen haben, daß sich unsere Rhederei seit 1815 bis mit 1846 von 73,648 Lasten Tragfähigkeit der Schiffe auf 113,650 Lasten vermehrte.

Seit dem Frieden aber war unsere Rhederei bis zum Jahre 1826 hin fortdauernd in ihrem Bestande herabgegangen, vorzüglich aus dem Grunde, weil England damals gegen unser Getraide und Holz seine Zölle erhöhte und sie anfangs zu förmlichen Prohibitiv-Maßregeln gegen die Getraide-Einfuhr steigerte. Dadurch vorzüglich ist unsere Rhederei selbst in den Friedenszeiten von 1815 bis 1825 von 73,648 Lasten auf 58,007 vermindert worden, denn der Ausfuhrhandel nach dem großbritanischen Markt aus den Ostseehäfen beschäftigte und beschäftigt noch etwa zwei Dritttheile bis drei Viertheile unserer ganzen Rhederei. Erst seitdem im Jahre 1826 und 1828 die bekannten Aenderungen und Ermäßigungen in den Getraidezöllen und in den Tarifen jenes Landes überhaupt eintraten, erst nach jener Zeit, als der Handels-Traktat von 1824 mit den erweiterten Bestimmungen von 1826 wenigstens den Grundsatz der Reciprozität zum Theil ins Leben rief, hob sich unsere Rhederei wieder dermaßen in der Luft des freieren preußischen Handelssystems, daß sie sich seit 1825 bis 1846 fast verdoppelte. Sie stieg in diesen Jahren von jenen 58,000 auf 113,650 Lasten und, der Zahl der Schiffe nach von 576 Seeschiffen auf 913, d. h. um nahe 96 pCt. in 21 Jahren.

Wenn hiernach allerdings sich zu ergeben scheint, was auch durch andere oben bereits beigebrachte Zahlen feststeht, daß der Verkehr zwischen Großbritanien und den Ostseehäfen das Hauptfundament unseres Seehandels ist, so sind wir doch weit entfernt, dieses Verhältniß irgendwie als ein unglückliches oder gar als ein solches anzusehen, das man allmälig aufzulösen hätte. Großbritanien ist durch den Bezug der Waaren von uns her, wie durch das Interesse des Absatzes seiner Produkte und Stapelartikel auf unserem Markte, es ist durch den leichten Bezug von Getraide, Holz, Wolle und durch den leichten und großen Absatz von Steinkohlen, Kolonialwaaren, Eisen und Fabrikaten eben so gebunden, eben so abhängig, eben so frei oder unselbstständig uns gegenüber, wie wir es ihm gegenüber sind [1]). Eine Thorheit ist es, zu glauben, dauernde Handelsverbindungen zwischen zwei großen Märkten könnten sich ohne Gegenseitigkeit der Bezüge bilden oder erhalten, ein Leichtsinn aber, ein sträflicher Leichtsinn ist es, dieses Verhältniß einer Chimäre wegen stören zu wollen, Differenzialzölle anwenden zu wollen auch gegen solche Länder, die sie nicht mehr anwenden, und keine Rücksicht auf die Nachtheile zu nehmen, welche Retorsionsmaßregeln nothwendig haben müssen. Nur ein Verbot der indirekten Fracht auf großbritanischen Schiffen nach unseren Häfen, d. h. ein Verbot der Einfuhr nichtbritischer Waaren auf großbritanischen Schiffen und ein Verbot der indirekten britischen Schifffahrt nach unseren Häfen ließe sich dann rechtfertigen, wenn es zum Aeußersten kommen sollte. Gehen wir darüber hinaus zu einer allgemeinen Anwendung von Differenzialzöllen zur Begünstigung der direkten Schifffahrt, so vernichten wir die indirekte Schifffahrt, die uns wesentlich ist, zu Gunsten eines Theils unserer Flagge, in dem wir schon die meisten anderen Nationen besiegt haben; gehen wir darüber hinaus zur Begünstigung des direkten Handels mit transatlantischen Produkten,

---

1) Und ist es nicht ein Glück, daß wir mit diesem Lande in so großen Handelsverbindungen stehen, anstatt etwa mit Frankreich und Rußland, wo politische Ereignisse und Verhältnisse viel leichter unsere Handels-Verbindungen stören können, als England gegenüber?

so verlieren wir unsere besten Märkte und vernichten den indirekten Handel in eben diesen Waaren; gehen wir darüber hinaus auf dem Wege der Retorsionen, so setzen wir uns der Gefahr aus, nicht nur den Vortheil zu verlieren, den unsere Flagge sich bereits in direkter Fahrt errungen hat, sondern namentlich wieder einen nahe gelegenen und sicheren Markt zu verlieren, der uns 60 bis 70 pCt. unserer Ausfuhren abnimmt, um vielleicht einige Prozente auf direktem Wege des Bezugs von transatlantischen Ländern mehr als bisher zu gewinnen.

Wie nahe die Gefahr aber Großbritanien gegenüber liegt, von dort durch die einfache Anwendung schon bestehender Gesetze ausgeschlossen zu werden, möge man aus der Thatsache entnehmen, daß durch einen bloßen Geheimerathsbefehl eine Aufschlagssteuer von 20 pCt. gegen alle solche Güter und Schiffe angeordnet werden muß, welche von Ländern eingebracht werden, die gegen Großbritanien exklusive Unterschiedszölle höher als gegen irgend ein drittes Land anwenden [1]).

---

1) Victoria 8 und 9. Cap. 90. (An Act for granting Duties of Customs) 4. August 1845.

§. VIII. Es wird verordnet, daß Ihre Majestät befugt sein soll, auf Antrag ihres Geheimen Raths und durch Geheimen Rathsbefehl von Zeit zu Zeit zu befehlen und Anweisung zu ertheilen:

a) daß eine zusätzliche Steuer zu nicht mehr als $\frac{1}{5}$ irgend einer bestehenden Steuer erhoben werden soll von allen oder etlichen Gütern, Waaren und Handels-Gegenständen als Erzeugnissen der Natur oder des Kunstfleißes eines Landes, welches von den Gütern, Waaren und Handels-Gegenständen Ihrer Majestät Besitzungen andere oder höhere Abgaben erhebt, als von den gleichen Artikeln, die aus anderen Fremdländern herstammen;

b) desgleichen, daß eine gleiche Zusatzsteuer auf alle oder etliche Güter gelegt werden darf, wenn sie in den Schiffen eines Landes eingeführt werden, welches höhere oder andere Abgabe erhebt von Gütern, die in britischen Schiffen eingeführt werden, als von solchen Gütern, die in nationalen Schiffen jenes Landes eingehen, oder welches (Land) höhere Tonnen-, Hafen- oder andere Abgaben von britischen, als von nationalen Schiffen erhebt, oder welches nicht den Handel und die Schifffahrt dieses Königreichs auf den Fuß der begünstigtesten Nation in seinen Häfen stellt, und daß

Es gehört die ganze Unkenntniß der Schutzzöllner von unseren Handelsbeziehungen dazu, um eine so schädliche und verwerfliche Maaßregel, wie ein System von Differenzialzöllen oder gar eine darauf beruhende Navigationsakte mit einem bunten Gemisch von Ausnahme-Maaßregeln, die stets nothwendig werden, empfehlen zu können; eine Maaßregel, die dann da nicht angewandt werden müßte, wo wir bereits im Vortheile mit unserer Flagge sind, da aber angewandt werden soll, wo erst Vortheile zu erringen sind; die bei den geringsten Retorsions-Maaßregeln auswärtiger Staaten uns mit einem Rückgange unserer Rhederei bedroht, welcher sogleich mehr als die Hälfte unserer jetzt beschäftigten Schiffe treffen kann; eine Maaßregel, die auf dem Prinzip des Polizeischutzes und der Staatseinmischung beruht in Dinge, welche von der Privatthätigkeit der Bürger in ihren wesentlichen Grundlagen abhängen; eine Maaßregel, die blinder Haß und blinder Eifer empfehlen, die aber eine Ruthe für die Kinder werden müßte, welche sie sich selber aufbinden.

Wir haben unter dem Schutze der Freiheit, dem einzigen, welcher dem wahren Industriellen wünschenswerth erscheint, unter dem Schutze unseres nationalen Freihandels-Systems, ohne alle Schutzzölle für die Rhederei, einen Aufschwung unserer Flagge und unserer Schifffahrt in einzelnen Seestädten der Ostsee erlebt, wie er seines Gleichen vergeblich sucht. Der Regierungs-Bezirk Stettin, der sich lange nicht eines so bedeutenden Handels-Umsatzes rühmen kann, als der Handels-

---

c) entweder die Einfuhr irgend eines Manufaktur-Artikels verboten werden kann, wenn er aus einem Lande herstammt, welches die Ausfuhr des Rohstoffs, aus dem das Fabrikat ganz oder theilweise hergestellt ist, nach den britischen Besitzungen verbietet, oder daß eine Zusatzsteuer, wie vorhergesagt, nicht über ein Fünftheil, auf dergleichen Fabrikate gelegt wird, mit der Maßgabe, daß diese Zusatzsteuer auch dann eintreten kann, wenn das rohe Material bei seiner Ausfuhr aus besagtem Lande nach Ihro Majestät Besitzungen einer Ausgangssteuer unterworfen wird,

und alle Steuern, welche kraft eines solchen Befehls auferlegt werden, sollen so angesehen sein, als wenn sie durch gegenwärtige Akte auferlegt wären.

staat Bremen; Settin, dessen Umsatz von dem Hamburgs vielleicht um das fünf- bis sechsfache übertroffen wird, hatte schon im Jahre 1846 (Ende) 316 Seeschiffe mit 36,044 Lasten Tragfähigkeit, d. h. 91 Schiffe mehr als Bremen, und kam diesem in der Lastenzahl (38,710) fast gleich, während es 88 Schiffe mehr als Hamburg hatte, und dieses in der Lastenzahl seiner Schiffe übertraf [1]). Stettin allein hat über das Doppelte mehr an Seeschiffen und Lastenzahl, als ganz Belgien mit seinem prächtigen Hafen von Antwerpen, Stettin allein hat mehr Tragfähigkeit seiner Schiffe, als Lübeck, Altona, Blankenese, alle holsteinischen Plätze nebst Kiel, alle hannoverschen Elbhäfen, alle hannoverschen Weserhäfen, alle oldenburgischen Plätze zusammen genommen. Der Regierungs-Bezirk Stralsund mit 314 Schiffen von 27,915 Lasten hat mehr Seeschiffe, als Bremen oder Hamburg, mehr als Belgien, fast das Doppelte mehr an Lasten, als ganz Belgien und das Dreifache mehr als Lübeck, um das Siebenfache mehr als Altona an Lasten. Der Regierungs-Bezirk Königsberg mit 132 Schiffen von 23,345 Lasten, erreicht fast Hamburg in der Lastenzahl, obwohl Hamburg, was den Umsatz seines Handels betrifft, der dritte Hafen der Welt ist. Ueberhaupt möchte man, wenn man die Anzahl der Seeschiffe auch in kleinen Städten Pommerns bedenkt (wie in Ueckermünde über 30, in Barth über 58), eher auf die Vermuthung kommen, daß vielleicht unser wohlfeiler und guter Schiffsbau etwas zu stark die Spekulation in der Rhederei anrege, und daß es daher komme, daß bisweilen in schlechteren Handelsjahren auch eine ziemliche Anzahl Schiffe verkauft werden muß, was denn natürlich ein

---

1) Vergleiche das Differenzialzoll-System Hamburg 1847 Tab. VII. S. 91. mit unseren offiziellen preußischen Rhederei- und Schifffahrts-Listen-Beil. Es war der Bestand der hanseatischen Rhederei 1846 in Bremen 225 Schiffe mit 38,710 Lasten à 4000 Pfd.; in Hamburg 228 Schiffe mit 29,272½ Lasten, Lübeck 69 Schiffe mit 7125 Lasten. Es war aber der Bestand der hollsteinschen, hannoverschen und oldenburgischen Elb- und Weserplätze Ende 1846 im Ganzen 28,149 Lasten; der der belgischen Rhederei 12,616 Lasten.

Schwanken in der Zahl der beschäftigten Schiffe hervorbringt. Es fehlen bisweilen die Frachtgelegenheiten. So viel ist aber ganz sicher, daß unsere Rhederei den Vergleich mit keiner in der Welt zu scheuen hat, wenn man in Anschlag bringt, daß unsere Ostseeküsten nur wenige gute Häfen von Natur darbieten, daß der Sundzoll existirt, daß wir an einem Binnenmeere gelegen sind, daß wir nur einen geringen direkten transatlantischen Handel haben können, und daß namentlich durch den Bau der Eisenbahnen, wie durch die hohen Schutzzölle (z. B. gegen ausländisches Eisen), sehr bedeutende Kapitalien in andere Industriezweige abgeleitet worden sind, während man der Schifffahrt noch eines der wichtigsten Materialien (Eisen nämlich) vertheuerte, wovon sie früher über 40 pCt. aller Einfuhren des Zollvereins in die Ostseehäfen einbrachte.

IV. Das Interesse der Hansestädte und der deutschen westlichen Küstenländer gegenüber der Differenzial-Zollfrage.

An den Küsten des deutschen Meeres, an dem Ausflusse der Weser und Elbe, liegen die eigentlichen Brennpunkte des deutschen Großhandels. Seit unvordenklicher Zeit erfreuen sich die Länder und Städte von Ostfriesland an bis Mecklenburg hin einer Gesetzgebung in Zoll- und Handelssachen, welche den Interessen jener Länder gemäß, nie auf die Abwege des Manufaktur- und Fabriken-, vulgo Merkantilsystems gerathen konnte, durch Zwangsmaaßregeln die industrielle, nationale Arbeit in solche Zweige der Industrie leiten zu wollen, die gerade einer bestimmten Regierung als die nützlicheren oder gewinnbringenderen erschienen. Die Kleinheit der dort belegenen alten Reichsterritorien machte es unmöglich, auch in den Zeiten der Kindheit nationalökonomischer Aufklärung an Sperr- und Schutzoll-

Maaßregeln zu denken; man freute sich, wie es jedem natürlichen Menschen angeboren ist, wenn man die Schätze des Auslandes so wohlfeil wie möglich beziehen, und die eigenen Industrie-Erzeugnisse so vortheilhaft und schnell wie möglich absetzen konnte. Dennoch hat die Ueberschwemmung jener Länder mit ausländischen, wohlfeilen Produkten, mit wohlfeilen Kolonialwaaren, mit englischen Baumwollen- und französischen Seidenwaaren, die Ueberschwemmung mit deutschen und französischen Weinen, der Bezug anderer deutscher, namentlich Leinen und Gewerkswaaren, niemals diese Länder des baaren Geldes entblößt; vielmehr sind jene Länder durch die Ersparnisse an dem wohlfeilen Bezuge ausländischer Waaren reich geworden, während der Kunstfleiß in ihren eigenen Manufakturen, z. B. in der Leinen-Manufaktur und den eigentlichen Gewerkswaaren seit alter Zeit, in den Tabaks-Manufakturen und Zucker-Raffinerieen auch in neuerer Zeit, sich einen anerkannten Ruf erwarb, die Landwirthschaft, Schifffahrt und der Handel aber in Holstein, Mecklenburg und Hannover einen Aufschwung nahmen, wie ihn k e i n a n d e r e s L a n d in Deutschland nachweisen konnte. Man ließ in den kleineren, mitteldeutschen und norddeutschen Ländern den Spartrieb der einzelnen Einwohner ungehindert im Bezuge ausländischer Produkte walten und sich den Erwerbstrieb derselben eben so ungehindert auf die einem Jeden vortheilhaften und deshalb natürlichen Gewerbe wenden. Hierin liegt das Geheimniß des Wohlstandes jener Länder. Die Handelsfreiheit ließ dort eine eben so blühende Schifffahrt, Landwirthschaft und Handel entstehen, wie aus dem Walten derselben in den rheinischen Territorien, in Sachsen und in der Schweiz blühende Manufakturen und Fabriken entstanden. Bis auf den heutigen Tag zeigt sich aber auch in jenen Ländern, welche diesen Grundsätzen getreu blieben, d. h. in denjenigen, welche es dem Verstande und den Kräften jedes Einzelnen überlassen, sich den in der Natur begründeten und einem Jeden vortheilhaft scheinenden Beschäftigungen zuzuwenden, ein durchgehender Wohlstand auch der ärmeren Volksklassen, ein höherer Arbeitslohn, als in den benachbarten Territorien, eine geringere

Auswanderung, ein viel geringerer Pauperismus, als in den badenschen, würtembergischen, fränkischen, schlesischen und gegenwärtig selbst den sächsischen Territorien, und eine fast gänzliche Unbekanntschaft mit dem eigentlichen Proletariat unserer anderen deutschen Fabrik- und Agrikultur-Distrikte. Wir wollen hiermit keinesweges der Industrie der Gewerbe und Fabriken, die wir vor Allem hochachten, den Vorwurf machen, als erzeuge sie vorzugsweise das Proletariat, aber so viel ist sicher, daß mit der auf künstlichem Wege durch Schutzzoll-Maaßregeln hervorgerufenen Industrie auch stets das Proletariat verbunden ist, und daß nur die Handelsfreiheit gerade auf den entwickelteren Stufen der menschlichen Gesellschaft den Segen der gleichmäßigeren Vertheilung der Reichthümer mit sich bringt. Das Protektions-System beruht auf dem Nachtheil, daß es nur einem Theile der industriellen Kräfte eines Landes die Vortheile zukommen läßt, die es den anderen Theilen entzieht. Es sucht durch lokalen Mangel und Vertheuerung der Produkte in einzelnen Theilen des Landes eben diese Vertheuerung anderen Theilen zu Gute kommen zu lassen; es beruht auf der Nothwendigkeit der ungleichmäßigen Vertheilung der Reichthümer und giebt keine Garantie für das Gelingen seiner Versuche. — Wenn wir demnach in den Nord- und Ostseestaaten Deutschlands fast ganz allgemein den Wunsch vorherrschend finden, das bisherige gerechte System der Erwerbsfreiheit und Handelsfreiheit beizubehalten oder sie in immer höherem Grade zu erringen, so müssen wir diesen Wunsch als einen sehr begründeten anerkennen. Etwas so Großartiges und Herrliches, so von dem innersten Wohlstande Strotzendes, etwas für die deutsche Industrie so Erfreuliches, wie unsere Seekönigin Hamburg, die dritte Seehandelstadt der Welt, hat Deutschland nirgendwo, in keinem Fabriken-Distrikt, in keiner Residenzstadt, in keiner Binnenstadt aufzuweisen. Ueberall sonst, auch wenn wir die größten Städte vergleichen, treffen wir den Pauperismus als Schmutzfleck ihrer üppigen Kleidung, welcher in Hamburg so gut wie gar nicht vorhanden ist. Und welche Residenzstadt würde sich wieder nach einem solchen Riesenbrande in ein paar

Jahren aus ihrer Asche zu einer solchen Stadt der Paläste erhoben haben?

Der durchgehende Wohlstand und die Blüthe Hamburgs, der neuerliche Aufschwung Bremens eben sowohl, wie die erstaunliche Blüthe der hannoverschen und mecklenburgischen Rhederei beruhen auf dem Systeme der Handelsfreiheit, das sich am vollkommensten in der Zollgesetzgebung Hamburgs darstellt. Hamburg und Bremen sind unter dem Einflusse derselben eben sowohl, wie unter dem Einflusse ihrer günstigen, natürlichen Lage, die wichtigsten Ausfuhrhäfen für die Erzeugnisse der deutschen Industrie, die wichtigsten Einfuhrhäfen für die Bedürfnisse der deutschen, auch der Zollvereins-Länder an Kolonial- und fremden Waaren geworden; Hamburg, Bremen und Lübeck sind aber auch noch mehr geworden, als bloße Emporien für Deutschland, sie sind die größten Zwischenmärkte für den ganzen europäischen Norden in Bezug auf die wichtigsten Handelsartikel. Es erklärt sich die Bedeutung unserer Hansestädte als Handelsplätze keineswegs allein aus ihrer Lage, die z. B. für den Vertrieb von Kolonialwaaren und Fabrikations-Produkten nach Skandinavien keine so günstige ist, als die Lage Englands. Wären sie nicht unsere eigentlichen Freihandelsplätze, unsere Freihäfen, sie würden nie und nimmermehr die Stellung im Welthandel erlangt haben, welche sie gegenwärtig einnehmen. Die Natur des Handels verlangt vollkommene Freiheit des Tausches; nur da, wo die Waaren jeglicher Art für Käufer und Verkäufer aufgestapelt werden können, ungehindert von jeglichen Zolllinien, nur da, wo man im Stande ist, die Einfuhren theilweise oder in ganzen Partieen jeden Augenblick ohne Belästigung und Vertheuerung wieder auszuführen, bilden sich solche Märkte, auf denen Käufer und Verkäufer aus allen Weltgegenden erscheinen, um dort zum weiteren Vertrieb für ihr Vaterland Waaren zu beziehen und die eigenen Produkte abzusetzen. Das Entrepot-System, die ausnahmsweise Erklärung einzelner Plätze zu Freihäfen in großen Ländern, die der allgemeinen höheren Verzollung eingehender Waaren nicht entbehren können, sind eben so viele Beweise dafür, daß man die günstigen Wirkungen des freien Handels auch da sich wenigstens theilweise zu verschaffen sucht, wo man sie wegen der Staats-Bedürfnisse, d. h. wegen der Zolllinien nicht vollkommen erringen kann.

Woher kommt es, daß gerade diejenigen Nationen, welche den wohlfeilsten Schiffsbau und sehr wohlfeile Frachten, wie Norwegen und Schweden, haben, welche verhältnißmäßig überall hin am leichtesten fahren, gerade von Hamburg, Lübeck und Bremen ihre meisten Kolonialwaaren beziehen, daß sie von Hamburg sehr viele deutsche Produkte, auch Manufakturwaaren entnehmen, während sie doch oft nähere oder direkte, aber freilich theurere Wege des Bezugs von England oder von Frankreich ohne den Umweg hätten? Woher kommt es, daß Kolonialwaaren wieder seewärts von Hamburg exportirt werden nach Holland, Frankreich, Spanien, Italien, selbst nach Orten, an welche man am wenigsten denken sollte, z. B. nach Gibraltar; daß Zucker, in Hamburg raffinirt, durch das mittelländische und schwarze Meer nach Trapezunt und Persien, und Thee und Kaffee, der von Brasilien dorthin gekommen, von dort selbst nach Smyrna [1]) verschifft wurde? Woher kommt es, daß selbst Deutsche dort deutsche Waaren suchen und kaufen, die sie näher in ihrer Heimat haben könnten? Alle diese höchst merkwürdigen Thatsachen erklären sich einzig und allein aus der vollkommenen Freiheit des Handels, welche Hamburg zu einem großen Lagerplatz aller Waaren der Welt gemacht hat. Keine Navigationsakte, kein Differenzialzoll-System, keine Douanenlinie mit lästigen Kontrollmaaßregeln hemmen dort oder vertheuern dort die Lagerung der Waaren; die reichste, billigste Auswahl wird dort zu jeder Zeit geboten, und die Arbeiten der verschiedensten Völker ergänzen sich dort erst zu vollkommenen und ganzen

1) Vergl. über diese und andere von uns angeführte Thatsachen die meisterhafte Schrift des hamburger Senats: Das Differenzialzoll-System nach den bei mehreren Nordseestaaten Deutschlands zur Erörterung gekommenen Vorschlägen für die Errichtung eines deutschen Schifffahrts- und Handelsvereins. Hamburg, 1847. S. 37.

Produkten. Wenn man in ein und demselben Eisenwaarenlager französische, belgische, englische und deutsche Halb- und Ganzfabrikate neben einander unvertheuert und unbelästigt beziehen kann, so ist dort nicht nur der beste Vergleich der verschiedenen nationalen Produkte geboten, sondern es ist möglich, eben diese Produkte, wie sie sich gegenseitig ergänzen, mit einander zu kaufen und die Materialien zu komponirten Arbeiten aller Art zu verbinden. Diese Freiheit des Kaufes und Verkaufes ist es, welche die Nationen von allen Orten der Welt anzieht; diese Freiheit erlaubt es dem Kaufmann auf seinem eigenen Lagerraum und mit den geringsten Kosten die Waaren zu sortiren, wie es der Markt erfordert; sie zu den kleinsten und größten Theilen jeden Augenblick bereit zu halten, was Alles bei Niederlagen unter Zollverschluß nicht möglich ist. Nicht in London, nicht in Liverpool, überhaupt in keiner Stadt der Welt giebt es solche Lager von den verschiedensten Geschirr- und Glaswaaren, Metall-, Stahl- und Eisenwaaren, Seiden-, Wollen- und Baumwollen-Geweben aller Nationen, wie dort; in keiner Stadt der Welt kann der Fabrikant durch Anschauung des in jeder Art Vollendeten so viel lernen, wie dort; in keiner Stadt der Welt hat er das Beispiel so auf der Hand liegen, daß nicht die Nationalität der Produkte, das Indigenat der Waaren, das unsere Schutzzöllner anrufen, sondern immer nur die Güte und verhältnißmäßige Wohlfeilheit über den Absatz derselben entscheiden. Deshalb kommen die Verkäufer und Käufer aus allen Weltgegenden dorthin, deshalb kaufen viele Nationen auch dort Waaren ein, die in Hamburg nicht lagern, wie z. B. sehr viel Getraide dort von Engländern gekauft wird, das Hamburg niemals berührt, sondern von Rußland oder Preußen aus, auf hamburger Rechnung nach England verschifft wird. Deshalb hat sich dort das blühendste Wechsel- und Assekuranz-Geschäft gebildet. „Alles steht dabei in Zusammenhang und Wechselwirkung: Einfuhr, Zwischenhandel, Ausfuhr, Assekuranz, Wechselgeschäft, alle alimentiren sich gegenseitig, durchdringen einander; zum Gedeihen des

Ganzen darf der eine Theil nicht fehlen [1])." Reichen direkte Bezüge der Waaren nicht aus, um billige Lagervorräthe zu jeder Zeit herzustellen, so müssen indirekte Bezüge zur Ergänzung dienen, damit der Käufer jeder Zeit die größte Auswahl zu den billigsten Preisen habe. — Die hamburger Denkschrift giebt hinlängliche Nachweise in statistischen Tabellen und Erläuterungen, um diese Verhältnisse auch für diejenigen darzulegen, welche sich nicht an Gedanken und national-ökonomischen Gesetzen, sondern an Zahlen belehren wollen. In jedem Frühjahre, mit der Eröffnung der Schifffahrt, gehen Schaaren von reisenden Agenten von den Hansestädten aus, nach dem Norden Europa's, über Dänemark, Norwegen, Schweden bis Finnland und Rußland, um den Vertrieb der wichtigsten, namentlich auch deutschen Produkte dort auf Rechnung ihrer Häuser zu besorgen; in jedem Frühjahre kommen von den nordischen Ländern dorthin Schaaren von Schiffen, um den Einkauf von Vorräthen auf das ganze Jahr und den Verkauf ihrer Landesprodukte zu vermitteln. Der bloße Handel zwischen Hamburg-Altona und Norwegen beschäftigte im Jahre 1846 z. B. 371 Fahrzeuge mit 11,674 Kommerzlast (zu 6000 Pfd.), während von Hamburg allein auf der Kieler Eisenbahn für 8,572,000 Mark Banco, und nach Lübeck per Axe für 12,762,000 Mark Banco, auf dem Stecknitz-Kanal nach Lübeck für wenigstens 2 Millionen M. B. Waaren an Werth gingen, so daß die ganze, von Hamburg allein nach Kiel und Lübeck versandte Waarenmasse auf über 23 Millionen Mark Banco veranschlagt werden kann. Davon ging bei weitem das Meiste weiter nach Rußland, Finnland, Schweden oder Dänemark. Auch das, was von Norwegen und den Ostseeländern seewärts in Hamburg eingeführt wird, geht zum größten Theile wieder, nachdem es in Hamburg nur den Eigenthümer gewechselt, weiter nach dem Westen Europa's und nach dem mittelländischen Meere.

1) Worte der obigen Schrift S. 39., die die Wirkungen des freien Handels ganz vortrefflich an dem Beispiele Hamburgs erläutert.

Man bemerkt mit Erstaunen aus jenen Nachweisungen [1]) der Hamburger Schrift, daß die weitfahrenden und wohlfeilfahrenden Normannen dort über $5\frac{1}{2}$ Millionen Pfd. Kaffee im Jahre 1846 holten, daß sie Baumwollen-Garn zu 206,138 Pfd., Baumwollenwaaren zu 306,600 Pfd., Syrup zu 1,286,766 Pfd., Zucker zu 4,157,000 Pfd., Wein, Reis, Rosinen, Seidenwaaren, Eisenwaaren, Leinenwaaren, namentlich Segeltuch, Getraide in sehr bedeutenden Quantitäten, also meist indirekt bezogen, während sie dorthin 1,309,991 Potten Thran, 86,480 Pfd. getrocknete und geräucherte Fische, 9503 Fäßchen Anchovis, 285,468 Pfd. Klippfische, 9183 Tonnen Heringe, 107,377 Pfd. Garkupfer und 83,209 Pfd. gewalztes Kupfer, 1001 Lasten Holzwaaren u. s. w. zu weiterem Vertriebe brachten. — Es ist hier dasselbe Verhältniß indirekter Bezüge von Seiten der Normannen ersichtlich, wie es im Handel unserer Ostseehäfen England gegenüber ersichtlich war. Weil die Hamburger die wichtigsten Abnehmer und Käufer der norwegischen Produkte sind, so sind die Normannen auch wieder die Abnehmer der in Hamburg gelagerten Waaren, unbekümmert darum, ob sie indirekt oder direkt diese Waaren beziehen, oder wohin die Hamburger die ihrigen weiter verkaufen. Beide Handelsparteien gewinnen den wohlfeilsten, dauerndsten und sichersten Markt bei diesem Verhältnisse. Beiden ist es noch nie eingefallen, wegen abgeschmackter Theorieen über den direkten Verkehr sich in diesem Handelsverhältnisse stören zu wollen.

Mit Recht sagt die Hamburger Denkschrift S. 53: „Es zeigt sich da das bunteste Gemisch von Waaren aller Art, denen auf diese Weise Absatz verschafft wird. Aber eben die Mannigfaltigkeit ist die wesentlichste Bedingung dieses Vertriebes. Wären jene Norweger nicht gewiß, in Hamburg Alles, was sie brauchen, Kolonial- wie Manufakturwaaren, in größter Auswahl und zu den billigsten Preisen zu finden, sie würden ohne Zweifel einen anderen, z. B. den ihnen sogar näher gelegenen englischen Markt, suchen; sie würden dort freilich nur eng-

1) Tab. XVI. der hamburger Schrift.

lische Manufakturwaaren finden, durch diese aber die ihnen meistentheils nicht unentbehrlichen deutschen leicht ersetzen können. Wegen der deutschen Manufakte allein, die doch immer nur einem Theile des Bedarfs entsprechen, werden sie nicht hierher kommen. Gegenwärtig aber, bei der vollkommenen Freiheit des Handels in Hamburg, Alles hier findend, kaufen sie hier mit den direkt und indirekt eingeführten Kolonial-Artikeln, mit den fremden Manufakten zusammen auch die deutschen. Dies ist nur ein Beispiel von vielen. Deutsche Industrie-Erzeugnisse allein sind nicht ausreichend, um den Handel mit dem Norden und den Ostseeländern zu alimentiren, eben so wenig, wie sie für den Ausfuhrhandel nach außereuropäischen Ländern genügen. Namentlich kommt auch hier wieder die Kompletirung der Ladungen wesentlich in Betracht, und wie ein einzelnes Handlungshaus, welches einen bedeutenden Absatz deutscher Kunst-Erzeugnisse nach den fernsten Welttheilen befördert und vermittelt, sogleich in seiner Thätigkeit gelähmt sein würde, wenn man ihm untersagen wollte, seine Sendungen durch englische Manufakte zu vervollständigen, so würde auch ein ganzer Handelsplatz seinen Exporthandel mit deutschen Erzeugnissen auf das störendste gehemmt sehen, wenn ihm durch allerlei künstliche Zollvorschriften verwehrt würde, seinen Markt mit allen möglichen Waaren so zu assortiren, wie die Wünsche der Käufer und die jedesmaligen Verhältnisse des Handels es mit sich bringen."

Es kann hiernach für einen Jeden, der nur einen Begriff von den Bedingungen des Welthandels überhaupt hat, kaum zweifelhaft sein, daß die Maaßregeln, die nothwendig mit einem Differenzialzoll-System verknüpft sein müssen, nämlich Lagerung der auf eigene Rechnung des Kaufmanns bezogenen Waaren unter Verschluß und Aufsicht von Zollbeamten, Hindernisse der freien Wiederausfuhr, Ursprungs-Certifikate der Waaren, um den direkten Bezug derselben zu ermitteln, höhere Belastung der indirekt bezogenen Waaren, Unterschiedszölle und höhere Belastung gegen die nichtbegünstigten Flaggen und Schiffe, Einführung von Zöllen oder Kontrollen gegen alle Waaren, die sonst ganz frei eingeführt wurden, der Todesstoß für den Handels- und Schifffahrtsverkehr unserer natürlichen Freihäfen sein müssen, so weit dieselben, wie Lübeck und Hamburg, große Zwischenmärkte des Welthandels geworden sind, so weit dieselben nicht blos die deutsche Konsumtion vermitteln. Wenn Bremen daher weniger an diesen Verhältnissen des Zwischenhandels Theil nimmt, wenn Bremen, was seine Lage übrigens erklärt, vielmehr einseitig auf den direkten Bezug transatlantischer Produkte hingewiesen ist, und daher auch mehr das reziproke Verhältniß des direkten Absatzes deutscher und schweizerischer Produkte in transatlantischen Ländern vertritt, (obgleich für Tabak auch Bremen ein sehr bedeutender, wohl der bedeutendste Zwischenmarkt unter den Hansestädten ist), so ist das Elbgebiet gegenüber dem Wesergebiet doch ein so viel wichtigeres und größeres, mit so vielen unserer industriereichsten Gegenden zusammenhängendes, daß Bremen niemals den Absatz deutscher Produkte in aller Welt in so hohem Grade vermitteln wird, wie Hamburg; so liegt ferner darin noch gar kein Grund, den deutschen Städten Lübeck und Hamburg, welche eben wegen ihres Zwischenhandels auch den deutschen Produkten aller Art einen sehr bedeutenden Absatz sichern, dieses für sie und uns gleich günstige Verhältniß zu verkümmern. Vielmehr wäre dies ein Grund für den deutschen Zollverein mehr, auch so wichtige eigene Handelsplätze, wie Stettin und Danzig etwa, zu Freihäfen zu erklären, um sie an ähnlichen Vortheilen Theil nehmen und unserer Zollvereins-Schifffahrt wie dem Absatze unserer Produkte ähnliche Begünstigungen zu Theil werden zu lassen. Hamburg aber kann und wird nie den schutzzöllnerischen Differenzialzoll-Projekten auch deshalb beistimmen, weil es eine Tochter in seinen Armen trägt, die dann eine so verstandesschwache Mutter der Vernichtung preisgeben würde, Altona. Der ganze eigentliche Welthandel Hamburgs würde sich nach dem Freihafen Altonas hinüberziehen, wenn Hamburg nichts als ein Speditionsplatz des deutschen Zollvereins und der Hinterländer werden wollte; denn beide Handelsplätze haben eigentlich nur Einen Hafen; die einige hundert Schritte weite Entfernung beider

Häfen von einander macht für die Schifffahrt nichts aus. — Wann aber wird Dänemark seine Zustimmung zu deutschen Zollprojekten geben, die Altona in den hemmenden Zauberkreis aufnehmen sollen, der gerade diejenigen Zwecke zerstören müßte, die man mit dem Freihafen Altona's verfolgt? — Nur die gänzliche Unkenntniß dieser Verhältnisse, nur ein durch die Thorheiten unserer Zeitungen unterstützter Leichtsinn konnten zu dem naiven Glauben führen, Hamburg könne und werde jemals diesen Projekten die Hand bieten.

Wir könnten hiermit schon die Erörterung dieser Fragen als beendet ansehen, wenn es nicht im Interesse der Sache läge, auch das noch den Differenzial-Zöllnern nachzuweisen, daß ihre Projekte nicht nur schädlich, sondern auch völlig unnütz sein würden; unnütz insofern, als sie ihren ausgesprochenen Zweck für die Hansestädte verfehlen würden, weil derselbe schon erreicht ist, wo er überhaupt zu erreichen wäre und wünschenswerth erscheinen könnte. Es mag dies ein Trost für diejenigen unter den Differenzial-Zöllnern sein, welche, vielleicht ohne genauere Kenntniß der Interessen unseres Handels und unserer Schifffahrt, nur mit den wohlwollenden und prunkenden Phrasen unserer Zeitungen bekannt, wirklich nach der Erkenntniß der Sache streben und sich durch Gründe und Thatsachen belehren lassen, wie sie in der hamburger Denkschrift auf meisterhafte Weise geboten sind. Wenn wir noch Einiges hier derselben hinzufügen, so geschieht es, weil wir auch aus den offiziellen Nachweisungen im deutschen Zollverein dasjenige bekräftigen und in unserem Interesse dasselbe Prinzip des freien Handels begründen können, das dort bereits begründet ist.

I. Zuerst also würde ein Differenzialzoll-System, auch auf die Nordseestaaten und namentlich die Hansestädte ausgedehnt, unnütz sein als Beförderungsmittel für die deutsche Schifffahrt und Rhederei, höchst wahrscheinlich aber nur schädlich wirken. Es würde den indirekten Handel und dadurch auch die Schifffahrt der deutschen Flaggen nach den Hansestädten hin belasten und verkümmern, und die indirekte Schifffahrt der Nationen, welche die deutsche Flagge der nationalen nicht gleichstellen, mit höheren Schiffszöllen treffen. Mit anderen Worten, es würde ein solches System den deutschen Schiffen die vielen Frachtgelegenheiten des indirekten Verkehrs nehmen und den Ersatz dadurch zu bieten suchen, daß es auch den fremden dieselbe Gelegenheit nimmt. Es ist, als wenn man einem Freunde eine Ohrfeige giebt und seinen Gegner dann, um die Sache gut zu machen, mit Stockschlägen traktirt.

Von den 3453 beladenen Schiffen aller Nationen, welche 1846 in Hamburg ankamen, waren 954 hannoversche, 419 hamburgische, 83 oldenburgische, 58 bremische, 35 preußische, 17 lübecker, 7 mecklenburgische und 371 unter dänischer Flagge, von welchen letzteren die überwiegende Mehrzahl nach der hamburger Schrift schleswig-holsteinsche waren. Nehmen wir von diesen letzteren nur die Hälfte als deutsche Schiffe an, so haben wir doch noch immer in dem Verhältniß, welches die ungünstigste Seite für die nationale Flagge zu sein pflegt, in dem Verhältnisse der Einfuhren, mehr als die Hälfte deutscher Schiffe, welche diesen Weltverkehr des hamburger Handels vermitteln [1]). — Eines noch günstigeren Verhältnisses können sich aber keine anderen europäischen Länder als die Ostseeländer und Norwegen rühmen; alle Länder, welche Navigationsakten und Differenzialzölle anwenden, stehen ungünstiger, selbst England nur gleich günstig; denn nach englischen Parlaments-Papieren [2]) waren von den 17,679 während des Jahres 1846 in England angekommenen Schiffen 8585 fremde und 9094 britische; in Frankreich aber überwiegt die fremde Flagge mit zwei Dritteln, während die nationale nur ein Drittel des gesammten Handels vermittelt; und in den belgischen Häfen stieg trotz der Differenzialzölle seit 1840 die Zunahme der fremden

---

1) Vergl. Tab. XX. der hamburger Schrift. Leider hat dieselbe keine gleiche Tabelle, geschieden nach den Schiffen der verschiedenen Nationen, welche die Ausfuhren vermitteln, gegeben. Auch darin würde sich sicher ein eben so günstiges Verhältniß nachweisen lassen.

2) Vergl. Tab. III. der hamburger Schrift: Schifffahrtsbewegung in Großbritanien und Irland. 1846.

Flagge von einem Gehalte von 170,000 auf 278,000 Tons, d. h. um circa 64 pCt., während die nationale nur von 56 auf 68,000, d. h. um 21½ pCt. stieg. Spanien und Portugal aber, deren Marine immer mehr und mehr herunterkömmt, sind in ihren direkten Handelsbeziehungen zu europäischen Staaten noch in viel höherem Grade überwunden.

Wenn demnach schon die allgemeinste Erfahrung die Schädlichkeit der Differenzialzölle oder wenigstens die Wirkungslosigkeit derselben in Bezug auf die Rhederei überhaupt zu ergeben scheint, so tritt das Unnütze derselben noch in viel höherem Grade hervor, wenn wir ihre Anwendung gegen den indirekten Frachtverkehr in fremden Schiffen und für die Beförderung unserer transatlantischen Handelsverbindungen betrachten.

Die Zahl der in indirekter Fahrt kommenden Schiffe derjenigen Nationen, welche ihrerseits Differenzialzölle gegen indirekte Schifffahrt der Fremden anwenden und wieder mit solchen bei uns in Deutschland zu treffen wären, ist in den Hansestädten verhältnißmäßig sehr gering; von 381 französischen, niederländischen, portugiesischen und spanischen Schiffen kamen 1846 nur 57 in indirekter Fahrt nach dem hamburger Hafen; und von 347 Schiffen, welche in demselben Jahre von transatlantischen Häfen kamen, waren 188 deutsche und 63 dänische (theilweise deutsche); dagegen gehörten den Ländern der Navigationsakten und Differenzialzölle, Frankreich, Niederland, Spanien, Portugal und England, nur 46 Fahrzeuge von diesen letzteren an.

Auch hier haben wir ein ähnliches Resultat, wie in unseren Ostseehäfen; die Konkurrenz der fremden Schiffe, die man belästigen könnte, ist die kleinste; die Konkurrenz dagegen derjenigen Schiffe, welche zu Hause nicht gegen die deutschen bevorzugt werden, die der Ostseeländer und Norwegens, ist die größte. Speziell für die hamburgische Rhederei sind es aber die nichthanseatischen und nichtzollvereinsländischen deutschen Schiffe, vorzüglich die hannöverschen, welche überhaupt als ihre zahlreichsten und stärksten Konkurrenten betrachtet werden müssen, namentlich im indirekten Verkehr.

Bremen erfreut sich einer verhältnißmäßig und absolut noch viel größeren eigenen Rhederei und Schifffahrt als Hamburg, und da hieße es denn doch des Ueberflüssigen zu viel thun, wollte man auf Kosten des Handels und der übrigen Rhedereiplätze Deutschlands, wenn auch mit dem Nachtheile fremder Flaggen, jenen Platz speziell begünstigen. Unter 1605 im Jahre 1846 im bremer Hafen angekommenen eigentlichen Seeschiffen waren 144 holländische, wovon 120 aus Holland in direkter Fahrt kamen, und 7 spanische, wovon 5 aus Spanien und Cuba; Portugiesen und Franzosen gar keine, dagegen 1101 deutsche. Im Verhältniß von 11 zu 5 überwiegt also dort die deutsche Flagge. Von außereuropäischen Plätzen kamen 250 Schiffe, darunter 230 deutsche und 9 dänische; englische nur 6, spanische nur 5, Franzosen, Niederländer und Portugiesen gar keine. — Hieraus folgt nicht nur, was die hamburger Schrift anführt, daß ein Differenzialzoll-System nur darauf gerichtet sein würde, im transatlantischen Verkehr dieses Platzes 230 Schiffe gegen die Konkurrenz von 11 anderen zu schützen, sondern daß man auch den bremer Rhedern vor allen deutschen die Macht geben würde, ihre Frachtsätze verhältnißmäßig nach den Differenzialzöllen zu steigern. Sie würden den nächsten und bedeutendsten Nutzen von dem Projekte haben, weil unter den 230 deutschen [1]) Schiffen, die den transatlantischen Verkehr vermittelten, nur 14 aus anderen deutschen Staaten, 189 aber aus Bremen an diesem Verkehr Theil nahmen. Hoffentlich wird aber die Thorheit der Differenzialzöllner nicht so weit gehen wollen, demjenigen, der im Streite der Konkurrenz schon bei weitem der stärkste ist, noch mehr Vortheile gewähren zu wollen — auf Kosten der anderen Mitstreiter. Nur 23 nordamerikanische, 4 schwedische und 1 norwegisches Schiff, dann die obigen 11 oder 12 anderen fremden Schiffe nahmen

---

1) In der Tab. I. der hamburger Schrift sind es nur 203 deutsche Schiffe, im Text werden 230 angenommen, und eben so in der Tabelle 7 englische, im Text 6. Beruht dies darauf, daß die Tabelle etwa nur die beladenen Schiffe anrechnete, was weiter nicht gesagt ist?

an dem Verkehr Theil, d. h. die deutsche Flagge stand im Verhältniß von 230 zu 40. Sie übertraf um das Fünffache die fremde Flagge. Ein günstigeres Verhältniß ist in keinem Staate der Welt erreicht, als Bremen im freien Verkehr in dieser Beziehung erreicht hat.

Wie nun dieser Schifffahrts-Verkehr ohne Polizei- und Differenzialschutz angewachsen ist, wie fast wunderbar schnell er sich vermehrt hat in den Händen unserer Freihandelsmänner, und wie er sich vermindert hat von Seiten der Flaggen, die doch in ihrem Heimathslande durch Navigations-Akten und Differenzialzölle geschützt sind, das ist aus den Tabellen und Zusammenstellungen der hamburger Schrift so ersichtlich, daß die günstige Wirkung des Freihandelsystems auf Schifffahrt und Handel keines weiteren Nachweises bedarf.

Im Durchschnitt der 11 Jahre $18\frac{36}{38}$ bis $18\frac{44}{46}$ stieg die Zahl der aus außereuropäischen Häfen (Klein-Asien und Aegypten nicht mitgerechnet) in Hamburg angekommenen beladenen Schiffe nach ihrer Nationalität: [1]).

Der hamburger von 101 auf 139, d. h. um über 37 pCt.
Der bremer von 6 auf 28, d. h. um mehr als 366 pCt.
Der anderen deutschen überhaupt von 119 auf 186, d. h. um mehr als 57 pCt.

Dagegen verminderte sich die Zahl der ankommenden Schiffe ebendaselbst von denjenigen Nationen, die durch Differenzial-Zölle oder Navigations-Akten beschützt sind, nämlich der französischen, niederländischen, portugiesischen, spanischen, englischen, zusammen von 95 auf 52, d. h. um mehr als 82 pCt. Unter diesen Flaggen ging die englische am meisten in jenem Verkehre rückwärts, ja selbst die so sieggewohnte Flagge der Nordamerikaner unterlag der Konkurrenz der bremer und hamburger und zog sich immer mehr aus diesem Handel zurück, so daß auch ihre Zahl der Schiffe in Hamburg von 37 auf 21 zusammenschrumpfte, so wie jene zunahmen. — In den Exporten nach transatlantischen Häfen von Hamburg aus haben

1) Vergl. Tab. I. der hamburger Schrift.

wir aber [1]) ein eben so günstiges Resultat für die deutschen Flaggen, ein eben so ungünstiges für die fremden. Vom Jahre 1837 bis zum Jahre 1846 stieg die Zahl der von Hamburg nach transatlantischen Häfen beladen abgegangenen Schiffe, der hamburgischen von 107 auf 138, der bremischen von 5 auf 12 und der deutschen überhaupt (ohne die dänischen, d. h. theilweise deutschen) von 115 auf 164, während die Zahl solcher großbritanischen von 108 auf 38 fiel und die der nordamerikanischen selbst von 19 auf 5 sank.

Nimmt man endlich den ganzen Schifffahrtsverkehr von und nach Hamburg mit den transatlantischen Plätzen, so vermittelten ihn im Jahre 1837 nur 229 deutsche Fahrzeuge nebst 82 unter dänischer Flagge (d. h. theilweise deutsche): im Jahre 1846 aber schon 352 deutsche nebst 98 unter dänischer Flagge, während der Theil, den die Engländer, (d. h. die stärksten Konkurrenten noch vor diesen 10 Jahren) an demselben nahmen, von 187 Fahrzeugen auf 58 herabgesunken war.

Da Hamburg nun nicht nur den größten transatlantischen Handel Deutschlands überhaupt darstellt, sondern auch unter den europäischen Handelsplätzen außer London und Liverpool bei weitem den größten Handel mit transatlantischen Ländern treibt, so ist die fortlaufende, sehr bedeutende Zunahme der deutschen Flagge in dem Verhältnisse ein so erfreuliches Zeichen für den Aufschwung unserer Rhederei, daß man dieselbe nicht leichtsinnig durch ein Höherschrauben der Frachtsätze für den Handel stören wird. Bedenkt man aber ferner, daß selbst für diesen größten Handelsplatz in Bezug auf transatlantische Verbindungen, die Deutschland hat, der europäische Schifffahrtsverkehr über 6mal mehr Schiffe beschäftigt und beinahe 6mal mehr Lasten in Anspruch nimmt, als der außereuropäische, so wird es auch hoffentlich dem blödesten Auge klar werden, welche Thorheit darin läge, auf Kosten des wichtigeren Handels

1) Tab. XXII. u. XXIII. der hamburger Schrift.

und der größeren Schifffahrt den unwichtigeren Theil zu heben [1]).

Der Umstand aber, daß Bremen hierin vielleicht ein anderes Interesse hat als Hamburg, kann nichts an der Sache ändern. Die Schifffahrtsbewegung zwischen Hamburg und den transatlantischen Ländern wurde 1846 durch 347 angekommene und 299 abgegangene Schiffe repräsentirt, im Ganzen also durch 746, während dieselbe Schifffahrtsbewegung von Bremen nur 564 Schiffe in Anspruch nahm; 250 angekommene und 314 abgegangene Schiffe; — bedenkt man aber, daß unter den 314 von Bremen abgegangenen Schiffen 236 Auswandererschiffe waren [2]), so wird man wohl diesen deutschen Industrie-Artikel als Frachtwaare nicht noch mehr durch Differenzial-Zölle vermehren wollen, indem man die transatlantischen Handels-Verbindungen jenes Platzes vermehrt. Daß die bremer Rheder gern mehr andere Exporte von Deutschland nach transatlantischen Ländern hätten, kann wenig oder gar nicht in Anschlag kommen, da dieser Wunsch im exceptionellen Interesse der bremer Rheder liegt, alle anderen deutschen Handelsplätze aber hauptsächlich auf den europäischen Handel hingewiesen sind und die bremer Rhederei schon an sich den größten Aufschwung unter allen deutschen Seestädten genommen hat. —

Dies waren die Interessen der betreffenden Schifffahrt, nun zu denen des hanseatischen und deutschen Handels. — Bei den verschiedenen Vorschlägen zur Einführung eines Differenzialzoll-Systems waltet neben der Absicht, die inländische

---

1) Nach der Tab. XXI. der hamburger Schrift gingen beladene Schiffe im Jahre 1846 von Hamburg ab:

nach europäischen Häfen 1870, groß 158,641 Lasten;
nach außereuropäischen 284, groß 27,904 Lasten à 6000 Pfd.

Von Bremen:

nach europäischen Häfen 1236 mit 63,924 Lasten à 4000 Pfd;
nach außereuropäischen 347 mit 68, 710 Lasten. Vgl. aber auch Tab. XIX.

Bremen ist der einzige Hafen Deutschlands, der ein so eigenthümliches Interesse zu den transatlantischen Ländern vertritt.

2) Vergleiche Tab. XVIII. der hamburger Schrift.

Rhederei zu unterstützen, auch der Zweck vor, der inländischen Industrie durch Beförderung des unmittelbaren Absatzes ihrer Erzeugnisse nach den transatlantischen Ländern zu Hülfe zu kommen. Es ist dies Letztere, wie wohl zu bemerken, die einzige Rücksicht, aus welcher ein solches Differenzialzoll-System den binnenländischen Zollvereins-Staaten, d. h. allen außer Preußen zur Annahme empfohlen werden könnte.

Die Proponenten jenes Systems denken sich den Erfolg desselben gewöhnlich in folgender Art. Durch Differenzialzölle gegen fremde Schiffe soll sich die nationale deutsche Rhederei vermehren, die den Handel nach Amerika hin vermittelt; durch Differenzialzölle gegen Ladungen und indirekt bezogene Produkte sollen sich die Handelsverbindungen für den direkten Verkehr mit jenen Ländern nach und von unseren Häfen, namentlich den Nordseehäfen, vermehren; um so mittelbar auch wieder mehr Gelegenheiten des direkten Absatzes in jenen Ländern darzubieten. Nicht in der Wohlfeilheit und Güte sehen jene Proponenten und Industriellen die sicherste Möglichkeit des vermehrten Absatzes der Waaren, sondern sie suchen sie zunächst in der Vermehrung der Transportmittel und Handelsverbindungen.

Es fragt sich also, ob diese letzteren genügen, auf transatlantischen Märkten die deutschen Fabrikate eben so wohlfeil an den Mann zu bringen, als die anderer Nationen, ob hinreichend Schiffe für ihre Ausfuhren vorhanden sind, und ob die Frachtsätze so niedrig sind, daß diese Waaren leicht dorthin transportirt werden können; endlich ob so viele direkte Verbindungen zwischen den Nordseestaaten und den transatlantischen Ländern vermittelst der Einfuhren von daher bestehen, daß es auch im Interesse des Kaufmanns läge, nicht blos auf den Bezug von Kolonialwaaren, sondern auch auf den Absatz nationaler Fabrikate zu denken.

Zwar, wenn man weiß, daß die deutschen Rheder nach den schwedischen und normännischen die wohlfeilsten Frachtschiffer der Welt sind, wenn man ferner weiß, daß gerade keine Abneigung oder kein Haß in Amerika gegen gute und wohlfeile deutsche Waaren existirt, so sollte man glauben, es müßten sich diese erwünschten Handelsbeziehungen, so weit sie möglich sind, auf natürlichem Wege so ziemlich von selbst machen, es müsse sich schon eine Gegenseitigkeit der Bezüge zwischen transatlantischen Ländern und unseren deutschen von selbst gebildet haben.

Nun finden wir aber, daß von Bremen und Hamburg alljährlich noch immer eine Menge Schiffe in Ballast nach den transatlantischen Plätzen abgehen, daß Hunderte die schlechtere Frachtwaare der Auswanderer aufnehmen, und daß unter den vielen Hunderten beladener Schiffe wohl wenigstens mehrere hundert zu finden wären, die zur Komplettirung ihrer Fracht gern noch gute deutsche Waare aller Art nähmen, wenn nur die Kaufleute ihres Absatzes einigermaßen sicher wären. [1]). Da so die Rheder und Kaufleute gern den Bedürfnissen der Fabrikanten entgegenkommen würden, wenn diese nur ein gleich gutes und gleich wohlfeiles Produkt liefern, wie andere Nationen, so sieht man in der That nicht ein, wie dieser Umstand bei so günstigen Absatzverhältnissen und wohlfeilen deutschen Transportmitteln nach jenen Ländern hin durch Differenzialzölle abgestellt werden soll.

Ja eben diese Kaufleute der Hansestädte gewähren den binnenländischen Fabrikanten den eminenten Vortheil wohlfeileren Absatzes ihrer Waaren durch die wohlfeileren Transportmittel, die im freien Handel sich darbieten. Sonderbar muß es doch in der That erscheinen, wenn unsere vorzugsweise sogenannten Industriellen dadurch den Absatz ihrer Fabrikate vermehren wollen, daß sie zunächst durch Unterschiedszölle gegen die Flaggen die Frachtsätze der Schiffe vertheuern, die ihre Waaren nach transatlantischen Plätzen spediren. — Die Hansestädte lassen alle Schiffe aller Nationen zu, die freieste Konkurrenz im Kommen und Gehen, um eben so wohl für Einfuhren wie Ausfuhren die

1) Auch dieser letztere Punkt ergiebt sich ganz einfach aus der Vergleichung der Schifffahrtslisten nach den Lasten, mit welchen die Schiffe abgehen. Die Mehrzahl derselben hat nicht das Glück, komplett beladen die Reise unternehmen zu können.

meisten und wohlfeilsten Transportmittel zu schaffen; sie wissen wohl, daß wenn erst fremde Schiffe am Kommen verhindert werden, sie dann auch weniger Schiffe für das Gehen, d. h. die Verladung haben werden; die Differenzialzöllner wollen umgekehrt damit anfangen, weniger Schiffe, wenn es nur nationale sind, für die Vermehrung des Absatzes ihrer Produkte zu haben. Daß sie auf kindliche Weise damit ihren Zweck verfehlen, scheinen sie nicht zu sehen. „Es soll sich ja der Handel, es sollen sich ja die Handelsverbindungen erst bilden." Gut also; wir fangen mit dem Einfuhrhandel an, der die vermehrten Ausfuhren deutscher Industrie-Erzeugnisse hervorrufen soll.

Zunächst wird also nach der obigen Auseinandersetzung (Abschnitt I.) die Belastung der nichtbegünstigten Flaggen die Schifffahrt in den Häfen vermindern und die Frachtsätze der begünstigten Flaggen steigern; die Einfuhren der Waaren müssen sich also vermindern oder müssen sich vertheuern; die Handelsverbindungen werden abnehmen und entweder die Konsumenten oder die Staatskasse, je nachdem die Zölle erhöht werden oder ein Zoll-Rabatt bewilligt wird, einen Ausfall von einigen Millionen in ihren Kassen erleiden. Doch diese Ausfälle werden mit der Hoffnung der Differenzial-Zöllner aufgewogen, daß allmälig durch die Vermehrung der nationalen Schiffe auch die Handelsverbindungen sich vermehren werden; die letzteren etwa bis zu der Höhe wieder hin, wo sie gegenwärtig schon stehen: denn daß sie über diese Höhe hinaus durch Differenzialzölle steigen können, dafür ist gar kein Grund angeführt. Wenn so viele nationale und gleichgestellte Schiffe vorhanden sein werden, daß sie die gegenwärtige Consumtion der transatlantischen Waaren wieder gleich wohlfeil, wie jetzt alle fremden und nationalen zugleich, vermitteln, dann erst wird auch die gleiche und gleich wohlfeile Consumtion, z. B. von Kolonialwaaren, wieder eintreten. Wie eine Vermehrung der Consumtion eintreten könne durch Vertheurung derselben und allmälige Gleichstellung in den früheren Kosten, dies soll noch erst nachgewiesen werden; denn setzt man alles nicht hieher Gehörige gleich, z. B. sieht man, wie man muß, nicht auf die Vermehrung der Consumtion durch das Anwachsen der Bevölkerung oder durch den vermehrten Wohlstand, die vermehrte Zahlungsfähigkeit derselben, so läßt sich gar kein anderer Grund für die Vermehrung der Handelsverbindungen denken, als die immer größere Leichtigkeit und Wohlfeilheit derselben. — Nun wird aber durch jenes System auch noch der indirekte Handel, also der indirekte Bezug der Einfuhren von Kolonialwaaren, vertheuert. Es würde also jedenfalls auch eine neue Verminderung der Consumtion und dadurch der Handelsverbindungen entstehen, sobald der Ersatz durch direkte Bezüge zu gleich wohlfeilen Preisen nicht geleistet werden könnte. In den Ostseehäfen wäre dies, wie wir früher nachgewiesen haben, der Fall; es müßte dort ein sehr bedeutender Ausfall und eine sehr bedeutende Vertheurung der Kolonialwaaren eintreten, wenn sie nicht mehr in England, Holland, Frankreich, Belgien und den Hansestädten eingenommen werden dürften; in den Hansestädten steht es anders, da wird schon gegenwärtig mehr von den meisten und wichtigsten transatlantischen Produkten auf direktem Wege bezogen, als das ganze Zollvereins-Gebiet konsumirt, das von jedem dieser Häfen versorgt wird und versorgt werden kann.

Die anliegende, auf einen Konsulats-Bericht gegründete Nachweisung über den hamburger Kolonialwaaren-Handel für das Jahr 1846 kann hierüber einige Auskunft geben[1]). Es

1) **1 8 4 6.**

	Der Import Hamburgs hat betragen:		Eingang beim Haupt-Zollamte in Wittenberge und per Eisenbahn.
	überhaupt	davon unmittelbarer transatlantischer	
	Ctr.	Ctr.	Ctr.
1) Zucker	730,000	707,000	361,048
2) Kaffee	667,361	509,230	326,935
3) Taback	86,303	74,986	46,774
4) Baumwolle	215,603	59,955	180,494
5) Reis	122,698	86,096	32,474
6) Wildhäute	82,481	52,024	59,285
7) Indigo	19,680	816	5,065
8) Thee	18,283	13,975	1,504
9) Kakao	15,140	13,530	8,180

geht daraus hervor, welche höchst bedeutende transatlantische Einfuhr, besonders in Zucker und Kaffee — als den beiden Haupt-Artikeln des transatlantischen Handels, — Hamburg schon jetzt hat; minder bedeutend ist dort in Hamburg die Zufuhr an Tabacken, für welche Bremen, und zwar dies ebenfalls in direkten Zufuhren, und an Wildhäuten, wofür Antwerpen prävalirt. Nur rohe Baumwolle und Indigo werden überwiegend aus europäischen Entrepots, erstere vom liverpooler, letzterer vom londoner Markte bezogen. Sicher aber kann es unseren Spinnern nicht zusagen, daß man ihnen den Bezug der Baumwolle, die jetzt von allen Märkten her frei eingeht, durch Differenzial-Zölle vertheuert; sicher kann man annehmen, daß es nicht in ihrem Interesse liegt, der Gesammtheit derselben für ihren Absatz im Inlande eine Belastung aufzubürden, um den wenigen, die im Stande wären, Twiste nach Amerika hin abzusetzen, vermehrte direkte Handelsverbindungen zu schaffen; noch weniger aber kann es im Interesse unserer Weber liegen, ihnen im In- und Auslande eine vermehrte Konkurrenz solcher

---

Bemerkungen.

Zu 1. Nach der eingereichten Konsulats-Uebersicht über den Waaren-Import in Hamburg und dem für die aufgeführten verschiedenen Kollis diesseits angenommenen Gewichte berechnet sich der direkte Import an Zucker:

auf 1,276,483 Ctr. und der indirekte
auf 41,285 Ctr., also zusammen
auf 1,317,768 Ctr.

Nach anderen kaufmännischen Berichten hat indessen der gesammte Zucker-Import Hamburgs in 1846 nur 73,000,000 Pfd., im Vergleich gegen die vorgedachte Menge also so bedeutend weniger betragen, daß jedenfalls die dabei für die verschiedenen Kolli-Arten angenommene Centnerzahl, welche sich u. A. auch aus der veränderten Fastage erklären läßt, womit der Zucker in den Zollverein eingeht, nicht zutreffend sein wird.

Bei der nebenstehenden Auftragung ist daher der gesammte Import Hamburgs an Zucker in Uebereinstimmung mit den sonstigen kaufmännischen Berichten zu 73 Millionen Pfunden oder zu 730,000 Centner angenommen und davon als unmittelbarer Eingang 96 $\frac{5}{6}$ angesetzt, als so viel solcher nach dem aus der Eingangs erwähnten Konsulats-Uebersicht ersichtlichen Verhältnisse des direkten und des indirekten Imports beträgt.

Fabrikate fremder Nationen zu erschaffen, welche diese Lasten nicht zu tragen haben — blos der Hoffnung zu Liebe, vermehrte Handelsverbindungen nach fremden Märkten hin erstehen zu sehen. Indigo aber kann nicht füglich von anderswo als dem londoner Markte, wo die großen Auktionen der ostindischen Kompagnie stattfinden, bezogen werden.

Nun aber läßt die dritte Zahlenkolonne der beigelegten Nachweisung ersehen, daß die von Hamburg aus zu Wasser und zur Eisenbahn stattfindenden Zufuhren nach dem Zollverein in fast allen Artikeln, mit Ausnahme der Baumwolle und des Indigo, weit hinter den unmittelbaren transatlantischen Bezügen nach Hamburg hin zurückbleiben. Zucker, Kaffee, Taback, Reis, Thee und Kakao werden in viel größeren Quantitäten direkt von Hamburg bezogen, als sie von eben dort nach dem Zollverein abgesetzt werden können. Wir sagen „abgesetzt werden können", weil nicht einzusehen ist, weshalb, wenn einmal jene Quantitäten auf dem hamburger Markte vorhanden sind, die Zollvereins-Länder, die von dort aus sich mit ihrem Bedarfe versorgen, nicht mehr davon nehmen sollten, wenn sie mehr bedürften. Es geht aber dieser Ueberschuß des in Hamburg direkt Bezogenen über den Bedarf des Zollvereins in die Hunderttausende von Centnern. Nimmt man nun in runder Summe diesen Ueberschuß zu 623,000 Centner an — die Tabelle weist noch mehr aus — so wären dies schon über 100 Schiffsladungen (à 6000 Ctr.), welche Hamburg allein vermittelst der Einfuhren von Kolonialwaaren mehr von transatlantischen Ländern empfängt, als der Zollverein braucht. Wie viele überschüssige und bereits vorhandene Handelsverbindungen und Schiffe bieten sich also unseren Industriellen dar, welche sie für ihren Absatz auf dem Wege der Retouren benutzen können! — So viel geht sicher aus diesen Nachweisungem hervor, daß das von den Vertheidigern des Differenzialzoll-Systems als so höchst wünschenswerth bezeichnete Verhältniß des unmittelbaren Bezugs unseres zollvereinsländischen Bedarfs an Kolonialwaaren insofern bereits eingetreten ist, als wir den Vorhafen Hamburg auf eine oder die andere Weise für den Zollverein nicht entbehren können. Es fragt sich also, was soll durch die 10 oder 20 pCt. Rabatt für die unmittelbare transatlantische Zufuhr weiter erkauft werden, als etwa das Vergnügen, durch Konsulats-Atteste jenseits und diesseits des Oceans die Ueberzeugung festzustellen, daß unter dem im Zollverein verzehrten Zucker und Kaffee auch nicht ein Pfund bei seiner Reise vom Ursprungslande nach dem hamburger Hafen ein anderes europäisches Entrepot passirt habe? Die Antwort ist, nur die Vernichtung unseres Ostseehandels, der wegen der Gegenseitigkeit seiner Ausfuhren und Einfuhren auf ein anderes Interesse, nämlich das des größeren indirekten Bezugs, hingewiesen ist und deshalb die höheren Zölle zu tragen hätte. — Wollen wir aber diese Beeinträchtigung unserer eigenen Häfen, unseres eigenen Absatzes, unserer eigenen Produktion mit unserem Gelde erkaufen?

Man kann es dem hamburger Senat nicht genug Dank wissen, daß er in unserem, wie in seinem Interesse es durch seine umfassende Denkschrift auf das klarste nachgewiesen hat, nicht nur wie schädlich, sondern auch wie völlig unnütz Differenzialzölle für den vermeintlichen Zweck sein würden. Denn auch abgesehen von dem Bedarf der Zollvereins-Gebiete, welche Hamburg und Bremen versorgen, abgesehen also von unserem Interesse, überwiegt der direkte Bezug aller transatlantischen Produkte in beiden Hansestädten, die sie überhaupt als Zwischenmärkte für den Weltverkehr wie als Emporien des deutschen Zollvereins beziehen, dermaßen den indirekten Bezug, daß z. B. nach Tabelle VIII. jener Denkschrift S. 23 für das Jahr 1845 das Verhältniß der direkten Importation zur Gesammt-Einfuhr in Hamburg sich stellt:

für	Rohzucker	auf	92	pCt.
„	Farbehölzer	„	89	„
„	Kaffee	„	83	„
„	Häute	„	79	„
„	Taback	„	59	„
„	Baumwolle	„	55	„
„	Reis	„	45	„

Bei diesen Veranschlagungen aber sind noch alle jene Einfuhren außer Rechnung geblieben, die landwärts und aus Altona nach Hamburg kamen, von denen wenigstens drei Viertel den direkten Importationen zuzuzählen sind, so wie die Einfuhren von deutschen Häfen, z. B. Bremen nach Hamburg, als indirekte angesetzt sind; obwohl von 7 Mill. Pfund indirekt bezogenem Taback 5 Mill. Pfund von Bremen kamen.

Ergiebt sich also schon hieraus ein überraschend günstiges Resultat für die direkte Importation des bedeutendsten Nordseehafens, so ist dies für Bremen verhältnißmäßig noch in viel höherem Grade der Fall. Es betrug hier im Jahre 1846 die direkte Einfuhr

von Taback	92	pCt.
„ Baumwolle	92	„
„ rohen Häuten	91	„
„ Zucker	90	„
„ Farbehölzern	89	„
„ Kaffee	87	„
„ Reis	80	„

Es läßt sich aber von Bremen eben deshalb, weil das Gebiet, welches es im deutschen Zollverein versorgen kann, kleiner ist als das Hamburgs, sagen, daß es den Bedarf seiner Zollvereins-Hinterländer in noch höherem Grade mit direkt bezogenen transatlantischen Produkten befriedigt, als Hamburg. Da nun die direkte Einfuhr desjenigen unserer Ostseehäfen, Stettins, der am meisten transatlantische Verbindungen hat, nur respektiv für Kaffee 43 pCt., für Rohzucker 46 pCt., für Baumwolle 14 pCt., für Taback 89 pCt, für Reis 23 pCt., für Farbehölzer 69 pCt. betrug, so läßt sich das Differenzialzoll-Projekt für Deutschland etwa in folgende Worte seinem Zwecke nach übersetzen: Die Frachten unserer Schiffe sollen theilweise vertheuert, die Handels-Verbindungen vermindert, der wichtigste Handel theilweise zerstört werden, damit die Bremer, die es wünschen, und die Hamburger, die es nicht wünschen, immer noch mehr, als es schon geschieht, ihre direkten Importationen über den Bedarf der deutschen Hinterländer hinaus vermehren, um so den Zollvereins-Ländern die durch Differenzialzölle vertheuerten Waaren, allen anderen fremden Nationen aber, die so vernünftig sind, keinen Unterschied zu machen, die indirekt oder direkt bezogenen Waaren wohlfeiler zu liefern: denn es wird ja doch dieser unsinnige Zweck durch die Hoffnung versüßt, daß dereinstmals unsere deutschen Handels Verbindungen wieder jene Höhe erreichen werden, die sie jetzt schon erreicht haben.

Der hamburger Senat ist (S. 25 der Denkschrift) so kühn, anzunehmen, man werde die Sache nicht auf die Spitze treiben und verlangen wollen, daß z B. Bremen, statt der bisherigen 92 pCt. seiner Tabacks-Einfuhr, und Hamburg, statt der bisherigen 92 pCt. seiner Zucker-Einfuhr, künftig auch noch die fehlenden 8 pCt. direkt von jenseits des Oceans holen sollen; wir unsererseits theilen diese Hoffnung auf den Verstand der Schutzzöllner nicht; wir glauben kurz und einfach, daß sie sich durch nichts belehren lassen werden, weil sie sonst ihre eigene Unfähigkeit eingestehen müßten, aus selbsteigener Industrie den vermeintlichen Mangel an Absatz zu heben, den ihre Produkte erleiden. Was hilft es, daß man ihnen vorhält, wie der kleine Theil des indirekt bezogenen Kaffee's in den Nordseehäfen aus Holland kömmt, dessen Kolonial-System wir nicht sogleich durch Differenzial-Zölle stürzen können; was hilft es, ihnen die Ausfälle vorzuhalten, welche die Konsumenten, der Handel und die Finanzen erleiden werden; was hilft es, sie zu belehren, wie der kleine Theil des indirekten Bezugs von Rohzucker aus England gar nicht in Anschlag zu bringen ist gegen den viel größeren, direkt bezogenen Theil in den Händen der schon durch Zoll-Rabatt begünstigten Fabrikanten; was hilft es, zu zeigen, wie die Surate-Baumwolle dem größeren Theile nach, trotz aller Differenzialzölle, doch immer über England bezogen werden müßte, wie der Indigo eben daher kommen wird; was hilft es, sie zu belehren, daß so große Zwischenmärkte, wie London, Liverpool und Hamburg, sich nur auf dem natürlichsten Wege bilden, sich nicht erzwingen lassen und doch den Industriellen den Vortheil gewähren, ihre Rohstoffe und Hülfsmittel der

Fabrikation in größter Quantität und bester Qualität (namentlich Baumwolle und Indigo) zu beziehen, zu jeder Zeit und zu allen Preisen zu beziehen? Alles dies hilft nichts; sie wollen keine Gründe; und wenn Gründe so gemein wären, wie Brombeeren, sie wollen Hoffnungen. Sie sind die Männer der Zukunft, jener leeren Zukunft, die auf Dornen schläft und von Rosen träumt; die Donquichote der Industrie, die an Zahlen, Gründen und Nachweisungen nur die Prosa der Gegenwart erkennen und den Verstand der reellen Wirklichkeit hassen.

Viel gescheidter wäre es vielleicht gewesen, ihnen eine poetische Schilderung der schon in fremden und recht fernen Welttheilen bestehenden Handels-Etablissements unserer Hansestädte vorzuführen, ihnen in blumenreicher Sprache, ihren Wünschen gemäß, vorzuphantasiren, wie Chinesen und Nord-Amerikaner nun auch anfangen, nicht mehr blos auf das Indigenat der einwandernden Personen, sondern auch der Waaren zu sehen, wie man bei fremden Nationen schon anfange, eine brüderliche Liebe zu den deutschen nationalen Produkten zu fühlen, eine Vorliebe, die hoffentlich noch so weit sich steigern werde, daß man auch die Fabrikate, welche schlechter und theurer sind als die englischen, schweizerischen und französischen, blos deshalb kaufe, weil sie dem nationalen deutschen Schutzzoll-System entsprossen seien, und daß man jenseits des Oceans hin wiederum hoffe, auch der deutsche Fabrikant werde sich beim Schlürfen des Kaffee's und Thee's mit Zucker erinnern, wie es eigentlich nur die chinesische und brasilianische Nationalität, die nationale Arbeit sei, die er trinke, verdaue und deshalb theurer bezahlen könne.

Der Senat von Hamburg ist in seiner Denkschrift so bescheiden gewesen, nur mit einigen Worten die vielen hanseatischen Handels-Etablissements in allen Welttheilen zu erwähnen, welche den Absatz auch der deutschen Produkte dort, wie der transatlantischen, nach uns hin vermitteln. Es möchte aber vielleicht eine genauere Nachweisung derselben mit ihren sehr bedeutenden Geschäftskreisen unseren Fabrikanten am deutlichsten zeigen, welche Mittel in den Händen jener Kaufleute existiren, wirklich gute und für den Markt verständig und wohlfeil gearbeitete Waaren an den Mann zu bringen, und wie es im Interesse jener Kaufleute liegt, wenn ihnen nur anders die Möglichkeit geboten wird, als Retouren ihrer Schiffsladungen oder durch anderweitige Vermittelung aus ihrem Vaterlande auch deutsche Waaren zum weiteren Vertriebe zu beziehen. — Neben den deutschen 61 (nicht hanseatischen) Handels-Etablissements befanden sich schon im Jahre 1844 — 45 73 hanseatische Etablissements in Nordamerika; 3 hanseatische in Galveston und Houston (Texas); 8 nicht hanseatische deutsche und 40 hanseatische in Mexiko (zu Veracruz allein 11, Tampiko 4, Mazatlan 5 und 10 in anderen weniger bedeutenden Plätzen); in Central-Amerika 1 hanseatisches; in Westindien 27 hanseatische, neben 6 anderen deutschen; in Venezuela 23 hanseatische, neben 2 anderen deutschen. Außerdem in Südamerika und den Ländern der Westküste, in Brasilien, Peru und Chili, 67 hanseatische, neben 31 anderen deutschen; in Ostindien und China 7 hanseatische, neben 7 anderen deutschen, wovon die Anzahl der ersteren neuerdings noch stärker in China und dem holländischen Ostindien angewachsen ist; in Afrika 9 hanseatische, neben 2 anderen deutschen. Im Ganzen 227 hanseatische, neben 116 nicht hanseatischen deutschen.

Wenn es also einem Handelsstande zu verdanken ist, daß die direkten Verbindungen mit den transatlantischen Ländern sich in allen Weltgegenden vermehrt haben, daß deutscher Name, Flagge und Produkte immer mehr und mehr bekannt werden, so kann sich dieses Verdienstes der hanseatische vor Allem rühmen.

Daß nun aber diese bestehenden Schifffahrts- und Handels-Verbindungen Bremens und Hamburgs vollkommen genügen, um beim unmittelbaren Waaren-Austausch die Gegenwerthe den transatlantischen, wie europäischen Märkten in deutschen Industrie-Erzeugnissen zu liefern, darüber dürfte die hiernächst beigefügte (auch in anderen Beziehungen interessante) Nachweisung über den Waaren-Ausgang an den wichtigeren Weberei-Fabrikaten des Zoll-Vereins von 1845 hinreichenden Ausweis geben.

Nachweisung

des Ausgangs an wichtigeren Weberei-Fabrikaten aus dem Zollverein im Jahre 1845.

Gegenstände.	Es sind ausgeführt: 1. An der Gränze gegen a. Rußland, Polen und Oesterreich (einschließlich Krakau).	1. b. die Schweiz und Frankreich.	1. c. Belgien und Holland.	1. d. Hannover u. Mecklenbg (Land- und Weser abwärts.)	2. Elbwärts über Wittenbge.	3. durch die Ostsee-Häfen.	4. Zusammen.
	Zoll-Ctr.	Zoll-Ctr.	Zoll-Ctr.	Zoll-Ctr.	Zoll-Ctr.	Zoll-Ctr.	Zoll-Ctr.
1) Ungebleichtes drei- und mehrdrähtiges, ingleichen gezwirntes, gebleichtes oder gefärbtes Baumwollengarn	16,532	294	8,477	2,248	67	62	27,680
2) Baumwollene Waare	24,242	3,704	13,023	15,885	18,980	923	76,757
3) Graue Packleinwand und Segeltuch	1,081	365	6,017	14,913	15,258	1,859	39,493
4) Rohe Leinwand, roher Zwillich und Drillich	1,206	2,279	559	5,888	24	2,390	12,346
5) Gebleichte, gefärbte, gedruckte rc. Leinwand, Zwillich und Drillich rc.	4,057	1,263	3,510	11,318	35,241	2,519	57,908
6) Bänder, Batist rc. Gespinnste und Tressenwaare rc. von Leinen	842	845	476	1,059			3,222
7) Seidene Zeug- und Strumpfwaare, Tücher, Bänder rc.	571	306	3,270	2,596	164	31	6,938
8) Mit Seide gemischte Waaren	179	194	2,348	1,115	472	7	4,315
9) Wollene Zeug- und Strumpfwaaren rc.	16,293	10,704	13,920	27,593	7,826	129	76,465
Darunter ungewalkte, bedruckte, gestickte oder broschirte	(405)	(466)	(63)	(404)	(158)		(1,496)
Summa	65,003	19,952	51,600	82.615	78,032	7,920	305,024

Vergleicht man danach die Wichtigkeit der Häfen an der Nordsee für den Export unserer Fabrikate, so ist Hamburg als einzelner Platz allen einzelnen anderen Plätzen gegenüber sicher der wichtigste und größte; denn man kann annehmen, daß so gut wie Alles, was über Wittenberge die Elbe abwärts ausgeführt wird, über Hamburg seinen Weg ins Ausland nimmt, und daß nur von den hannoverschen, bremischen und mecklenburgischen Seeküsten aus zusammengenommen etwas mehr an Fabrikaten ausgeführt wird, als von Hamburg allein. Für die Ausfuhren an deutscher Leinwand übertrifft Hamburg allein alle anderen Exportplätze, auch wenn wir, wie es in der Tabelle geschehen ist, so bedeutende Ausfuhrlinien, wie Rußland, Polen und Oesterreich, sämmtliche Ostseehäfen, die Schweiz und Frankreich immer zusammennehmen; eben so übertrifft Hamburg allein im Export für Baumwollenwaaren alle anderen Seeplätze zusammengenommen, während dies mit Bremen für die wollenen, Zeug- und Strumpfwaaren der Fall ist. Vergleicht man aber die Wichtigkeit sämmtlicher Nordsee-Häfen für die Ausfuhren an Weberei-Produkten des Zollvereins überhaupt mit sämmtlichen anderen Ausgangslinien, so daß man das, was über Hannover (und Mecklenburg) land- und weserabwärts ausgeführt wird, mit dem elbwärts über Wittenberge Ausgeführten zusammennimmt, so ist dies weit mehr, als die Hälfte alles desjenigen, was überhaupt vom ganzen deutschen Zollverein in diesen Produkten an das Ausland abgesetzt wird.

Nun aber beträgt die Gesammt-Summe der Centnerzahl aller Ausfuhren des deutschen Zollvereins in Weberei-Produkten (305,000 Centner) noch nicht die Hälfte der Schiffsladungen, welche jährlich über das Bedürfniß des Zollvereins die direkten Einfuhren von transatlantischen Produkten in Hamburg allein zur Verfügung für diese Ausfuhren stellen (über 623,000 Ctr. Tragfähigkeit); d. h. aber mit anderen Worten, Hamburg allein bietet schon für den wichtigsten Export-Artikel der deutschen Industrie mehr als das Doppelte von überschüssigen Absatzmitteln nach transatlantischen Ländern dar, als sämmtliche Industriellen des Zollvereins gegenwärtig in Anspruch nehmen könnten, würden sie auch alle diese Exporte nach allen Ländern über Hamburg ausführen. — Nähme man endlich die Transport- und Absatzmittel sämmtlicher Nordseehäfen zusammen, so bekäme man dadurch einen so ungeheuren Ueberschuß von bestehenden Handelsmitteln und Handelsverbindungen, welche durch die Einfuhren auch für die Ausfuhren sich darbieten, daß es ein gränzenloser Unsinn wäre, durch eigene Beförderungsmittel der Einfuhren (Differenzialzölle) die Ausfuhren und Absatzmittel deutscher Industrie-Erzeugnisse noch weiter fördern zu wollen. Gewiß ergiebt sich hiernach, daß gar kein Grund vorhanden sein kann, durch Begünstigung der hanseatischen Kolonialwaaren-Händler unseren Exporteuren vermeintliche Vortheile zuzuwenden. — Vielmehr beruht diese ganze Ansicht von der Nothwendigkeit der Differenzialzölle nur auf der faktisch irrthümlichen Voraussetzung, daß nicht genug Verkehrsmittel zwischen Deutschland und den transatlantischen Ländern vorhanden wären, und der eben so irrthümlichen abstrakten Voraussetzung, daß Einfuhr und Ausfuhr gleichsam in einem solidarischen Zusammenhange ständen, daß sie sich in Einer Hand befänden, daß sie Zug um Zug stattfänden, so daß etwa jeder Kaufmann, der Importeur ist, auch wieder Exporteur sein müsse, und zwar immer dem Gewichte oder Werthe nach so viel einführe, wie er wieder ausführe. So wahr es ist, daß die Blüthe und Förderung des Handels zwischen zweien und mehreren großen Ländern auf der Gegenseitigkeit des Bezugs von Waaren (auch Geld ist eine Waare) beruht, daß man also mit der Belästigung und Beschränkung der Einfuhren auch die Möglichkeit der Ausfuhren und die Mittel für die Ausfuhren beschränkt, so falsch ist die Voraussetzung, daß nun auch für Kolonialwaaren gerade wieder Fabrikate direkt gegeben werden müßten, daß also zuletzt der Produzent der Kolonialwaaren der Konsument einer bestimmten Waare werden müsse, die man an ihn absetzen will. Auf solchen unmittelbaren Tausch- und Zwangsverhältnissen beruht der Handel nicht; nur das Kolonialsystem konnte eine Zeit lang solchen Zwang zur Regel machen wollen, als noch die wichtigsten transatlantischen Länder

Kolonieen europäischer Mutterländer waren. Dieses Zwangsverhältniß hat aufgehört und fällt immer mehr zusammen. Wo aber, wie in Deutschland, nur die Möglichkeit eines freien Handels mit jenen Ländern gegeben ist, da ist es vollkommen abgeschmackt, zu glauben, der brasilianische Pflanzer werde deshalb, weil sein Kaffee oder Zucker nach Hamburg abgesetzt wird, auch gerade elberfelder Seiden- und Baumwollenwaaren von Hamburg nehmen. Der Produzent bestimmter Waaren ist gegenwärtig bei vorgeschrittenen Wirthschafts-Verhältnissen nicht mehr der Kaufmann, der den Absatz seiner Waaren in letzter Hand besorgt; Hunderte von Kaufleuten theilen sich in seinen Produkten zum Vertriebe derselben; der Kaufmann oder gar der Produzent ist nicht der Rheder; die Schiffsgelegenheiten bieten sich vielmehr Allen, Produzenten, importirenden wie exportirenden Kaufleuten, dar. Ein Land, das eine Million Kolonialwaaren von Westindien bezieht, braucht nicht gerade wieder an Westindien Leinwand und Baumwollenwaaren abzusetzen; es kann in Geld zahlen, es kann durch Wechsel-Ausgleichungen über dritte Länder zahlen; das ist ganz gleich für das Interesse des zahlenden Landes; es muß das Geld, womit es zahlt, erst erworben haben; erwerben thut man aber nur mit eigenen Produkten der Arbeit und eigenen Kapitalien. — Sollten die Differenzialzölle also die obige vermeintliche Wirkung haben, so müßte der Kolonialwaaren-Händler dem Exporteur von deutschen Industrie-Erzeugnissen und dieser wieder dem vereinsländischen Fabrikanten einen Theil des Gewinns zuwenden, welcher dem Ersteren aus der Rabattbewilligung (dem Differenzialzolle) erwächst. Dies würde aber eine Solidarität zwischen den verschiedenen Handelszweigen eines und desselben großen Handelsplatzes voraussetzen, wie sie nur im Land der Träume existirt; aber selbst eine mittelbare günstige Rückwirkung auf das Exportgeschäft durch Begünstigung der Retouren oder die Gegenseitigkeit der Handelsbeziehungen braucht in dem gegenwärtigen Falle nicht mehr einzutreten, weil sie schon überschüssig existirt, weil die Menge transatlantischer Bezüge nach den Nordseehäfen schon jetzt viel bedeutender ist als der Bezug dieser Waaren von den Nordseehäfen nach dem Zollvereine.

Es bleibt somit nur das Schädliche aus der Wirkung der Differenzialzölle für uns übrig; das Nützliche, das man durch sie erreichen will, ist schon überflüssig für uns durch die Einwirkung des freien Handels erreicht. Wollte man mehr thun, als nöthig und räthlich erscheint, so hieße dies nur, man gäbe den Nordseehäfen Bremen und Hamburg die Mittel in die Hand, von ihren schon vorhandenen direkten Importationen immer mehr und mehr an die Zollvereinsländer als bisher abzusetzen, um den bewilligten Zoll-Rabatt zu genießen, so daß sie dann nicht nur glückliche Konkurrenten auf unserem inneren Markt gegen Holländer und Belgier würden, sondern namentlich gegen unsere Ostseehäfen, die nicht so viel transatlantische Produkte direkt beziehen können, wie jene, und denen man den Absatz ihrer indirekt, aber eben so wohlfeil und gut bezogenen Waaren schmälern würde, damit die hamburger und bremer Rheder noch mehr Vortheile erhalten, als sie durch ihre Lage bereits haben; während die hamburger, bremer und lübecker Kaufleute wieder das verlieren würden, was jene Rheder gewinnen, die Industriellen des Zollvereins ebenfalls höher belastet werden und die Rhederei wie der Handel unserer Ostseehäfen einen tüchtigen Schlag erhalte. Nichts würde bewirkt werden, als allgemeine Nachtheile, unnatürliche Konkurrenz-Verhältnisse, Vertheuerungen und einige Vortheile der (bremischen) Rheder.

Die Eigenschaft, frei und ohne Verwirrung der Gedanken durch vorgespiegelte Interessen Einzelner die wirkliche Lage der Dinge im wirthschaftlichen Gesammt-Interesse Deutschlands zu erkennen, ist so selten bei uns, daß man es nicht hoch genug schätzen kann, wenn einmal eine solche Erscheinung aus dem praktischen Leben unserer deutschen Welt emportaucht, die mit voller Klarheit bestehende Verhältnisse zu würdigen weiß. Dies ist das hauptsächlichste Verdienst der hamburger Denkschrift, daß sie nicht nur den Bremern, Hamburgern und Lübeckern ihre Interessen klar macht, sondern auch unseren Fabrikanten zeigt, wie unter dem Einflusse des freiesten Handels gerade der Absatz ihrer Produkte nach fremden Ländern hin sich fortlaufend vermehrt habe. Wie wichtig schon Bremen als Exportplatz geworden ist (vergl. Tabelle XXIV. der h. Denkschrift), ersieht man an den Summen der Ausfuhren seewärts, die nach approximativer Schätzung dem Werthe nach 1846 auf über 13½ Millionen Thaler preuß. gestiegen waren; so zwar, daß sich gegenwärtig die Ausfuhren nach europäischen und außereuropäischen Häfen so ziemlich die Wage halten, aber doch schon die größere Hälfte 1846 nach außereuropäischen Häfen ging. Viel wichtiger ist aber noch, so wie der Einfuhr-, so auch der Ausfuhr-Handel Hamburgs für unsere deutsche Industrie. Nach Tabelle XXV. betrug die Ausfuhr seewärts im Jahre 1846 über 80 Millionen Mark Banco (über 40 Millionen Thaler), wovon mehr als zwei Drittel nach europäischen Plätzen und der Levante gingen, das Uebrige nach transatlantischen Häfen. Immer ist hiernach schon die bloße Ausfuhr Hamburgs zur See, abgesehen von der sehr bedeutenden nach Altona, Kiel, Lübeck und anderen Häfen, dreimal bedeutender, als die Bremens; nimmt man aber die ganze Ausfuhr Hamburgs zusammen, so vermindert sich, gegenüber diesem kolossalen Welthandel, die Wichtigkeit Bremens dergestalt, daß eigentlich schon von einem Vergleich, viel weniger aber von einer vorzugsweisen Begünstigung Bremens gar nicht mehr die Rede sein kann.

Die Uebersicht der in Hamburg zu Lande und auf der Ober-Elbe eingeführten Waaren, welche jene Denkschrift (Tab. XXVII. S. 123) giebt, d. h. die Uebersicht solcher Waaren, die wieder zum weiteren Absatz zum größten Theile aus Deutschland kamen, die wiederum von Hamburg ausgeführt (und konsumirt) wurden, ergiebt einen Werth von 112 Mill. Mark Banco oder 56 Mill. Rthlr. preuß. Wenn nun auch hierunter einige Waaren nicht deutschen Ursprungs sich befinden mögen (wie unter den Ausfuhren Bremens), so sind doch auch so bedeutende Export-Artikel, wie Schlachtvieh und Pferde, einige kleinere ländliche Produkte (Obst, Eier u. s. w.), unter jener Summe nicht mitbegriffen.

Nun nehmen aber unter diesen sämmtlichen Export-Artikeln Hamburgs, unter den Rohprodukten, Halbfabrikaten und Fabrikaten, diese letzteren bei weitem die bedeutendste Stelle ein. Hamburg exportirt allein an Geweben und Gespinnsten, die aus dem Binnenlande eingeführt werden, mehr dem Werthe nach, als die ganze Ausfuhr Bremens in allen Export-Artikeln zusammengenommen beträgt 1). „Hamburg vermittelt den Absatz dieser Waarengattung aus dem Binnenlande zum Belauf von 35 bis 38 Millionen Mark Banco, während es (Tabelle XXV.) an Geweben von Wolle, Baumwolle, Seide und sonstigen verschiedenen Manufaktur- und Modewaaren seewärts überhaupt nur für etwa 25 Millionen Mark Banco an Werth importirt, von denen doch immer nur ein Theil, und zwar gewiß der kleinere Theil, zur Consumtion von Deutschland bestimmt ist." Die ganze Importation Hamburgs an Kaffee, Zucker und Taback erreicht den Werth nicht, den es allein an deutschen Geweben exportirt. Die Ausfuhr Hamburgs nach den Ostseeländern und Norwegen (auch landwärts über Lübeck, Eisenbahn über Holstein und über Altona) betrug 1845 bis 1846 den Werth von über 16½ Millionen Mark in Manufaktur- und kurzen Waaren, wovon das Meiste deutsches Produkt war. Der ganze Ostseehandel Hamburgs allein aber übertrifft den ganzen Ausfuhrhandel Bremens nach transatlantischen Plätzen in seiner Wichtigkeit.

Wenn dies und Aehnliches aber die Resultate jenes freien

---

1) 1845 exportirte Hamburg an Leinen-, Baumwollen-, Wollen- und Halbwollenwaaren, Seiden- und Halbseidenwaaren, Wollengarn, Leinengarn, Baumwollengarn, auf jenem Wege bezogen, für 36½ Millionen Mark Bco., außerdem noch kurze Waaren, Glaswaaren, Bücher, Landkarten, Uhren, Bijouterieen rc., kurz, an solchen Waaren, die zu den Fabrikaten gerechnet werden müssen, beinahe für 10½ Millionen Mark Bco. Schon die erste Position übertrifft den ganzen Ausfuhrhandel Bremens bei weitem; dieser machte etwa nur ⅔ jener Summe aus. Vergl. Tabelle XXVII. und XXIV. jener Schrift. Auch für das Jahr 1846 ist das Verhältniß ein ähnliches.

Handels sind, der diesen kolossalen deutschen Markt zu einem Zwischenmarkt der ganzen Welt gemacht hat, so können sich gewiß unsere deutschen Industriellen freuen, unter den günstigsten Bedingungen der zollfreien Einfuhren an diesen Absatzverhältnissen Theil zu nehmen, und die Verständigen unter ihnen werden es Hamburg und unseren Hansestädten Dank wissen, wenn sie ihnen und sich diese günstige Lage erhalten wollen.

V.

Differenzialzölle als Retorsionsmaßregeln. Ein deutscher Schifffahrtsbund.

Schwierigkeiten eines Differenzialzollsystems für die praktische Ausführung im deutschen Zollvereine.

In allen früheren Betrachtungen haben wir allein die volkswirthschaftliche Seite als die wesentlichste in dieser Frage besprochen und nur so weit auf die rein politische Seite derselben Rücksicht genommen, als diese von jener sich nicht ganz trennen läßt. Auf die mehr formelle Seite der Frage, welche Schwierigkeiten für die Administration und welche Bedenken sich überhaupt bei der Ausführung eines noch so gut berechneten Differenzialzollsystems ergeben würden, sind wir noch gar nicht gekommen. Diese Punkte müssen indeß noch kurz erörtert werden.

Man kann mit Grund sagen, die politische Ehre fordere es von uns, solche Nationen, die in ihren Häfen unsere Schiffe belästigen, wieder mit Belästigungen bei uns zu treffen; wir müssen unsere Nationalität, unsere Namen, unser Interesse in Respekt erhalten. — Solchen Forderungen gegenüber, muß man zugestehen, daß die nationale Ehre Opfer erheische, große staatswirthschaftliche Opfer, die man gezwungen sein kann, rein deshalb zu bringen, damit die Beleidigungen anderer Nationen gegen uns aufhören. — Aber häufig wird in Zollfragen Beleidigung genannt, was es nicht ist; es wird Beleidigung genannt, was nur Irrthum anderer Nationen heißen sollte; eine Maßregel der innern Gesetzgebung, in welcher jede Nation frei ist und frei sein muß. — Wenn England es für nützlich oder nothwendig hält, den indirekten Handel für seine eigenen Schiffe und für alle andere fremden zu beschränken, so ist dies keine Beleidigung gegen uns oder die anderen Nationen; England glaubt in seinem Interesse so handeln zu müssen, und jeder Staat hat die Freiheit, sein nationales Interesse bei sich zu wahren, ohne einen Grundsatz der internationalen Politik und des Völkerrechts zu verletzen. Beschränkt England den indirekten Handel und geben wir ihn frei, so erdulden wir dadurch noch keinerlei Beleidigung; vielmehr glauben wir selbst klüger zu handeln, indem wir dem Freihandelsprinzip folgen; wir halten es für eine Thorheit, durch eine Beschränkung der indirekten Schifffahrt und des indirekten Handels der Schifffahrt und dem Handel nützen zu wollen. Wir sind hoffentlich dann überzeugt, daß das Freihandelsprinzip unserer Rhederei und Schifffahrt nütze, und Alles, was wir wünschen, besteht darin, es noch weiter auszudehnen, und andere Nationen zu derselben Ueberzeugung zu bringen.

Also wenn in Frankreich der indirekte Verkehr beschränkt wird für alle fremden Flaggen, so ist dies kein Grund, ihn auch bei uns zu beschränken, kein Grund, daß wir ihn auch unseren Schiffen verkümmern, kein Grund, daß wir ihn den fremden Flaggen verkümmern; denn immer schaden wir dadurch uns selbst, unseren Rhedern oder unseren Handeltreibenden, d. h. zuletzt unseren Produzenten und Konsumenten. Es ist dies aber auch nicht einmal ein absoluter Grund, den französischen Schiffen allein nun ebenso den indirekten Frachtverkehr bei uns zu versagen oder ihn zu belästigen, denn immer schaden wir dadurch nicht nur bloß den Franzosen, sondern unserem eigenen Handels-Interesse, das recht viele Frachtgelegenheiten für den Absatz unserer Produkte, so wie für den Bezug fremder Verbrauchsartikel erheischt.

Nur in dem Einen Falle, wenn wir annehmen können, daß eine gleiche Belästigung der französischen oder englischen Flagge in unseren Häfen den Erfolg haben wird, daß auch in Frankreich und England gegen uns die Belästigung falle, kann es räthlich sein, die strengste Reciprocität einzuführen, und Differenzialzölle, wie Verbote gleicher Weise, anzuordnen. Wir wünschen dann Nichts, als eine weitere Ausdehnung des freien Handels und versuchen es, sie zu erreichen. Wird sie nicht erreicht, so müssen wir konsequenter Weise den Differenzialzoll fallen lassen, weil etwas Nützliches nicht mehr durch denselben zu erzielen ist, nur der Nachtheil desselben auch für uns bleibt. Die Regeln lassen sich vielleicht in folgender Art aussprechen: 1) Nur exclusive, gegen unser Interesse ausnahmsweise angeordnete Maßregeln, können als specielle Beleidigungen gegen uns aufgefaßt und müssen mit Retorsionsmaßregeln getroffen werden, und 2) alle Retorsionen, auch die, welche **nicht** gegen specielle Beleidigungen, sondern nur für den Zweck der zu erweiternden, freien Handelsbeziehungen angeordnet werden, können nur so lange mit Gründen vertheidigt werden, als zu hoffen steht, daß sie wirklich die betreffende Beschränkung, Belästigung oder Unbill bei andern Nationen entfernen.

Fragen wir nun, welches sind die Nationen, welche die Schiffe und den Seehandel des deutschen Zollvereins mit den Differenzialzöllen belästigen, so erhalten wir Spanier, Franzosen und Belgier. England wendet keine Differenzialzölle gegen uns an, sondern hat nur auf dem Wege des Vertrags anderen, nicht im Zollvereine befindlichen deutschen Nationen solche Vortheile für den indirekten Frachtverkehr eingeräumt, daß diese gerade unserer Zollvereins-Rhederei am meisten als Konkurrenten schaden; England beschränkt nur den indirekten Verkehr durch Verbote, nicht den direkten. Holland hat die Differenzialzölle in seinen Häfen (wenn auch nicht in seinen Kolonieen) seit dem Vertrage von 1837 gegen die preußischen Schiffe in direkter Fahrt aufgegeben. So lange dieser Vertrag nicht gekündigt ist, genießen die in direkter Fahrt kommenden preußischen Schiffe des dortigen Zollrabatts ebenso wie die anderer dritter Nationen.

Belgien dagegen trifft die Ladungen preußischer Schiffe, die in indirekter Fahrt in belgische Häfen einlaufen, mit einem höheren Zolle, als die Ladungen nationaler Schiffe, und es hat sich bei der Unterhandlung des 1844ger Vertrags bestimmt geweigert, den Zollvereinsschiffen die Gleichstellung mit den nationalen Schiffen bei der indirekten Fahrt zu bewilligen. Es unterwirft also erstere Schiffe, wenn sie aus andern, als Zollvereinshäfen oder aus den Nordseevorhäfen mit anderen als Erzeugnissen des Bodens und des Gewerbfleißes des Zollvereins in belgische Häfen einlaufen, einem Differenzialzoll für ihre Ladung (Separat-Artikel zu V. u. Art. VI. jenes Vertrags).

Es existiren nun aber Retorsionsmaaßregeln (Schifffahrts-Differenzialzölle) im Zollvereine nach der preußischen Kabinets-Ordre vom 20. Juni 1822, welche bestimmt, daß eine erhöhte Hafenabgabe von ausländischen beladen eingehenden oder ausgehenden Schiffen, und zwar ein Zuschlag von 2 Thlr. pro Last (circa $37\frac{1}{3}$ Zoll-Centner) von beladen eingehenden, und 1 Thlr. pro Last von beladen ausgehenden Schiffen erhoben werden soll, mit Ausnahme nur der Schiffe solcher Nationen:

a) mit welchen Preußen wegen Behandlung ihrer Schiffe und deren Ladungen gleich den inländischen oder den am meisten begünstigten Nationen in Traktaten steht und zwar unter den in letztern festgesetzten Bedingungen,
b) welche ihrerseits aus anderer Veranlassung die preußischen Schiffe und deren Ladungen gleich den inländischen behandeln.

Von denjenigen Schiffen solcher Nationen, bei welchen weder auf dem Wege des Vertrages die Entfernung von Belästigungen zu erreichen war, so wie von denen, welche überhaupt in keinen Vertrag mit dem Zollverein oder Preußen getreten, d. h. von den französischen, spanischen (früher auch neapolitanischen) und von den Flaggen der süd- und mittelamerikanischen Staaten, mit Ausnahme Brasiliens und Mexikos, werden jene erhöhten Abgaben erhoben. Auch belgische Schiffe entrichten laut Traktats vom 1. September 1844 den halben Zuschlag, so weit sie in indirekter Fahrt eingehen, weil die Ladungen preußischer Schiffe, die in indirekter Fahrt in belgische Häfen eingehen, einem höheren Zolle unterliegen, als die Ladungen nationaler Schiffe.

Wollte man nun sagen, diese Schifffahrts-Differenzialzölle genügten nicht zur Erreichung des Zwecks, freiere Handelsverbindungen mit eben jenen Nationen zu erzwingen, so würde doch eine höhere Belastung eben dieser Flaggen und ihrer Ladungen deshalb ganz nutzlos sein, weil sie bereits in dem Handelsverkehr mit unseren Ostseehäfen vollkommen überflügelt sind. Das illiberale Differenzialzoll-System Spaniens, Frankreichs und Belgiens hat unseren Interessen gegenüber keinen siegreichen Erfolg gehabt; die Thatsache ist, daß trotz desselben der Frachtverkehr, der noch besteht — und er ist noch sehr bedeutend — in sehr überwiegendem Maaße unserer Flagge zugefallen ist. Nur wenn es umgekehrt wäre, hätten wir einen Grund, unsere Retorsionen zu verschärfen. Es ist somit gar keine Hoffnung vorhanden, daß bei einer Verschärfung der Maaßregeln eben jene Nationen die Belästigungen unserer Schiffe in ihren Häfen fallen lassen werden, weil sie von erhöhten Zöllen wenig oder gar nicht in unsern Häfen berührt werden. Erhöhen sie dagegen wiederum ihre Differenzialzölle als Retorsionen gegen Preußens oder des Zollvereins verschärfte Maaßregeln bei sich, so können sie uns den größten Schaden zufügen und den Handelsverkehr immer mehr und mehr beschränken, der unserer Rhederei vortheilhafter ist, als der ihrigen.

Mit den anderen Nationen, deren Häfen für die Schifffahrt des Zollvereins von Wichtigkeit sind, hat aber Preußen oder der Zollverein Verträge geschlossen, welche sich der Erhöhung der Schiffahrtsabgaben oder der Erweiterung derselben entgegenstellen. Nur dann, wenn bewiesen sein wird, von jedem dieser Verträge bewiesen sein wird, daß sie dem Zollvereins-Interesse nicht entsprechen, müßten sie gekündigt werden; nur dann, wenn bewiesen sein wird, daß wir von der Verschärfung der Differenzialzölle auch erwarten können, daß die noch bestehenden Belästigungen aufhören werden, hat die Verschärfung einen Sinn.

Mit England besteht wahrscheinlich der Vertrag von 1824 für die Zukunft fort, der bereits oben mehrmals erläutert ist. Die englische Flagge ist aber in den Handelsbeziehungen zwischen den Zollvereinshäfen und England bedeutend überflügelt Wollten wir nach der Kündigung dieses Vertrages es erreichen, daß England wenigstens in den Hauptpunkten, die uns belästigen, seine Navigationsakte fallen ließe, so wäre der Weg der Differenzialzölle gegen englische Schiffe ein ganz nutzloser, ja schädlicher. Augenblicklich würde England mit seinen Differenzialzöllen eine viel größere Zahl unserer Schiffe in seinen Häfen treffen, als wir in unseren Häfen englische Schiffe treffen können. Der Erfolg würde sein, Differenzialzölle gegen Differenzialzölle, d. h. Beschränkung des Handels hin und her. Nur Erhöhung der Zölle gegen vorzüglich aus England kommende Fabrikate und Produkte an allen auch den Landgrenzen und ein Verbot der Einfuhr nicht britischer Erzeugnisse auf britischen Schiffen, so wie der indirekten Schifffahrt der Engländer nach unsern Häfen wären die Maaßregeln, die auch ohne Kündigung des Vertrags von unserer Seite mit der Hoffnung auf Wirkung eingeführt werden könnten. Würde dann aber von Seiten Englands der Vertrag von 1824 gekündigt und unsere Schifffahrt, so wie deren Ladungen mit Differenzialzöllen und Verboten betroffen, so würde dies ein unersetzlicher Verlust unserer Rhederei sein, und wahrscheinlich den Zollverein in einen so weitaussehenden Zollkrieg verwickeln, daß wir gar nicht wissen können, wohin derselbe führen würde. Jedenfalls ist es sicherer, um Concessionen von England zu erlangen, auch Concessionen dagegen zu bieten, wozu sich wohl die Erniedrigung der Eisenzölle und solcher Zölle von Ganzfabrikaten eignen möchten, in welchen unsere Zollvereinsindustrie bereits die Konkurrenz ertragen kann. Sicher aber ist es jetzt nicht an der Zeit, feindselige Maaßregeln gegen England zu ergreifen; wir müssen erst erwarten, ob nicht in der nächsten Zukunft England wenigstens den indirekten Schifffahrts- und Handelsverkehr nach seinen Häfen freigeben oder erleichtern wird. Das Kolonialsystem Englands aber, (so wie das Hollands, Spaniens und Frankreichs) durch Differenzialzölle oder Zollmaaßregeln jeglicher Art zu sprengen, dazu ist gar keine Hoffnung vorhanden, so lange England nicht von der Schädlichkeit desselben für sich überzeugt ist, oder es im Interesse seiner Seemacht, wie seiner Kolonieen für nothwendig hält, es aufzugeben, und so lange die ziemlich unabhängige Gesetzgebung innerhalb der britischen Kolonieen und Besitzungen eben jenes System stützt.

Anders schon verhält es sich mit Holland, dessen Kolonialsystem wir zwar — wie oben auseinandergesetzt ist — eben so wenig durch Differenzialzölle so bald ändern werden, dessen Schifffahrt nach den Ostseehäfen, sowohl direkte wie indirekte, wir aber deshalb vielleicht mit den bestehenden (eventuell erhöhten?) Schifffahrtsabgaben wirksam belästigen können, weil uns die Holländer um etwas im direkten Schifffahrtsverkehr überflügelt haben, sehr stark aber im indirekten Frachtverkehr nach unseren Ostseehäfen betheiligt sind. Da wir Deutsche von den Holländern wenig mehr Belästigungen zu befürchten haben, als sie uns schon auferlegen, so möchte es vielleicht [1]) unserer Rhederei zusagen, und unserem Handel keinen großen Schaden zufügen, wenn wir den Vertrag von 1837 kündigten, und die holländischen Schiffe in jeder Fahrt mit höheren Zöllen treffen, um dereinst wenigstens größere Concessionen von Holland zu erhalten. Aber auch diese Frage will wohl überlegt sein, weil Retorsionsmaaßregeln bloß in den jetzigen Zollvereinshäfen angeordnet, also vorzüglich gegen England und Holland eventuell

---

1) Der Verfasser mußte auf die genauere Erwägung dieser Frage verzichten, weil keine hinlänglichen Nachweise, namentlich in Bezug auf die Waareneinfuhr von Holland in die Ostseehäfen und in Bezug auf die Ausfuhr der Produkte aus den Ostseehäfen nach Holland sich in seinen Händen befinden. Auch die Begünstigungen der belgischen Einfuhren nach Holland vor allen anderen dritten Nationen nach dem belgisch-holländischen Vertrag von 1846 sind Nachtheile für die rheinländischen Produzenten, welche Retorsionsmaaßregeln rechtfertigen.

angeordnet, leicht den Erfolg haben können, daß sich der Schifffahrtsverkehr jener Flaggen zwar in den Ostseehäfen verringert, aber sich dann um so mehr nach den Freihandelsplätzen Bremen und Hamburg, nach den Häfen Mecklenburgs, Hannovers und Oldenburgs hinzieht. Dies wird sicher geschehen, so lange sich der Zollverein nicht über die deutschen Nordseestaaten ausgedehnt hat, und so lange jene Staaten es sind, die ein vollkommenes Freihandelssystem oder doch ein viel liberaleres Zollsystem als der Zollverein haben. Da nun aber die Ostseehäfen, d. h. die Häfen des Zollvereins gerade der Rhederei Hannovers, Oldenburgs und Mecklenburgs die beste und freieste Gelegenheit der Entfaltung ihrer Kräfte bereits darbieten, so sind wohl nicht noch größere Opfer von jenen Ostseehäfen zu verlangen, die sie etwa der nationalen Ehre des deutschen Zollvereins allein zu bringen hätten.

Die heilsame Idee eines Flaggen- und Schifffahrtsbundes von ganz Deutschland, gegenüber dem Auslande, darf und wird nicht aufgegeben werden, aber nachhaltig kann erst angefangen werden, sie zu realisiren, wenn der hannöversche Steuerverein dem Zollvereine beigetreten sein wird. Dann erst können auch die Hansestädte und werden sich vielleicht die mecklenburgischen Häfen, die immer in ihrem, wie in unserem Interesse die deutschen Freihäfen bleiben können, in so weit dem Systeme des Zollvereins anschließen, daß sie sich zu der Einführung von Retorsions-Schifffahrtszöllen gegen solche Nationen bequemen, welche unseren deutschen Schifffahrtsverkehr und unseren Handel daheim bei sich belästigen. Erst wenn wir die Häfen an den Strommündungen der Elbe, der Weser, der Ems in eine nationale Verbindung mit dem deutschen Zollvereine gezogen haben, wird es möglich sein, vermöge der Zolllinien unmittelbar an der deutschen Nordseeküste und zugleich unmittelbar *hinter* den wichtigsten Freihäfen fremde Nationen mit wirksamen Retorsionszöllen zu treffen; erst dann wird es möglich sein, auch gegen die holländische Rheinstraße, d. h. gegen die Häfen Rotterdam und Amsterdam, wie gegen die belgische Eisenbahnstraße und den Scheldehafen Antwerpen an der Landgränze, so wie gegen die Schifffahrt Hollands in allen deutschen Häfen Retorsionsmaaßregeln mit eindringender Wirksamkeit, und was nothwendig ist — mit viel größerer Einfachheit in der Ausführung — durchzusetzen, um Concessionen vom Auslande zu erzwingen.

Der einfachste und nächste Weg zu einem deutschen Schifffahrtsbunde ist der über Hannover und Oldenburg. Es ist nicht genug zu beklagen, daß die Verhandlungen über den Anschluß des hannöverschen Steuervereins an den deutschen Zollverein bis jetzt ohne Resultate geblieben sind; aber sie müssen wieder aufgenommen werden, weil ohne einen solchen Anschluß jeder Schifffahrtsbund Deutschlands seiner besten Waffe, der gleichmäßigen Zolllinien gegen das Ausland entbehren würde, und namentlich gegen Holland und England ihm ohne einen solchen Anschluß die allgemeine, an allen Gränzen treffende Waffe abginge. Wohl lohnt es der Mühe, Hannover mit seinen 550 Seeschiffen (Ostfriesland allein zählte im Jahre 1844 an 520 eigentliche Seeschiffe von etwa 18,000 Roggenlasten), Bremen mit seinen mehr als 220, Hamburg mit seinen mehr als 220, Oldenburg mit seinen 98 Seeschiffen, und alle diese Länder mit ihren vortrefflichen Häfen in das nationale Interesse und die Verbindung mit dem deutschen Zollvereine zunächst zu ziehen [1]. Es wären dies schon mehr, als 1000 Seeschiffe, die wir unserer vereinten Handelsflotte dann beizählen könnten. Vereinigten sich aber auch Mecklenburg mit seinen mehr als 320, und Lübeck mit seinen circa 70 Seeschiffen (welche Länder aber für den Zollverein und das Innere Deutschlands deshalb von geringerer Wichtigkeit sind, weil sie kein größeres Stromgebiet des deutschen Zollvereins beherrschen), zu jenem Retorsionsbunde, so würden wir Deutsche nach den Engländern unter den europäischen Nationen, die zahlreichste und beste Handelsmarine vereint unter nationalen

1) Diese Daten sind entnommen theils aus Müller, statistisches Jahrbuch für 1846 S. 179 ff., theils aus der hamburger Denkschrift Tabelle IV. und VII.

Gesetzen besitzen und offenbar nicht zu fürchten haben, daß Retorsionsmaaßregeln ausnahmsweise gegen einige fremde Nationen angeordnet auf der Einen Seite für die Ostseehäfen nur eine Ableitung des Verkehrs über die Nordseehäfen, auf der andern aber eine große Belästigung unseres Seehandels überhaupt herbeiführen könnten, da sich dann genug deutsche Schiffe anstatt der wenigen, höherbelasteten, fremden darbieten würden [1]).

Die Vortheile eines solchen Bundes springen zu sehr in die Augen, als daß sie noch weit und breit erörtert zu werden brauchten. Ein solcher Schutz- und Trutzbund würde im Stande sein, die Achtung einer deutschen Zollvereinsflagge aufrecht zu erhalten, oder sie bei den entferntesten Nationen zu erwerben; ein solcher Bund würde den Vortheil bieten, gemeinsame Handelsverträge im Interesse des größten Theils von Deutschland abzuschließen; er würde bei den geringen Opfern, die er verlangt, mit vorübergehendem, geringem Nachtheil für

1) Die hamburger Denkschrift giebt Tabelle VII. eine Zusammenstellung der Rhederei deutscher Staaten Ende 1846 und Tabelle IV. verschiedener europäischer Staaten um das Jahr 1843. Nimmt man zusammen nach dortiger niedriger Schätzung Ende 1846:

913	preußische Seeschiffe	mit	113,650	Lasten
225	bremische	„	38,710	„
228	hamburgische	„	29,272	„
69	lübeckische	„	7,125	„

und ergänzt die unvollständigen Nachweisungen für das Jahr 1846 durch Tabelle IV. nach dem Stande der Rhederei in den anderen norddeutschen Staaten für 1843, so erhält man weiter:

553	hannöversche und oldenburgische	mit	28,941	Lasten und
327	mecklenburgische	„	26,000	„

ungerechnet die hamburger, bremer und lübecker Seedampfschiffe mit circa 1200 Lasten. Im Ganzen für die norddeutschen Handelsmarine (ohne Holstein) circa 2324 Seeschiffe mit 244,898 Last, oder 489,796 Tonnen, während 1843 die französische Handelsmarine nur 2283 Seeschiffe mit 459,355 Tonnen zählte. Schon diese norddeutsche Marine allein wäre die zahlreichste unter den europäischen, nach der englischen. Nähme man die Küstenfahrzeuge hinzu, so würde sich das Verhältniß noch zu unsern Gunsten steigern; da wir wohl mehr Küstenfahrzeuge besitzen, als selbst Frankreich.

die Seehandelsplätze ihnen die Gelegenheit bieten, sich als Theil des Ganzen, als Glied einer großen Nation überall, wo es ihr Interesse erfordert, vertreten zu sehen. Nicht gerade müßte jeder Staat des Auslandes gezwungen werden, den Bund als staatliche Einheit anzuerkennen. — Diese Forderung könnte uns allerdings in ein unabsehbares Feld von politischen Streitigkeiten verwickeln [1]); — jeder Vereinsstaat behielte, wie es im Zollvereine auch gegenwärtig der Fall ist, das Recht, in seinem Namen und auf seine Hand Handelsverträge mit dritten Nationen abzuschließen [2]); nur entsagte er dem Rechte,

---

1) Wir bemerken dies gegen die hamburger Denkschrift, S. 74, mit der wir in den Abschnitt IV. erörterten Puncten nicht vollkommen übereinstimmen.

2) Vergleiche Separatartikel 15, zum Vertrage vom 22. März 1833, Art. 39: Das Recht, mit andern außerhalb des Zollverbandes gelegenen Staaten Verträge zur Erleichterung des Verkehrs und Handels zu errichten, verbleibt den contrahirenden Staaten auch nach dem Abschlusse des gegenwärtigen Unions-Vertrages. Es dürfen jedoch durch solche Verträge die Bestimmungen dieses letzteren in keiner Art verletzt werden. Auch ist dabei der Gesichtspunkt festzuhalten, daß sowohl die Erleichterungen und Vortheile, welche auf der einen Seite ein außerhalb des Vereins gelegener Staat dem mit ihm kontrahirenden Vereinsstaate zugesteht, auch den Angehörigen und Erzeugnissen der übrigen Vereinsstaaten gesichert, als auch die dem außerhalb des Vereins gelegenen Staate auf der andern Seite gemachten Zugeständnisse, nicht blos in dem Verhältnisse zu dem einzelnen kontrahirenden Vereinsstaate, sondern auch in der Rückwirkung auf den Verein überhaupt, durch die dem letzteren mittelbar oder unmittelbar zugehenden Verkehrs- und Handelsvortheile, möglichst aufgewogen werden. — Zu diesem Ende übernehmen die gegenwärtig kontrahirenden Staaten, wenn sie in den Fall kommen, mit einem außer dem Vereine gelegenen Staate über Erleichterung des Verkehrs und Handels einen Vertrag zu errichten, die Verbindlichkeit, nicht nur vor Eröffnung der Unterhandlung die übrigen Mitglieder des Vereins zur Mittheilung aller erforderlichen Notizen über ihre besonderen Interessen einzuladen, sondern auch vor der förmlichen Ratifikation den übrigen Vereinsstaaten den vollständigen Inhalt solcher Verträge zum Zwecke ihrer zustimmenden Erklärung zu eröffnen. Schifffahrtsverträge, in so fern sie die Natur von Handelsverträgen annehmen, sind nach gleichen Grundsätzen zu behandeln. —

durch jene Verträge etwa anderen deutschen Staaten Schaden zuzufügen; oder von anderen deutschen Staaten bei der Theilung der Zolleinkünfte Ersatz für die Opfer zu verlangen, die er in seinem Interesse für seine Unterthanen etwa gebracht hätte. Wäre dieser Bund, wie es ja dem Zollverein bereits gelungen ist, als eine Einheit verbündeter Staaten in bestimmten Verträgen auch nur von einigen der ausländischen Staaten anerkannt, so könnte wohl ein eigenes nationales Flaggenzeichen des deutschen Handelsvereins angenommen werden, neben welchem und in welchem die einzelnen Schiffe der verschiedenen Seestaaten noch ihre alte Flagge, wo es nothwendig wäre, beibehalten könnten. — Ein solcher Verein würde die Anstellung gemeinschaftlicher Consuln oder Agenten im Auslande übernehmen können, ohne den einzelnen Staaten das Recht zu entziehen, auch noch außerdem in für sie besonders wichtigen Plätzen eigene Consuln zu halten. Die zehn- oder zwanzigfache Vervielfältigung der Consulatsberichte, welche die hamburger Denkschrift S. 71. als zeitraubende Mühe gegen einen Schifffahrtsbund aufstellt, hat wohl nichts zu sagen, da die Vervielfältigung in Deutschland selbst auf dem Wege der Presse leicht unternommen werden könnte; und die große Verlegenheit der Consuln und Agenten, zwischen den Interessen ihrer verschiedenen Kommittenten zu wählen, wäre dadurch überwunden, daß diese gemeinschaftlichen Consuln kein spezielles Interesse einzelner Staaten zu vertreten oder vorzugsweise zu berücksichtigen hätten.

Ein solcher Schifffahrts- und Flaggenbund hätte den großen Vortheil, keine Kriegserklärung auf dem Handelsgebiete gegen alle Nationen zu sein, die nicht dieselben Verzollungsgrundsätze, wie der deutsche Zollverein als nützlich anerkennen; er würde nicht unsern indirekten Handel belästigen und die indirekte Schifffahrt aller anderen Nationen prinzipiell zu verhindern suchen; er würde nicht einzelnen Theilen des Vereins schaden, anderen nützen, sondern was seine Bestimmung ist, das Prinzip der Gegenseitigkeit für die Freiheit des Verkehrs kräftiger, als dies bisher möglich war, geltend machen.

Er würde nicht von den wesentlichen, bestehenden Grundsätzen des Zollvereins abweichen; er würde nicht das Prinzip des deutschen Bundes gegen das Ausland, Vertheidigung der deutschen Interessen, überschreiten; er würde nicht das wegen der überwiegenden Landgränzen im deutschen Zollverein unausführbare System von Differenzialzöllen nach dem Ursprunge der Waaren und nach den direkten Bezügen auszuführen suchen, und deshalb auch nicht so große Opfer der Verbraucher fremder Waaren oder der Staatskassen verlangen. Immer wäre ein solcher Verein nur ein Anfang für größere nationale und politische Einigung Deutschlands, aber doch ein Anfang, der dann das Zersplittern deutscher, ökonomischer Interessen dem Auslande gegenüber verhindern würde, und der bald den Vortheil bringen müßte, daß fast alle deutschen Staaten sich an die Vermittelung und Aussöhnung ihrer verschiedenartigen Interessen gewöhnten, ohne daß auch nur Einer seine Souverainetät aufzugeben oder zu beschränken hätte. Der Vertragscharakter würde wie im deutschen Zollvereine auch in der Art beizubehalten sein, daß Einstimmigkeit der vereinten Mächte bei allen Zollfragen, bei allen Veränderungen der Grundsätze und bei der Errichtung von allgemeinen Handels- und Schifffahrtsverträgen die Regel bildete.

Der Verfasser verkennt nicht, daß auch ein solcher Handels- und Schifffahrtsbund für seine Verwirklichung noch große Schwierigkeiten zu überwinden haben würde, aber diese sind jedenfalls viel geringer, als die in der gegenwärtigen Lage des deutschen Zollvereins unüberwindlichen Schwierigkeiten eines solchen Differenzialzoll- und Navigationsaktenbundes, der darauf berechnet wäre, auch den uns vortheilhaften indirekten Handel zu belästigen und ein System einzuführen, das geradezu den Interessen unserer deutschen Seehandelsstädte (mit sehr wenigen Ausnahmen) widerspricht.

Die wesentlichen Schwierigkeiten für die Realisirung eines solchen Defensivbundes beständen zunächst darin, Hannover zum Anschluß an den Zollverein zu bewegen, und da scheint es denn allerdings, daß man sich zu einigen Concessionen gegenseitig verstehen müßte.

Der Zollverein müßte sich vielleicht zu einer Ermäßigung einiger Finanzzölle, namentlich der Zucker- und Kaffeezölle (etwa auch der Weinzölle?) verstehen, und könnte einige solcher Schutzzölle, die der deutschen Industrie entbehrlich sind, oder zu große Belästigungen der auf Ackerwirthschaft und Handel angewiesenen Gegenden mit sich bringen, verringern oder allmälig ganz fallen lassen. Hannover würde durch einen solchen Anschluß bedeutende finanzielle Ersparnisse in der Verkürzung seiner Zolllinien machen, für seine landwirthschaftlichen Gewerbs- und Bergwerksprodukte einen größeren Markt gewinnen, und namentlich für die sehr wichtigen Interessen seiner Rhederei die dauernde Zusicherung erhalten, daß dieselbe nicht in den Ostseehäfen belästigt werden würde. Von einem Präzipium Hannovers könnte allerdings keine Rede mehr sein.

Der britisch-hannoversche Vertrag von 1844, der vor 1854 nicht gekündigt werden kann, stände einem solchen eventuellen Retorsionsbunde oder dem Anschlusse an den Zollverein nicht entgegen. Hannover hat sich, England gegenüber, nur verpflichtet, den Unterthanen irgend eines anderen Staates keine Verminderung von Abgaben, noch Vergünstigungen, Vorrechte oder Freiheiten irgend einer Art in Bezug auf Handel und Schifffahrt zu bewilligen, welche nicht sofort auch auf die Unterthanen des anderen kontrahirenden Staates (also Englands) ausgedehnt werden. Erhöht Hannover seine Zölle an den dann noch bestehenden Zollgränzen gemäß der Vereinigung mit dem Zollvereine gegen alle andere Staaten, so ist dies kein Bruch des Vertrages; und wenn es auch nicht umhin kann, die englischen Schiffe auch künftig bis 1854 denen der deutschen Staaten in jeder Beziehung gleichzustellen [1]), so wäre dieser Punkt jedenfalls von sehr untergeordneter Wichtigkeit, da auch wir im deutschen Zollvereine nicht beabsichtigen würden, gegen die englische Schifffahrt zunächst irgend

---

1) Vergl. die hamburger Denkschrift S. 7.

eine Erhöhung der Zölle einzuführen, weil die englische Schifffahrt im deutsch-englischen Verkehr von der deutschen Flagge längst überwunden ist.

Die bloße Erklärung des Beitritts des hannöverschen Steuervereins zum deutschen Zollverbande und einem eventuellen Retorsionsbunde würde aber hinreichen, England zu größeren Concessionen für unsere Schifffahrt überhaupt, d. h. zu einer Abänderung seiner Navigationsgesetze geneigter zu machen, wenn nur dieser Bund nicht auf feindseligen Prinzipien gegen den Verkehr mit England, sondern rein auf denen der Vertheidigung unserer Interessen beruht. Jedenfalls müßte und könnte aber nach sechs Jahren 1854 dann gemeinschaftlich von Hannover und dem deutschen Zollverbande mit England ein neuer Vertrag abgeschlossen werden. Es wäre viel errungen, wenn wir nur in sechs Jahren des Beitritts des hannoverschen Steuervereins zum Zollvereine und einem deutschen Flaggenbunde gewiß wären. Von dem Augenblicke dieser Gewißheit an, würde die Aufkündigung bestehender Verträge mit anderen Nationen, welche unseren Interessen nicht zusagen, erfolgen können, ohne daß wir im deutschen Zollvereine fürchten müßten, es würden sich die deutschen Flaggen, die unsere stärksten Concurrenten sind, in den Besitz von Vortheilen setzen, die ihnen auf unsere Kosten zugestanden werden. Von diesem Augenblicke an müßten und würden sich auch Mecklenburg und die deutschen Hansestädte dem Flaggenbunde anschließen, oder könnten dazu durch gemeinsame Zollmaaßregeln leicht genöthigt werden.

Das Projekt eines Schifffahrts- und Handelsbundes in der Art aber, wie es von Bremen aus und dem preußischen Handelsamte in sehr ähnlicher Weise befürwortet worden ist, leidet an zu vielen Schwierigkeiten und Nachtheilen für die Schifffahrt und den Handel des Zollvereins, als daß wir die Hoffnung haben könnten, daß es, auch wenn es an sich heilsame Zwecke verwirklichte, ausgeführt werden könnte. Es ist dies der eine (bremer) Vorschlag eines Flaggenzollrabatts für die

a) unmittelbar aus dem Erzeugungslande,
b) mit der Bestimmung für den Zollverein,
c) auf nationalen oder den letzteren gleichgestellten Schiffen,
d) in die zum Zollverein gehörigen oder den letzteren gleichgestellten Häfen eingeführten Kolonialerzeugnisse,

dem der zweite Vorschlag zur Seite tritt, wonach für alle, nicht unter den eben aufgestellten (a — d) Bedingungen eingeführten transatlantischen Waaren ein Zollzuschlag erhoben werden würde. Da in den nachtheiligen Wirkungen auf unsere Schifffahrt und unsere Handelsbeziehungen beide Projekte nach der obigen Auseinandersetzung (Abschnitt I. S. 28 bis S. 39) ziemlich gleichartig sein würden, so kann hier um so eher von dem bloßen (bremischen) Rabattprojekt abgesehen werden, als dasselbe gar zu sichtlich auf den alleinigen Vortheil der Hansestädte (Bremens vorzüglich) berechnet war, und dem Zollvereine die ihm zugedachte Ehre, seinen Bedarf an transatlantischen Produkten künftig in Schiffen hanseatischer Flagge zu beziehen, allerdings etwas hoch anrechnet. Gegen beide Vorschläge haben sich auch bereits die Seestädte des Zollvereins, in denen sie zunächst zur Verwirklichung kommen müßten, mit ihren an Einstimmigkeit grenzenden Erklärungen ausgesprochen. Sollte nun aber dennoch ein solches oder ähnliches Differenzialzollsystem gegen ihren Wunsch ausgeführt werden -- so würden sich folgende weitere Schwierigkeiten und Selbsttäuschungen bei der Verwirklichung ergeben: Die erste Schwierigkeit bietet die geographische Lage des Zollvereins, welche viel ungünstiger ist für Begünstigungszölle zur Förderung des Handels, seiner Hafenplätze und der nationalen Schifffahrt, als die der meisten anderen europäischen Staaten. England ist ganz, Frankreich zum größten Theile, auf seinem ganzen westlichen und auf einem Theil der nördlichen und der südlichen Gränze vom Meere bespült, nur die östliche Gränze Frankreichs ist Landgränze; und eben dort namentlich in den nordöstlichen Departements erhebt sich auch bereits die Klage über unbillige Zurücksetzung des Binnenlandes gegen das Küstenland. Holland und Belgien, Portugal und Spanien, wie die Staaten von Mittel- und Unter-Italien, endlich die skandinavischen Länder, alle haben eine solche geographische Lage, daß sie auch ohne alle weitere legislative Einwirkung durch jene Differenzialzölle ihren Bedarf an überseeischen Waaren über inländische Häfen beziehen, ihre überseeische Produkten-Ausfuhr unter Vermittelung eben dieser Häfen bewirken können. Dies ist im Zollverein nicht der Fall. Der Umkreis des Zollvereins bildet bei einem Flächeninhalte von circa 8245 □Meilen und einer Bevölkerung von circa 28,500,000 Menschen, eine Grenzlänge von circa 1098 Meilen, von welchen 969 Landgränze, 129 Seegränze sind. Nur der östliche Theil der Nordgränze wird vom Meere bespült, aber dies Meer ist kein unmittelbarer Theil des großen Oceans, es ist ein durch drei Meerengen (von welchen wiederum hauptsächlich nur die des Sunds befahrbar ist) abgeschlossenes Binnenmeer. Die Schifffahrt auf diesem Binnenmeere steht in ungünstiger Konkurrenz gegen die Nordseehäfen, theils durch den viel verrufenen Sundzoll, mit welchem alle Einfuhr nach und alle Ausfuhr aus dem Binnenmeer belastet ist, theils und vielleicht mehr noch durch die größere Entfernung von den westlicheren europäischen Weltmärkten und durch den früher eintretenden, später endenden Winter.

Die Ostseehäfen erstrecken nun ihren Versorgungsbereich innerhalb des Zollvereins über die Provinzen Pommern und Preußen; zweifelhaftes Gebiet zwischen Ostsee und Elbe sind schon die Provinzen Posen, Schlesien und Brandenburg. Aber rechnet man sie auch ganz zum Versorgungsbereiche der Ostseehäfen, so haben sie höchstens 9,663,000 Einwohner als Consumenten transatlantischer Waaren. Es folgt dann das entschiedene Elbgebiet, die preußische Provinz Sachsen, die anhaltischen Herzogthümer und das Königreich Sachsen, etwa 3,592,000 Einwohner, die auf die Elbhäfen (vorzüglich Hamburg) hingewiesen sind. Als zweifelhaftes Gebiet zwischen Elbe und Weser müssen die Staaten des thüringischen Vereins, Kurhessen, Braunschweig mit 1,933,000 Einwohner betrachtet werden, während die Hälfte von Westphalen mit 787,000 Einwohnern schon dem zweifelhaften Versorgungsbereiche zwischen Weser und Rhein angehört. Dagegen sind die Hälfte von Westphalen und die preußische Rheinprovinz, Luxemburg, Nassau, Frankfurt, Großherzogthum Hessen, Baden, Würtemberg und Baiern entschiedenes Rheingebiet mit 12,525,000 Einwohnern.

Diese Abschnitte gelten der Hauptsache nach für den Bezug transatlantischer Waaren, wie für die überseeische Ausfuhr von Natur- und Gewerbsprodukten; bei der Ausfuhr von Manufaktur und Fabrikwaaren kommt auch Triest mit in Anschlag, und daneben sucht ein sehr viel größerer Theil unserer Fabrikaten- als unserer Produkten-Ausfuhr seinen Absatz in östlicher Richtung über Landgränzen.

Fast die ganze südwestliche Hälfte des Zollvereins ist gezwungen auf dem Wege des Zwischenhandels über fremde Häfen, holländische, belgische und zum Theil auch französische Häfen, ihren Bedarf an transatlantischen Produkten zu beziehen; sie wäre es, für welche sich die direkte Verbindung mit den überseeischen, transatlantischen Ländern am schwierigsten herstellen ließe. Die preußische Regierung, als etwaiger Vertreter des obigen Differenzialprojektes wäre gezwungen, gegen die Ansichten der eignen Ostseestädte bei den übrigen Zollvereinsstaaten einen Vorschlag zu vertheidigen, der dann die stärksten Belästigungen eben der großen südlichen Hälfte des Zollvereins auferlegte, während er vermeintlich für die Interessen der Ostseehäfen zunächst sorgen sollte. Die schiefe Stellung, in welche dadurch Preußen zu den andern Zollvereinsstaaten kommen könnte, zwang daher die Beförderer jenes Plans, ihn zu ändern und zu erweitern. Es wurde anerkannt, daß wegen der ungünstigen Lage der preußischen Ostseehäfen auch die Häfen an den Strommündungen der Elbe (Hamburg), Weser (Bremen), Ems (Leer), Rhein (Rotterdam, Amsterdam), schelde- und rhein-belgische Eisenbahn (Antwerpen) mitbenutzt werden müßten, und zwar müßte eine gleichmäßige Benutzung aller dieser Häfen eintreten, da, wenn einer derselben ausfiele, ein Theil des Vereinsgebiets von seinem natürlichen Bezugs- und Ausfuhrwege abgeschnitten sein und benachtheiligt erscheinen würde. Dieser Umstand ergab wieder die Schwierigkeit, daß man wenigstens Belgien, Holland, Hannover und die Hansestädte Hamburg und Bremen in den Plan hineinziehen müßte, um seine Verwirklichung herbeizuführen.

Für Holland nun besteht gar keine Hoffnung, daß es auf dieses Projekt eingehen wird. Es würde dazu eine totale Umgestaltung des holländischen Kolonialsystems und die Aufhebung des Vertrages gehören, den die Regierung in Bezug auf den Transport der Produkte von seinen wichtigsten Kolonieen nach dem Mutterlande mit der Staats-Handels-Kompagnie (Matschappy) geschlossen hat. Es würde dieses System eine so große Reform des holländischen Finanzwesens bedingen, daß auch der Beitritt Hollands nur sehr spät und sehr allmälig erfolgen könnte. Belgien hat sich bei den Unterhandlungen des 1844ger Vertrages geweigert, die Zollvereinsschiffe mit den nationalen gleichzustellen. Die hamburger Denkschrift giebt den Beweis, mit wie ungünstigen Augen man von Hamburg aus das Projekt betrachtet; nur Bremen würde beitreten, und würde erst dann beitreten können, wenn auch Hannover gewonnen wäre.

Man übersieht nun aber gänzlich, daß man in eben diesem Plane das Privilegium der Gleichstellung für die Schiffe und Häfen der Nordseestaaten in allen Begünstigungen mit den nationalen des Zollvereins keineswegs als den Preis des Beitritts dieser Staaten zum deutschen Zollvereine hingestellt hat; vielmehr müßte eine solche Begünstigung der norddeutschen Flaggen, wenn sie wirklich die erwünschten Vortheile brächte, den hanseatischen Schiffen und Häfen einen so behaglichen Zustand gewähren, daß diese Nordseestaaten sich hüten würden, einem Zollsysteme beizutreten, das für eine große Seehandelsstadt vielerlei ganz neue Beschränkungen und Belästigungen mit sich brächte. Die Hoffnung, Bremen und Hamburg würden wegen des Zollrabatts für ihre Schiffe und deren Ladungen die Zolllinie des deutschen Zollvereins vor ihre Häfen legen, ist eine ganz grundlose, und hat wohl keine Stimme in jenen Städten für sich. Man hat deshalb auch eventuell von diesem Plane abgesehen, und es versucht, durch eine kleine Abänderung desselben die Hansestädte von jenen Vortheilen theilweise auszuschließen, und dennoch eine direkte Verbindung unserer Binnenländer über die Hansestädte mit den transatlantischen Ländern möglich zu machen.

Es müßte nach dieser Abänderung des Planes ein Entrepot- und Konsignationssystem für den direkten Bezug der transatlantischen Waaren aus den Ursprungsländern mit der Bestimmung für den Zollverein in jenen Nordseehäfen ebensowohl, wie in den Ostseehäfen eingerichtet werden, um diejenigen Waaren, welche auf den Zollrabatt Anspruch haben, von den nicht begünstigten Bezügen zu scheiden Alle diese Einrichtungen müßten sich die Hansestädte (auch Belgien und Holland) bei sich gefallen lassen, damit eine direkte Verbindung zwischen Handlungshäusern im Zollvereine und den Exporteurs der transatlantischen Länder herbeigeführt würde, etwa so daß der magdeburger Kaufmann von dem nordamerikanischen Baumwollenexporteur unmittelbar seine Baumwolle bezöge. Daß die Hansestädte dadurch auf die bloße Spedition der Waaren, mit Ausschließung des Eigenhandels nach dem Zollvereine, wo möglich, beschränkt werden sollen [1]), liegt auf der Hand; sie sollen höchstens den Rabatt für diejenigen Waaren, zu deren Spedition sie mitwirken, mitgenießen; aber daß die Errichtung eines Vereinszollamts zu diesem Zwecke in Hamburg und Bremen erlangt würde, ist sehr zweifelhaft, und auch in dem Falle, daß der Zollverein die immer beträchtlichen Kosten für die Errichtung der Entrepots dort auf sich nähme (abgesehen von der beschränkten Lokalität in Bremen), unwahrscheinlich.

Aber auch nachdem diese Schwierigkeiten überwunden wären, blieben doch zwei andere wesentliche Punkte bei der Kontrollirung des direkten Bezugs der Waaren und der begünstigten Schiffe übrig, die zu weiteren Selbsttäuschungen und Um-

1) Nur unter dieser Bedingung erhalten sie Theil am Rabatt. S. unten.

gehungen der Maaßregeln führen würden; es sind dies die Konnaissemente für den Bezug jener Waaren von den transatlantischen Ursprungsländern [1]) und die Kontrolle der in den Vorhäfen angekommenen Waaren für den Eingang in den Zollverein. Es soll der Zollrabatt nur dann gewährt werden, wenn die Waaren schon bei ihrer Absendung aus einem transatlantischen Hafen für den Zollverein bestimmt sind und zu dem Ende in dem Konnaissement, von welchem die Waaren begleitet sein müssen, dasjenige Handlungshaus im Zollvereine, an welches die Waaren vom Erzeugungslande abgesendet werden, angegeben ist.

Zur Konstatirung dieser Bedingungen können nur Bescheinigungen der in transatlantischen Häfen fungirenden Konsuln dienen, daß eine Ladung von so und so viel Centnern näher bezeichneter Güter in so viel Kisten, Ballen u. s. w., deren Signaturen anzugeben, für Rechnung des Herrn A zu B. (einem vereinsländischen Orte) in dem Schiffe (einem begünstigten) C u. s. w. dort verladen und nach D (einem preußischen Ostsee- oder einem der nordseeischen Vorhäfen) ausklarirt seien.

Diesen Konnaissementen soll alsdann für die Vorhäfen der nicht zollvereinsländischen Länder eine Bescheinigung des dort fungirenden vereinsländischen Konsuls, daß die Güter dort in bezeichneter Art angekommen sind, so wie eine weitere, die Waaren bis zur Ankunft an die Vereinsgränze begleitende Bescheinigung hinzutreten, in welcher die Transportmittel, die zum weiteren Transport dienen, bezeichnet, auch die Fristen zur Anmeldung der Waaren beim Gränzzollamte vorgeschrieben sein würden. Nur auf diese Bescheinigungen hin soll alsdann der Rabatt für die direkt bezogenen Waaren bewilligt werden.

Dieser Plan setzt nun nicht nur eine anderweitige Einrichtung der Konsulate in den Vorhäfen durch Beiordnung sehr waarenkundiger Zollbeamten an den betreffenden Gränzen vor-

1) Wir haben diese Schwierigkeit oben nicht berührt, obwohl sie auch dort bei dem Plane, welcher die Hansestädte den Zollvereinshäfen in den Begünstigungen durchaus gleichstellt, ihre Beachtung finden muß.

aus, als sie bis jetzt besteht, sondern er laborirt auch an dem großen Mangel, daß seine Bedingungen sehr leicht zu umgehen sein werden.

Den Handlungshäusern in den zu begünstigenden Vorhäfen würde es doch natürlich darauf ankommen, ihren Absatz im Interesse ihres Eigenhandels nach dem Zollvereine zu behalten und zu steigern, um den Rabatt für diese direkt bezogenen Waaren mit zu genießen, und auf der andern Seite ihre freie Disposition über alle bezogenen Waaren auch nach den anderen, als den Zollvereinsländern (auf dem Wege des Zwischenhandels) nicht gehemmt zu sehen. Um Beides zu erreichen, bietet sich für sie das leichte Mittel dar, daß sie nun die auf eigene Rechnung bezogenen Waaren (je mehr, desto besser) mit den zum rabattfähigen Eingang in den Zollverein erforderlichen (Speditions=) Bescheinigungen versehen lassen, und ihre Konsignateure in den Ursprungsländern anweisen, in gleicher Art mit den auf sie konsignirten Waaren zu verfahren, so daß sie alsdann stets ein hinreichendes Waarenquantum zur freien Disposition entweder für den Zollverein oder für den Zwischenhandel nach anderen Ländern haben. Es bleibt ihnen dann die Freiheit, über die Waaren noch vor der Ankunft oder bei ihrer Ankunft im Vorhafen anderweit zu disponiren; zwar sind dann an die nicht zum Verbrauch in den Zollverein gelangenden Waaren die Konnaissementsgebühren unnütz verwendet, aber diese können ja gegen den Zollrabatt, der ansehnlich sein muß, gar nicht in Anschlag kommen.

Eine andere Art der Umgehung wäre folgende: Es würde den Handlungshäusern in den Nordseehäfen sicher nicht schwer fallen, in einem nahegelegenen Orte des Zollvereins einen Kaufmann zu finden, der sich — gegen eine kleine kaum nennenswerthe Vergeltung — bereit zeigte, seine Firma zur Aufnahme in die Konnaissemente herzugeben und die Weiterbeförderung der an ihn adressirten Waaren zu übernehmen. Der hamburger oder bremer Kaufmann A, welcher eine solche Uebereinkunft mit einem vereinsländischen Gewerbsgenossen B getroffen hätte, gäbe nur seinen Kommittenten in den außereuropäischen Ländern ein für allemal den Auftrag, in den Konnaissementen über alle an ihn abzusendenden Waaren den B als den Empfänger zu bezeichnen. Eine Kontrolle oder gar ein Zwang dahin, daß die mit solchen Konnaissementen abgesendeten Waaren auch wirklich an B. gelangen müssen, läßt sich gar nicht einführen. Der Kaufmann A aber wird durch den Besitz der erwähnten, auf B lautenden Konnaissemente in den Stand gesetzt, seine Abnehmer im Zollvereine nach wie vor mit den auf eigene Rechnung kommittirten Waaren zu versorgen und da er gleichzeitig auch nach andern Ländern (Rußland, Schweden, Dänemark, Mecklenburg, Hannover u. s. w.) Handel treibt, so wird er ein gutes Theil Konnaissemente übrig behalten, um damit nebenher noch Versendungen gleichartiger, nicht unmittelbar aus den Erzeugungsländern, sondern etwa aus England oder Holland bezogener Waare nach dem Zollvereine bescheinigen zu können. Bei einem solchen Verkehr wäre es auch gar nicht einmal nothwendig, daß die Waaren zunächst an B adressirt und von diesem an den eigentlichen Empfänger C weiter spedirt würden, denn, da es jedem inländischen Kaufmann unbenommen bleiben muß, über eine Waare, bevor solche in seine Hände gelangt, anderweit zu disponiren, so braucht B nur an A einen auf C lautenden Extraditionsschein zu senden, mit welchem die Waare dann unmittelbar an C gehen kann.

Umgehungen dieser Art sind namentlich früher, zur Erschleichung des Rabatts von 20 pCt. auf fremden Wein, mit großem Erfolg versucht worden, und es hat denselben nur durch die Bestimmung einigermaaßen vorgebeugt werden können, daß nur derjenige als Weingroßhändler und zum Genusse des Rabatts befähigt von der Steuerverwaltung anerkannt werde, welcher regelmäßig ein ihm eigenthümlich zugehöriges Weinlager von einem gewissen Umfange unterhält und nachzuweisen vermag. Die analoge Anwendung dieser, die Großen gegen die Kleinen begünstigenden Bestimmung auf den ganzen Kolonialwaarenhandel des Zollvereins möchte sich aber schwerlich rechtfertigen oder nur ausführen lassen.

Diesen Mißständen wird nicht nur nicht abgeholfen, sondern sie vermehren sich theilweise noch, wenn in den Vorhäfen besondere unter Aufsicht der Konsulate stehende Lagerhäuser errichtet werden, da alsdann erst von diesem Lagerhause ab die schließliche Disposition über die Waaren getroffen zu werden braucht, welche jetzt wenigstens gleich nach der Ankunft des Schiffes zu treffen wäre. Eine weitere Bestimmung etwa dahin, daß alle Waaren, welche einmal in ein solches Lagerhaus gebracht sind, nun auch wirklich nach dem Zollvereine gehen müssen, würde sich aber in Ermangelung jedes geeigneten Zwangsmittels, den fremden Regierungen gegenüber, gar nicht durchführen lassen. — Es müßten also die Konsulate der Zollvereinsstaaten in jenen Vorhäfen die Kontrolle über die für den Zollverein direkt bezogenen Waaren übernehmen, den Konsulaten müßte eine veränderte Organisation gegeben, ein besoldeter Beamter an die Spitze gestellt und denselben ein ausreichendes, zu besoldendes Hülfspersonal untergeordnet werden. Die so organisirten Konsulate würden dann die für den Zollverein bestimmten Waaren während ihrer etwaigen Lagerung in den Hafenplätzen unter Mitverschluß zu nehmen, Umpackungen zu beaufsichtigen, nach Umständen die Waaren vor deren Weiterbeförderung unter Siegel zu legen und für den Eingang derselben in das Zollvereinsgebiet eine Frist zu bestimmen haben.

Die Konsulate würden also in den Vorhäfen zwar ihren Namen Konsulate beibehalten, im Wesentlichen aber Zollämter sein. Völkerrechtliche Verträge müßten mit den fremden Regierungen über diese eigenthümlichen konsularischen Funktionen abgeschlossen werden.

Wenn nun aber auch alles dies erreicht wäre, wenn auch Mittel gefunden würden, die obigen Betrügereien mit den Konnaissementen zu verhindern, so würde der Zweck, unsere Binnenländer nun in unmittelbare Verbindung mit den transatlantischen Ländern, gleichsam an die Stelle der Vorhäfen, einrücken zu sehen, dennoch nicht erreicht sein. Denn die hanseatischen Häuser (so wie die in den belgischen und holländischen Vorhäfen) würden es sehr bald ihrem Interesse entsprechend finden, in den zunächst oberhalb der Strommündungen belegenen Handelsplätzen Kommanditen zu errichten, die Bremer etwa in Minden, die Hamburger in Wittenberge oder Magdeburg. Es brauchen alsdann nur ein für allemal alle, aus den Ursprungsländern nach den Hansestädten bestimmten Ladungen rabattfähiger Waaren an diese Kommanditen gerichtet und durch Konsularatteste certificirt zu werden. Dem hanseatischen Hause bleibt es dann bei der Ankunft der Schiffe unbenommen, ob und welche dieser Ladungen es an seinen Geschäftsträger im Zollvereine gelangen lassen will; alle, die es für vortheilhafter hält an andere Käufer abzusetzen, behält es zurück.

Dadurch aber wird der Zweck dieser Maaßregeln größtentheils aufgehoben, es werden nur die Belästigungen bleiben, und die Belästigungen werden in viel größerem Maaße auf die Abnehmer zweiter Hand im Zollverein zurückfallen; sie werden ganz vorzüglich die Erhöhung der Kosten für die Ladungs-Certifikationen und für die Errichtung der Kommanditen zu tragen haben. Würde es aber auch gelingen, daß die den Mündungshäfen zunächst oberhalb liegenden vereinsländischen Handelsplätze einen Theil des Eigenhandels jener Vorhäfen an sich ziehen, so daß etwa Magdeburg zunächst und Berlin einen Theil des Eigenhandels Hamburgs, Minden vielleicht einen Theil (schwerlich einen bedeutenden) des Bremer Handels erlangten, würde Köln vorzüglich, vermöge seiner glücklichen Lage am Vereinigungspunkte der natürlichen mit der künstlichen Ausmündung des Rheins, von der obigen Differenzialzollbegünstigung den reichlichsten Gebrauch zu machen im Stande sein (wenn Belgien und Holland nämlich sich jenen Vorschlägen bequemt hätten), so würde Mainz schon viel weniger und Frankfurt am Main noch weniger Vortheil davon ziehen können. Immer würden es die höheren Binnenländer sein, welche die Verluste tragen, und preußische Handelsplätze wären es, welche den nächsten Vortheil haben sollen.

Womit wollte aber Preußen den andern deutschen Staaten gegenüber diesen Plan rechtfertigen? Die Hoffnung auf eine dadurch zu steigernde Ausfuhr der Industrieerzeugnisse des Zollvereins ist eben eine Hoffnung, ein frommer Wunsch, und wie wir glauben, eine Chimäre. Die Vertheidiger dieses Planes haben es selber anerkannt, daß auf die Erlangung dauerhafter Vortheile, die in Bevorzugungen unserer Einfuhren von Industrieerzeugnissen in transatlantische Länder (Nordamerika, Brasilien) durch Zollrabatt bestehen würden, durchaus keine Rechnung zu machen sei. Die Union der nordamerikanischen Staaten hat derartige Vorschläge bereits abgelehnt; die Centralverwaltung jener Staaten hat mit kluger Rückhaltslosigkeit erklärt, daß den finanziellen und gewerblichen Interessen jener Staatsverbindung nur eine nach allen Seiten hin gleichmäßig treffende Zollscala (horizontal Scale) entsprechen könne; und keiner der transatlantischen Staaten wird sich jemals auf die Dauer herbeilassen, den Industrieerzeugnissen des Zollvereins zu Liebe exclusive Maaßregeln gegen andere Nationen zu ergreifen, welche ihn augenblicklich mit dem größten Markte der Welt und der größten Seemacht, England, so wie mit anderen europäischen Staaten in Zollkriege verwickeln würden. Gegen die wichtigste, die Konkurrenz englischer Fabrikwaaren namentlich, würde ein solcher exclusiver Vertrag nicht eingegangen oder nicht aufrecht erhalten werden; England hat sich durch die neuere Umgestaltung seiner Zollverfassung die Macht erschaffen, eine jede exclusive Zurücksetzung oder differenzielle Mehrbelastung seiner Industrieerzeugnisse in irgend einem Fremdlande durch Aufschlagszölle zu erwiedern; die wichtigsten transatlantischen Staaten stehen aber in viel zu umfassender Handelsverbindung schon allein mit dem britischen Markte, als daß sie sich der Gefahr aussetzen sollten, sich dort mit hohen Belästigungen getroffen zu sehen [1]). Nimmt man diesem Umstande gegenüber die Erklärung der vollziehenden Gewalt in den nordamerikanischen Freistaaten hinzu, daß man bei der Tarifregulirung sich aller dergleichen Unterschiedszölle zu enthalten habe, so wird der zollvereinsländische Fabrikant wohl die Hoffnung aufgeben müssen, sich durch Differenzialzölle, welche aus-

1) S. oben S. 120. Anm. 1.

schließlich der vereinsländischen Industrie zu gut kämen, auf transatlantischen Märkten begünstigt zu sehen.

Gehen wir daher in Deutschland den natürlichen Weg nationaler Einigung gegen das Ausland vorwärts ohne allzu künstliche und unpassende Pläne, die uns von dem Nächstzuerreichenden abführen. Machen wir im Zollvereine lieber deutschen Staaten, den Nordseestaaten, Concessionen, die uns geringere Opfer auferlegen, als Concessionen dem Auslande gegenüber. Einigen wir uns! Ohne Opfer giebt es keine Einigung, keine Vermittelung, keine Versöhnung. Und dann, wenn wir an das deutsche Meer vorgedrungen sind, wenn wir dort kräftige Waffen, einige Gesetze erreicht haben, gewinnen wir dem Auslande dasjenige ab, was in unserer Aller Interesse liegt, Achtung der nationalen Ehre, Beachtung auch unserer Interessen. Dies ist der Weg, der gerade zum Ziele führt, und die einfachste Politik ist die beste.

Druck von Brandes & Schultze in Berlin, Roßstraße No. 8.

Beilage I.

a) Eingabe der Stralsunder Kaufmannschaft an Sr. Excellenz den Herrn Finanz-Minister.

(Die Deputirten der Kaufmannschaft in Stralsund überreichen eine Erklärung vieler Kaufleute und Schiffs-Rheder in Stralsund, Greifswalde und Barth gegen den in Frage stehenden Differenzialzoll und gegen Schutzzölle überhaupt.)

Stralsund, den 9ten Aug. 1847.

Ew. Excellenz haben wir die anliegende Erklärung vieler Kaufleute und Schiffs-Rheder Neu-Vor-Pommerns ehrerbietigst zu überreichen. Es wird darin eigentlich nur das bestätigt, was bereits zur Zeit des vereinigten Landtages von mehreren Abgeordneten aus den Preußischen Ostseestädten gegen die Petition des Abgeordneten v. Heiden-Cartelow, die Einführung eines Differenzialzolles betreffend, bei Ew. Excellenz erklärt worden ist; indessen glaubten die diesseitigen zunächst Betheiligten jeden möglichen Zweifel über ihre Ansichten in Betreff des so allgemein wichtigen Gegenstandes beseitigen zu müssen und wir erfüllen nur eine uns obliegende Pflicht, indem wir die Förderung dieser Erklärung übernommen haben.

Ja, wir sehen uns dadurch noch besonders aufgefordert, auch an unserem Theile und auch im Namen derjenigen, deren Interessen wir mit zu vertreten haben und die an der beifolgenden Erklärung zufällig nicht Theil nehmen konnten, die feste Ueberzeugung auszusprechen: daß die in Antrag gekommene Maßregel eines Differenzial-Zoll-Systems gewissermaßen eine Kriegserklärung gegen den Handel und die Schifffahrt Europas zu nennen sei, wovon die unausbleiblichen Nachtheile, hauptsächlich der deutsche Zollverein, insbesondere aber Preußen und namentlich dessen Rhederei und Ostseehandel, in einem bedeutenden Umfange zu erleiden haben würden, ohne dadurch dem bezeichneten Ziele einer wahren allgemeinen Handelsfreiheit und reinen Gegenseitigkeit, auch nur um etwas näher zu kommen.

Wir enthalten uns billig jetzt, nachdem der Gegenstand schon so vielseitig öffentlich verhandelt worden ist, nachdem sich Preußens Rhederei, wie wir glauben, mit Achtung gebietender Einstimmigkeit gegen die dargebotene Verlockung ausgesprochen hat, nachdem die diplomatischen Noten Englands über diesen Gegenstand bekannt geworden sind, nachdem die Hamburger Staats-Denkschrift noch mehr Licht über die Handels-Interessen Deutschlands verbreitet hat — nach diesem Allen enthalten wir uns geziemend vor Ew. Excellenz in noch weitere Erörterungen über diesen Gegenstand einzugehen; aber wir glauben andrerseits uns zu der Erklärung für uns selbst verpflichtet und auch im Namen derer, die sich in der Anlage vernehmen lassen, befugt, daß hier keineswegs irgend eine Unterwürfigkeit gegen die Suprematie Englands in Handels- und Schifffahrts-Angelegenheiten des Welt-Verkehrs vorwalte, vielmehr wünschen und hoffen wir alle, daß Deutschland, daß Preußen in jeder Verhandlung mit England auf das kräftigste die Rechte der Gegenseitigkeit mit derjenigen Festigkeit fordere und vertrete, welche dem deutschen Volke, einem jeden andern gegenüber, wohl geziemet, wenn die Ansprüche, nach der Tendenz allgemeiner Handelsfreiheit, gerecht und billig sind.

Nur so dürfen wir hoffen, bei den Weisesten des englischen Volkes, dasjenige Entgegenkommen zu erleichtern, welches zu dem auch von ihnen längst ersehnten Ziele der großmöglichsten Handelsfreiheit auf dem kürzesten Wege führen kann. Wenn Englands Erfahrungen dasselbe weltkundig von jedem Schutzzoll und Prohibitiv-System zurückdrängen, so sollte Deutschland in seinen viel bedenklicheren Weltverhältnissen es nicht wagen wollen, dieselben Erfahrungen zu beginnen, während für Deutschland selbst nach dem Vorgeben der Schutzzöllner das größere Heil nur von allgemeiner Handelsfreiheit zu hoffen ist.

Ew. Excellenz gnädigster Berücksichtigung empfehlen wir demnach ehrerbietigst die entschiedenste Erklärung vieler Kaufleute und Schiffs-Rheder Neu-Vor-Pommerns gegen Einführung eines Differenzial-Zolls und gegen Schutzzölle überhaupt

gehorsamst

die Deputirten der Kaufmannschaft in Stralsund.

b) Erklärung der Kaufleute und Schiffs-Rheder Neu-Vor-Pommerns gegen Differenzialzölle.

Die unterzeichneten Kaufleute und Schiffs-Rheder Neu-Vor-Pommerns haben sich durch die Petition, welche der Herr von Heyden-Cartelow unterm 29ten April d. J. an die hohe Curie der drei Stände des in Berlin versammelten Vereinigten Landtages gerichtet hat, und wodurch die Einführung einer Zollbegünstigung für jede directe Importation von außereuropäischen Productionsländern auf Zollvereins- oder diesen gleichgestellten Schiffen — wenn auch über einen Nordsee-Hafen zwischen Schelde und Elbe eingehend, beantragt wird, veranlaßt gesehen, diesen Gegenstand in nähere Erwägung zu ziehen.

Sie haben dabei nicht bloß die für den Antrag in der erwähnten Petition angeführten Gründe, sammt und sonders, als ungenügend erkannt, sondern sind auch zu der Ueberzeugung gekommen, daß

I. die Maßregel, unter den bestehenden Verhältnissen, keinen der unter 1—4 in der Petition bezeichneten Zwecke erreichen könne, und

II. daß die wahrscheinlichen Folgen derselben für die allgemeinen Interessen des Deutschen Zollvereins und mehr noch für die Deutsche Nation im Allgemeinen sehr schädlich sein würden, und

III. daß zunächst sehr bedeutende Nachtheile für die Preußische Rhederei und den Preußischen Ostseehandel, mit Rückwirkuug auf Ackerwirthschaft und gesunden Fortschritt der Vaterländischen Industrie. mit Gewißheit vorauszusehen seien.

Die Unterzeichneten wollen sich hier auf eine genaue Erörterung ihrer Gründe für die ausgesprochenen Haupt-Ueberzeugungen nicht einlassen, sondern nur einige derselben kurz andeuten.

Zu I. Der Zoll-Verein hat zur Zeit keine andere Schiffs-Rhederei als die Preußische, und diese ihre einzige natürliche Basis in dem Ausfuhrhandel der Ostsee, die Schiffe finden ihre Hauptbeschäftigung in der Schifffahrt nach und von England, sie sind zu der allgemeinen Welt-Schifffahrt, mit sehr geringer Ausnahme, nicht brauchbar nnd ihre Theilnahme an der directen Importation kann, selbst durch eine Zoll-Begünstigung von 20 pro Cent ihnen nicht gesichert werden, da eine Menge anderer Verhältnisse diesen Weltverkehr den Häfen an der Nordsee und deren Schiffen zuweisen.

2. Wenn der vorgeschlagene Differenzial-Zoll den See-Handel des Zoll-Vereins entschädigen soll für die Nachtheile, welche die Mauthgesetze des Zoll-Vereins selbst begründet haben, so kann dieser innere Krieg der Gesetzgebung unmöglich im Haupt-Resultat nützlich sein für den Zoll-Verein selbst und für die Deutsche Nation.

3. Ebenso wenig kann der durch die Maßregel offen beabsichtigte Krieg gegen den Zwischen-Handel Englands und der Hansestädte Nutzen bringen für den Zollverein und die Deutsche Nation, da dieser Zwischen-Handel durchaus die directe Importation nicht hindert und dieselben nur dadurch und in soweit beschränkt, als er eben für den Deutschen Verkehr und den Deutschen Verbrauch nützlicher ist als jene directe Importation, denn sonst würde dieser Zwischen-Handel überall nicht bestehen. Den freien Handel und den Zwischen-Verkehr der Hanse-Städte zerstören, heißt dem Binnenlande alle überseeischen Waaren unnöthiger Weise vertheuern und die Ausfuhr der vaterländischen Production und Industrie muthwilliger Weise erschweren.

4. Das Mittel, wodurch diese Nachtheile herbeigeführt würden, wäre zugleich selbst ein nicht unbedeutendes Opfer, da der Unterschied der Zoll-Begünstigung offenbar die Einnahme der Vereins-Staaten schmälern, demnach von den Staatsbürgern auch anderweitig wieder übertragen werden müßte.

Demnächst zu II ist anzuführen.

1. Da die Maßregel sich offen als eine feindselige gegen die Hanse-Städte und die Europäischen See-Handels-Staaten ankündigt, zunächst von England als eine solche angesehen werden würde, so liegt nahe, daß namentlich dieses, den Welthandel zur Zeit noch beherrschende Land, sich nach Maßregeln umzusehen gezwungen wird, um die ihm angedroheten Nachtheile zu neutralisiren oder durch Gegen-Nachtheile hinlänglich zu vergelten. Es kann ja aber darüber nicht der geringste Zweifel sein, daß England dergleichen Gegenmaßregeln viel leichter auffinden und wirksam in Anwendung bringen kann, als wie es Seitens des Zoll-Vereins zu hindern oder zu vergelten wäre. Wo der einfache Gegenseitigkeits-Grundsatz nicht ausreicht, Handelsbegünstigungen zu erlangen, da werden anderweitige feindliche Maßregeln nichts bewirken können, als Nachtheile für diejenige Nation, welche damit beginnt, ohne wirklichen Krieg ankündigen zu können oder zu wollen.

2. Deshalb können auch dergleichen Demonstrationen zwar günstige Handels-Verträge zerstören, aber keine begründen. Wenn im vorliegenden Falle beabsichtigt wird, die Navigations-Acte und Prohibitiv-Gesetze Englands zu bekämpfen, so ist nicht zu übersehen daß die Britische Regierung sich schon seit Canning und Huskisson, demnächst unter Peel und Palmerston sehr geneigt erwiesen hat, von dergleichen unnatürlichen Handels-Zwangs-Gesetzen, welche die Zeit der Nützlichkeit selbst für England längst überdauert, vielmehr schon klar gemacht haben, daß die Englische Nation dadurch, neben unleugbaren Vortheilen, auch sehr erhebliche Nachtheile für sich selbst begründet habe, allmählig zurückzutreten, in soweit es die künstlich erzeugten Verhältnisse nur immer gestatten. Es ist nun klar, daß diejenige sehr starke Partei in Eng-

land, welche durch dieses allmählige Rückschreiten in Nachtheil geräth, offenbar gestärkt und zu größerem Widerstande aufgerufen wird durch jede drohende Maßregel des gegenüberstehenden Auslandes. Deshalb würde denn auch der Differenzial-Zoll nicht günstig, sondern nachtheilig für den beabsichtigten Zweck wirken, Maßregeln gegen die Deutsche Schifffahrt und den Deutschen Ein- und Ausfuhr-Handel in England und auch in allen von ihm mehr oder weniger abhängigen überseeischen Ländern hervorrufen oder verstärken und unterstützen.

Zu III. wird es ohne weitere Auseinandersetzung wohl klar sein, daß die von England zu erwartenden Gegenmaßregeln zunächst die Preußische Rhederei — als die einzige des Deutschen Zoll-Vereins — und den Ausfuhrhandel der Preußischen Ostsee-Küste um so sicherer treffen würde, als die diesseitigen Haupt-Produkte, Getraide und Holz, mit hohen Eingangszöllen belegt werden können, ohne wesentlichen Nachtheil für England, welches die Zufuhren aus Amerika, Rußland, Dänemark, Schweden, Norwegen u. s. w. nur um so viel mehr zu begünstigen braucht, um der reichlichsten Zufuhr stets sicher zu sein und Preußen zu zwingen mit den niedrigsten Preisen für seine Exporte vorlieb zu nehmen.

Es wäre also die Preußische Rhederei, der Ostsee-Handel, der Grundbesitz an der Preußischen Ostseeküste, worauf die Nachtheile sofort und zunächst fallen würden, welche ein solcher Differenzial-Zoll herbeiführen muß; Nachtheile, welche noch vergrößert würden durch den nothwendigen Beitrag, den diese Küstenländer zur Staatskasse leisten müßten, um den Ausfall am Zoll zu decken, der, wenn überhaupt, Schiffen der Nordseeküste oder einigen großen Handelshäusern für directe Einfuhr, oder aber, nach dem Grundzweck der Maßregel, den wenigen Fabrikanten zu Gute kommen würde, welche aus dieser Prämie dem Volke ein Proletariat künstlich heranbilden, das wenn die eigene Concurrenz der Fabrikationsgier erst die Prämie aufgezehrt hat, der Nation zur Verpflegung überwiesen wird.

Und, selbst wenn der angebliche nächste Zweck der Maßregel in Erfüllung gebracht — den Vereins- also zunächst den Preuß. Schiffs-Rhedereien, der ganze Vortheil der Zollbegünstigung gesichert werden könnte — was wäre es denn anders als eine künstliche Schutz-Zoll-Ueberreizung zum Schiffsbau, — wodurch doch manches Material vom Auslande vertheuert — die einheimische Fabrikation von Eisen und dgl. künstlich mehr als gut begünstigt und also irre geleitet werden würde. Käme dann die Zeit, daß die Maßregel den vorgegebenen Hauptzweck wirklich erreichte, käme die Zeit des freien Handels wirklich, dann wäre auch dieser Zweig menschlicher Thätigkeit auf eine unhaltbare Höhe gesteigert und müßte in mannigfaches Elend zurücksinken. Der Schiffbau an der Ostsee erhebt sich ohne Schutzzoll von selbst auf den natürlich angemessenen Höhen-Punkt. Die Werfte der Ostsee sind in guter Thätigkeit und würden bedeutender vorschreiten, wenn nur Hindernisse weggeräumt würden.

Diese Gründe nun sind es hauptsächlich, weshalb die unterzeichneten Neu-Vor-Pommerschen Schiffs-Rheder und Kaufleute ganz mit derjenigen Erklärung übereinstimmen, welche die Abgeordneten mehrerer Preußischen Ostsee-Städte zum Vereinigten Landtage in Berlin unterm 25. Juni 1847 gegen die Eingangs erwähnte Petition des Herrn von Heiden-Cartelow, bei des Herrn Finanz-Minister von Duesberg Excellenz eingereicht haben, und diese Gründe sind seitdem nicht wenig verstärkt worden durch die Erklärungen der Britischen Regierung, in den bekannt gewordenen diplomatischen Verhandlungen über diesen Gegenstand.

Daraus leuchten die Nachtheile schon deutlicher hervor, womit eine solche Maßregel zunächst die Preußische Rhederei und den Preußischen Ostseehandel bedrohen würde. —

Aber diese Verhandlungen führen auch auf diejenigen Nachtheile zurück, welche bereits durch das Schutz-Zoll-System des Deutschen Zollvereins für die Deutsche d. h. Preußische Rhederei selbst nach der hier besprochenen Petition herbeigeführt worden sind. Wenn hier nur kurz hingewiesen wird auf die Nachtheile und Hindernisse, welche diese Mauthgesetze durch Vertheuerung vieler Materialien zum Schiffbau diesem Gewerbe und der Schiffs-Rhederei aufgebürdet haben, so sagen die Noten Lord Palmerstons ja deutlich genug, -- wenn man es sonst nicht schon wüßte, — daß die Begünstigung der Meklenburgischen, Oldenburger und Hannöverschen Flaggen zum Nachtheile der Zoll-Vereins oder Preußischen Ostsee-Schiffs-Rhederei dem Schutz-Zoll-System zuzuschreiben sei, welches der Deutsche Zollverein den Englischen Interessen entgegengestellt hat. Nun fehlte nur noch, daß diese Rhederei als Entschädigung mit dem Differenzial-Zoll beladen würde, der als nächste Folgen wieder andere und zwar größere Nachtheile für dieselbe Rhederei ganz sicher voraussehen läßt und welche in den Noten Palmerstons schon verkündet worden. — Es liegt nun sehr nahe, daß zur Minderung der schon erzeugten Nachtheile der Zoll-Verein oder doch die Preußische Staats-Regierung die Beseitigung der gegen Schiffsbau und Rhederei gerichteten Mauth-Gesetze des Zoll-Vereins unverzüglich bewirken sollte, aber auch, daß ebendieselbe den Nachtheil durch Gegenmaßregeln zu heben suchen müßte, den die durch England der Preußischen Rhederei aufgebürdete Concurrenz fremder Flaggen in der Ausfuhr von Preußen nach England herbeigeführt hat. Es wissen aber die Unterzeichneten sehr wohl, daß hier Tractate und andere Bedenken entgegenstehen, auf deren Erörterung hier verzichtet wird.

Wenn aber aus den Aeußerungen Lord Palmerston's hervorgeht, daß eine Geneigtheit vorhanden ist, den letztberührten Nachtheil dadurch auszugleichen, daß den Preußischen Schiffen auch die Russischen Häfen zur Frachtfahrt nach England frei gegeben werden, so ist dieses schon eher als eine wünschenswerthe Einleitung anzusehen, die Nachtheile der Englischen Navigations-Acte mehr und mehr zu beseitigen und die Unterzeichneten können nur hoffen, daß die Hohen Preußischen Staatsbehörden bemühet sein werden, auf dem Wege strengster Gegenseitigkeit, nicht durch Androhung feindlicher Maßregeln, sondern immer durch friedliche Verhandlung mit England gemeinsam, die Segnungen zu erstreben, welche allein von immer größerer Handelsfreiheit, freiem Verkehr aller Völker, auch für Deutschland, für den Zollverein und namentlich für Preußen erwartet werden können.

Stralsund, im Juli 1847.

Heinr. Langemack, A. G. v. Rantzow, J. C. Bartels, J. A. Isenecker, Gust. Fr. Dieckelmann, J. H. Bartels, Ernst Billig, Carl Siebe, Ludw. Evers, M. Reimarus, F. A. Crotogino, Bollmann & Drews, D. H. Raßmus, Georg Palm, F. T. Musculus, B. A. Beug, L. Oesterreich jun., A. T. Kruse, A. G. Hoffmann, C. H. Roth, Carl Hecht, Eduard Klempin, Heinr. Israel, J. C. Platen, H. L. Fabrizius, A. Krumsee, Wilh. Vahl, T. Wegener, C. Albonico, Carl Weyergang, J. R. Kasten, Philipp Weyergang, Erich, J. M. Weinholz, A. Böllner, J. C. Blauert, H. F. Bade, Gust. v. Hacken, G. A. Blanck, Joh. Alb. Meyer, Carl Brandt, Ferd. Aug. Spalding & Sohn, M. H. Schmidt, J. J. Burmeister, C. E. Peters, J. F. Böttcher, J. J. Borkenhagen, H. J. Schmiedberg, J. L. Backhus, L. A. Grünwaldt.

B. Kaufleute und Schiffs-Rheder in Greifswald.

Herrmann Odebrecht, J. P. H. Weißenborn, C. Gräbener, W. Häger, Heinr. Lude, C. F. Pogge, Heinr. Friedr. Theod. Hollander, C. A. Fielitz, J. C. Müller. C. F. Schultze, C. Ehlichs, Carl Rosenthal, J. D. Hagen, C. Hinrichs, C. F. Voy, Aug. Franck, Wilh. Pütter, C. F. Schütze, J. H. Meyer, J. C. Lorentz, Ferd. Krause, J. F. Lentze, Fr. Peemüller, L. E. Christer, H. Culmbacher, C. H. Albonico, L. W. Ehlers, G. A. Friedrichs, C. H. Möller.

C. Kaufleute und Schiffs-Rheder in Barth.

Struck, Lönnies, W. A. Sarnow, C. M. Fäcks, J. F. W. Cowalschky, J. C. Beug, E. W. Ohrloff, R. Ebert, Pauli & Schmidt, H. F. Scheel, C. F. Rumler, J. J. Wallis Wwe., C. A. Jarchow, C. H. Friedrich, F. T. Schmidt, J. F. Schmidt, Wilhelm Goerne, Ed. Völcker, J. F. Fäcks, Schütt & Millahn, J. C. Röhl, J. R. Robbertus, Carl Ehlert, W. H. Sund, H. L. Laeck, Eduard Goerne, J. F. Lauckmann.

Beilage II.

Nachweisung

der

in den Häfen des Preußischen Staats in den Jahren 1846 und 1845 ein- und ausgegangenen

See-Schiffe,

einschließlich der Dampfschiffe und mit Ausschluß der Küstenfahrzeuge.

(Die größeren Zahlen weisen den Eingang, die kleineren den Ausgang nach.)

Nationalität der ein- und ausgegangenen Seeschiffe.	Länder, aus welchen die Schiffe gekommen oder wohin sie gegangen. 1. Dänemark. 1846. Summa der ein- und ausgegangenen Schiffe.	1846. deren Lastenzahl	1846. davon beladen: Schiffe.	1846. davon beladen: Lasten.	1846. mit Ballast: Schiffe.	1846. mit Ballast: Lasten.	1845. Summa der ein- und ausgegangenen Schiffe.	1845. deren Lastenzahl	1845. davon beladen: Schiffe.	1845. davon beladen: Lasten.	1845. mit Ballast: Schiffe.	1845. mit Ballast: Lasten.
Dänemark . . .	289	11,818	50	1,785	239	10,033	346	13,207	85	2,805	261	10,402
	286	10,509	184	8,101	102	2,408	315	11,479	213	9,561	102	1,918
Mecklenburg . . .	3	283	—	—	3	283	—	—	—	—	—	—
	2	270	2	270	—	—	3	363	3	363	—	—
Hansestädte . . .	2	106	2	106	—	—	1	32	1	32	—	—
	—	—	—	—	—	—	—	—	—	—	—	—
Rußland	—	—	—	—	—	—	—	—	—	—	—	—
	1	95	1	95	—	—	—	—	—	—	—	—
Schweden . . .	—	—	—	—	—	—	1	101	—	—	1	101
	4	268	4	268	—	—	11	729	9	476	2	253
Norwegen . . .	5	183	—	—	5	183	1	19	—	—	1	19
	15	485	8	276	7	209	21	835	10	435	11	400
Großbritannien . .	27	3,204	1	25	26	3,179	18	1,785	1	86	17	1,699
	2	129	—	—	2	129	—	—	—	—	—	—
Hannover	21	965	8	343	13	622	32	1,342	5	167	27	1,175
	6	216	4	169	2	47	7	134	5	106	2	28

Oldenburg . . .	4	163	—	—	4	163	4	188	2	90	2	98
	1	56	1	56	—	—	1	46	1	46	—	—
Niederlande . . .	14	685	1	41	13	644	18	740	6	227	12	513
	7	346	7	346	—	—	4	202	3	145	1	57
Belgien	—	—	—	—	—	—	—	—	—	—	—	—
	—	—	—	—	—	—	—	—	—	—	—	—
Frankreich . . .	—	—	—	—	—	—	1	87	1	87	—	—
	—	—	—	—	—	—	—	—	—	—	—	—
Portugal und Spanien	—	—	—	—	—	—	—	—	—	—	—	—
	—	—	—	—	—	—	—	—	—	—	—	—
Italien	—	—	—	—	—	—	—	—	—	—	—	—
	—	—	—	—	—	—	—	—	—	—	—	—
Nord-Amerika . .	—	—	—	—	—	—	—	—	—	—	—	—
	—	—	—	—	—	—	—	—	—	—	—	—
Brasilien	—	—	—	—	—	—	—	—	—	—	—	—
	—	—	—	—	—	—	—	—	—	—	—	—
Andere fremde Staaten	—	—	—	—	—	—	—	—	—	—	—	—
	—	—	—	—	—	—	—	—	—	—	—	—
Summa { Eingegangen	365	17,407	62	2,300	303	15,107	422	17,501	101	3,494	321	14,007
Summa { Ausgegangen	324	12,374	211	9,581	113	2,793	362	13,788	244	11,132	118	2,656
Summa	689	29,781	273	11,881	416	17,900	784	31,289	345	14,626	439	16,663
Preußen	406	18,359	70	2,842	336	15,517	353	16,165	85	3,417	268	12,748
	389	15,885	378	15,622	11	263	315	12,220	311	12,113	4	107
Summa	795	34,244	448	18,464	347	15,780	668	28,385	396	15,530	272	12,855
Summa { Eingegangen	771	35,766	132	5,142	639	30,624	775	33,666	186	6,911	589	26,755
Summa { Ausgegangen	713	28,259	589	25,203	124	3,056	677	26,008	555	23,245	122	2,763
Summa Summarum	1,484	64,025	721	30,345	763	33,680	1,452	59,674	741	30,156	711	29,518

Nationalität der ein- und ausgegangenen Seeschiffe.	Länder, aus welchen die Schiffe gekommen oder wohin sie gegangen. 2. Mecklenburg. 1846. Summa der ein- und ausgegangenen Schiffe.	1846. deren Lastenzahl.	1846. davon beladen: Schiffe.	1846. davon beladen: Lasten.	1846. mit Ballast: Schiffe.	1846. mit Ballast: Lasten.	1845. Summa der ein- und ausgegangenen Schiffe.	1845. deren Lastenzahl.	1845. davon beladen: Schiffe.	1845. davon beladen: Lasten.	1845. mit Ballast: Schiffe.	1845. mit Ballast: Lasten.
Dänemark . . .	—	—	—	—	—	—	6	110	2	35	4	75
	1	14	1	14	—	—	1	14	1	14	—	—
Mecklenburg . . .	78	11,241	2	136	76	11,105	16	1,100	5	107	11	993
	18	2,180	10	1,182	8	998	21	2,601	1	44	20	2,557
Hansestädte . . .	3	60	2	36	1	24	—	—	—	—	—	—
	2	48	1	24	1	24	—	—	—	—	—	—
Rußland	—	—	—	—	—	—	—	—	—	—	—	—
	—	—	—	—	—	—	—	—	—	—	—	—
Schweden . . .	1	90	—	—	1	90	—	—	—	—	—	—
	—	—	—	—	—	—	—	—	—	—	—	—
Norwegen . . .	—	—	—	—	—	—	—	—	—	—	—	—
	—	—	—	—	—	—	—	—	—	—	—	—
Großbritannien . .	—	—	—	—	—	—	—	—	—	—	—	—
	—	—	—	—	—	—	—	—	—	—	—	—
Hannover . . .	1	189	—	—	1	189	1	30	—	—	1	30
	—	—	—	—	—	—	1	7	1	7	—	—

Oldenburg . . .	—	—	—	—	—	—	—	—	—	—	—	—
	—	—	—	—	—	—	—	—	—	—	—	—
Niederlande . . .	—	—	—	—	—	—	1	56	—	—	1	56
	—	—	—	—	—	—	—	—	—	—	—	—
Belgien	—	—	—	—	—	—	—	—	—	—	—	—
	—	—	—	—	—	—	—	—	—	—	—	—
Frankreich . . .	—	—	—	—	—	—	—	—	—	—	—	—
	—	—	—	—	—	—	—	—	—	—	—	—
Portugal und Spanien	—	—	—	—	—	—	—	—	—	—	—	—
	—	—	—	—	—	—	—	—	—	—	—	—
Italien	—	—	—	—	—	—	—	—	—	—	—	—
	—	—	—	—	—	—	—	—	—	—	—	—
Nord-Amerika . .	—	—	—	—	—	—	—	—	—	—	—	—
	—	—	—	—	—	—	—	—	—	—	—	—
Brasilien	—	—	—	—	—	—	—	—	—	—	—	—
	—	—	—	—	—	—	—	—	—	—	—	—
Andere fremde Staaten	—	—	—	—	—	—	—	—	—	—	—	—
	—	—	—	—	—	—	—	—	—	—	—	—
Summa { Eingegangen	83	11,580	4	172	79	11,408	24	1,296	7	142	17	1,154
Summa { Ausgegangen	21	2,242	12	1,220	9	1,022	23	2,622	3	65	20	2,557
Summa	104	13,822	16	1,392	88	12,430	47	3,918	10	207	37	3,711
Preußen	31	722	12	256	19	466	18	1,316	6	199	12	1,117
	35	858	34	852	1	6	9	159	5	88	4	71
Summa	66	1,580	46	1,108	20	472	27	1,475	11	287	16	1,188
Summa { Eingegangen	114	12,302	16	428	98	11,874	42	2,612	13	341	29	2,271
Summa { Ausgegangen	56	3,100	46	2,072	10	1,028	32	2,781	8	153	24	2,628
Summa Summarum	170	15,402	62	2,500	108	12,902	74	5,393	21	494	53	4,899

Nationalität der ein- und ausgegangenen Seeschiffe.	Länder, aus welchen die Schiffe gekommen oder wohin sie gegangen. 3. Hansestädte. 1846. Summa der ein- und ausgegangenen Schiffe.	1846. deren Lastenzahl.	1846. davon beladen: Schiffe.	1846. davon beladen: Lasten.	1846. mit Ballast: Schiffe.	1846. mit Ballast: Lasten.	1845. Summa der ein- und ausgegangenen Schiffe.	1845. deren Lastenzahl.	1845. davon beladen: Schiffe.	1845. davon beladen: Lasten.	1845. mit Ballast: Schiffe.	1845. mit Ballast: Lasten.
Dänemark . . .	19	668	16	522	3	146	13	530	9	308	4	222
	6	155	6	155	—	—	32	799	32	799	—	—
Mecklenburg . . .	4	633	1	164	3	469	4	441	2	206	2	235
	—	—	—	—	—	—	1	124	1	124	—	—
Hansestädte . . .	35	1,816	23	1,038	12	778	21	876	15	587	6	289
	16	666	14	577	2	89	18	803	16	733	2	70
Rußland	11	770	—	—	11	770	13	898	1	58	12	840
	12	840	—	—	12	840	12	840	—	—	12	840
Schweden . . .	2	453	—	—	2	453	—	—	—	—	—	—
	1	55	—	—	1	55	—	—	—	—	—	—
Norwegen . . .	—	—	—	—	—	—	—	—	—	—	—	—
	5	229	5	229	—	—	4	242	4	242	—	—
Großbritannien . .	8	813	3	243	5	570	14	1,196	—	—	14	1,196
	—	—	—	—	—	—	—	—	—	—	—	—
Hannover	121	4,721	88	3,361	33	1,360	101	4,204	75	3,029	26	1,175
	40	1,503	37	1,468	3	35	53	1,682	50	1,635	3	47

Oldenburg . . .	32	1,737	27	1,399	5	338	38	2,002	31	1,587	7	415
	24	1,361	24	1,361	—	—	36	2,008	36	2,008	—	—
Niederlande . . .	44	2,069	37	1,783	7	286	47	2,319	37	1,780	10	539
	5	214	5	214	—	—	18	803	18	803	—	—
Belgien	—	—	—	—	—	—	—	—	—	—	—	—
	—	—	—	—	—	—	—	—	—	—	—	—
Frankreich . . .	1	68	1	68	—	—	2	123	2	123	—	—
	—	—	—	—	—	—	—	—	—	—	—	—
Portugal und Spanien	—	—	—	—	—	—	—	—	—	—	—	—
	—	—	—	—	—	—	—	—	—	—	—	—
Italien	—	—	—	—	—	—	—	—	—	—	—	—
	—	—	—	—	—	—	—	—	—	—	—	—
Nord-Amerika . .	—	—	—	—	—	—	—	—	—	—	—	—
	—	—	—	—	—	—	—	—	—	—	—	—
Brasilien	—	—	—	—	—	—	—	—	—	—	—	—
	—	—	—	—	—	—	—	—	—	—	—	—
Andere fremde Staaten	—	—	—	—	—	—	—	—	—	—	—	—
	—	—	—	—	—	—	—	—	—	—	—	—
Summa Eingegangen	277	13,748	196	8,578	81	5,170	253	12,589	172	7,678	81	4,911
Summa Ausgegangen	109	5,023	91	4,004	18	1,019	174	7,301	157	6.344	17	957
Summa	386	18,771	287	12,582	99	6,189	427	19,890	329	14,022	98	5,868
Preußen	29	2,141	18	1,092	11	1,049	38	3,660	28	2,139	10	1,521
	17	525	17	525	—	—	16	589	12	541	4	48
Summa	46	2,666	35	1,617	11	1,049	54	4,249	40	2,680	14	1,569
Summa Eingegangen	306	15,889	214	9,670	92	6,219	291	16,249	200	9,817	91	6,432
Summa Ausgegangen	126	5,548	108	4,529	18	1,019	190	7,890	169	6,885	21	1,005
Summa Summarum	432	21,437	322	14,199	110	7,238	481	24,139	369	16,702	112	7,437

Nationalität der ein- und ausgegangenen Seeschiffe.	Länder, aus welchen die Schiffe gekommen oder wohin sie gegangen. 4. Rußland. 1846. Summa der ein- und ausgegangenen Schiffe.	1846. deren Lastenzahl	1846. davon beladen Schiffe.	1846. davon beladen Lasten.	1846. mit Ballast Schiffe.	1846. mit Ballast Lasten.	1845. Summa der ein- und ausgegangenen Schiffe.	1845. deren Lastenzahl.	1845. davon beladen Schiffe.	1845. davon beladen Lasten.	1845. mit Ballast Schiffe.	1845. mit Ballast Lasten.
Dänemark . .	—	—	—	—	—	—	5	331	4	158	1	173
	1	75	—	—	1	75	3	162	1	70	2	92
Mecklenburg . .	1	68	1	68	—	—	5	522	5	522	—	—
	3	420	—	—	3	420	4	541	4	541	—	—
Hansestädte . . .	3	234	3	234	—	—	7	515	7	515	—	—
	3	263	1	36	2	227	7	548	5	289	2	259
Rußland	36	2,511	24	1,671	12	840	33	2,908	21	2068	12	840
	35	3,433	4	311	31	3,122	37	3,599	3	537	34	3,062
Schweden . . .	—	—	—	—	—	—	2	109	2	109	—	—
	2	125	—	—	2	125	1	52	—	—	1	52
Norwegen . . .	2	68	—	—	2	68	2	85	1	30	1	55
	7	272	6	227	1	45	6	481	1	46	5	435
Großbritannien . .	—	—	—	—	—	—	1	166	1	166	—	—
	125	16,737	1	489	124	16,548	64	8,945	6	572	58	8,373
Hannover	1	67	—	—	1	67	9	675	8	568	1	107
	5	304	—	—	5	304	3	222	3	222	—	—

Oldenburg . . .	—	—	—	—	—	—	5	311	5	311	—	—
	3	186	1	65	2	121	—	—	—	—	—	—
Niederlande . . .	—	—	—	—	—	—	—	—	—	—	—	—
	5	318	1	64	4	254	5	300	3	181	2	119
Belgien	—	—	—	—	—	—	—	—	—	—	—	—
	—	—	—	—	—	—	—	—	—	—	—	—
Frankreich . . .	—	—	—	—	—	—	—	—	—	—	—	—
	—	—	—	—	—	—	2	179	2	179	—	—
Portugal und Spanien	—	—	—	—	—	—	—	—	—	—	—	—
	—	—	—	—	—	—	—	—	—	—	—	—
Italien	—	—	—	—	—	—	—	—	—	—	—	—
	—	—	—	—	—	—	1	157	—	—	1	157
Nord-Amerika . .	—	—	—	—	—	—	—	—	—	—	—	—
	—	—	—	—	—	—	2	535	—	—	2	535
Brasilien	—	—	—	—	—	—	—	—	—	—	—	—
	—	—	—	—	—	—	—	—	—	—	—	—
Andere fremde Staaten	—	—	—	—	—	—	—	—	—	—	—	—
	—	—	—	—	—	—	—	—	—	—	—	—
Summa { Eingegangen	43	2,948	28	1,973	15	975	69	5,622	54	4,447	15	1,175
Summa { Ausgegangen	189	22,133	14	892	175	21,241	135	15,721	28	2,637	107	13,084
Summa	232	25,081	42	2,865	190	22,216	204	21,343	82	7,084	122	14,259
Preußen	57	4,638	57	4,638	—	—	76	7,111	70	6,236	6	875
	70	7,642	20	1,599	50	6,043	52	4,314	34	2,538	48	1,776
Summa	127	12,280	77	6,237	50	6,043	128	11,425	104	8,774	24	2,651
Summa { Eingegangen	100	7,586	85	6,611	15	975	145	12,733	124	10,683	21	2,050
Summa { Ausgegangen	259	29,775	34	2,491	225	27,284	187	20,035	62	5,175	125	14,860
Summa Summarum	359	37,361	119	9,102	240	28,259	332	32,768	186	15,858	146	16,910

Nationalität der ein- und ausgegangenen Seeschiffe.	Länder, aus welchen die Schiffe gekommen oder wohin sie gegangen. 5. Schweden. 1846.						1845.					
	Summa der ein- und ausgegangenen Schiffe.	deren Lastenzahl.	davon beladen		mit Ballast		Summa der ein- und ausgegangenen Schiffe.	deren Lastenzahl	davon beladen		mit Ballast	
			Schiffe.	Lasten.	Schiffe.	Lasten.			Schiffe.	Lasten.	Schiffe.	Lasten.
Dänemark . . .	2	50	—	—	2	50	2	42	1	35	1	7
	1	117	—	—	1	117	3	224	1	21	2	203
Mecklenburg . . .	—	—	—	—	—	—	—	—	—	—	—	—
	—	—	—	—	—	—	2	62	—	—	2	62
Hansestädte . . .	—	—	—	—	—	—	—	—	—	—	—	—
	1	138	—	—	1	138	—	—	—	—	—	—
Rußland	—	—	—	—	—	—	—	—	—	—	—	—
	1	119	—	—	1	119	—	—	—	—	—	—
Schweden . . .	134	6,717	131	6,482	3	235	88	4,420	86	4,338	2	82
	144	9,291	28	1,100	116	8,191	107	9,006	20	1,489	87	7,517
Norwegen . . .	6	181	4	124	2	57	—	—	—	—	—	—
	3	338	—	—	3	338	5	362	—	—	5	362
Großbritannien . .	3	379	2	218	1	161	4	344	—	—	4	344
	2	126	—	—	2	126	1	131	—	—	1	131
Hannover	—	—	—	—	—	—	—	—	—	—	—	—
	—	—	—	—	—	—	1	56	—	—	1	56

Oldenburg . . .	—	—	—	—	—	—	—	—	—	—	—	—
	—	—	—	—	—	—	—	—	—	—	—	—
Niederlande . . .	—	—	—	—	—	—	1	85	—	—	1	85
	—	—	—	—	—	—	1	41	1	41	—	—
Belgien	—	—	—	—	—	—	—	—	—	—	—	—
	—	—	—	—	—	—	—	—	—	—	—	—
Frankreich . . .	—	—	—	—	—	—	—	—	—	—	—	—
	—	—	—	—	—	—	—	—	—	—	—	—
Portugal und Spanien	—	—	—	—	—	—	—	—	—	—	—	—
	—	—	—	—	—	—	—	—	—	—	—	—
Italien	—	—	—	—	—	—	—	—	—	—	—	—
	—	—	—	—	—	—	—	—	—	—	—	—
Nord-Amerika . .	—	—	—	—	—	—	—	—	—	—	—	—
	3	538	—	—	3	538	1	192	—	—	1	192
Brasilien	—	—	—	—	—	—	—	—	—	—	—	—
	—	—	—	—	—	—	—	—	—	—	—	—
Andere fremde Staaten	—	—	—	—	—	—	—	—	—	—	—	—
	—	—	—	—	—	—	—	—	—	—	—	—
Summa { Eingegangen	145	7,327	137	6,824	8	503	95	4,891	87	4,373	8	518
Summa { Ausgegangen	155	10,667	28	1,100	127	9,567	121	10,074	22	1,551	99	8,523
Summa	300	17,994	165	7,924	135	10,070	216	14,965	109	5,924	107	9,041
Preußen	18	1,059	12	565	6	494	16	754	15	701	1	53
	20	1,257	4	338	16	919	15	805	5	263	10	542
Summa	38	2,316	16	903	22	1,413	31	1,559	20	964	11	595
Summa { Eingegangen	163	8,386	149	7,389	14	997	111	5,645	102	5,074	9	571
Summa { Ausgegangen	175	11,924	32	1,438	143	10,486	136	10,879	27	1,814	109	9,065
Summa Summarum	338	20,310	181	8,827	157	11,483	247	16,524	129	6,888	118	9,636

Nationalität der ein- und ausgegangenen Seeschiffe.	Länder, aus welchen die Schiffe gekommen oder wohin sie gegangen.															
	6. Norwegen.															
	1846.								1845.							
	Summa der ein- und ausgegangenen Schiffe.	deren Lastenzahl.	davon beladen		mit Ballast		Summa der ein- und ausgegangenen Schiffe.	deren Lastenzahl.	davon beladen		mit Ballast					
			Schiffe.	Lasten.	Schiffe.	Lasten.			Schiffe.	Lasten.	Schiffe.	Lasten.				
Dänemark . . .	80	2,801	71	2,519	9	282	83	2,950	83	2,950	—	—				
	40	1,259	37	1,156	3	103	36	1,159	33	1,058	3	101				
Mecklenburg . . .	—	—	—	—	—	—	1	67	1	67	—	—				
	—	—	—	—	—	—	—	—	—	—	—	—				
Hansestädte . . .	1	49	1	49	—	—	—	—	—	—	—	—				
	—	—	—	—	—	—	—	—	—	—	—	—				
Rußland	—	—	—	—	—	—	—	—	—	—	—	—				
	—	—	—	—	—	—	—	—	—	—	—	—				
Schweden . . .	4	138	4	138	—	—	1	75	1	75	—	—				
	1	42	1	42	—	—	3	135	3	135	—	—				
Norwegen . . .	410	13,254	409	13,221	1	33	318	10,339	312	10,074	6	265				
	360	11,319	196	6,301	164	5,018	283	8,827	105	3,404	178	5,423				
Großbritannien . .	4	287	3	201	1	86	2	181	2	181	—	—				
	—	—	—	—	—	—	—	—	—	—	—	—				
Hannover . . .	28	1,817	28	1,817	—	—	12	782	12	782	—	—				
	—	—	—	—	—	—	—	—	—	—	—	—				

Oldenburg . . .	1	52	1	52	—	—	1	51	1	51	—	—
	—	—	—	—	—	—	—	—	—	—	—	—
Niederlande . . .	32	2,181	32	2,181	—	—	12	886	12	886	—	—
	—	—	—	—	—	—	—	—	—	—	—	—
Belgien	—	—	—	—	—	—	—	—	—	—	—	—
	—	—	—	—	—	—	—	—	—	—	—	—
Frankreich . . .	—	—	—	—	—	—	—	—	—	—	—	—
	—	—	—	—	—	—	—	—	—	—	—	—
Portugal und Spanien	—	—	—	—	—	—	—	—	—	—	—	—
	—	—	—	—	—	—	—	—	—	—	—	—
Italien	—	—	—	—	—	—	—	—	—	—	—	—
	—	—	—	—	—	—	1	121	—	—	1	121
Nord-Amerika . .	—	—	—	—	—	—	—	—	—	—	—	—
	—	—	—	—	—	—	—	—	—	—	—	—
Brasilien	—	—	—	—	—	—	—	—	—	—	—	—
	—	—	—	—	—	—	—	—	—	—	—	—
Andere fremde Staaten	—	—	—	—	—	—	—	—	—	—	—	—
	—	—	—	—	—	—	—	—	—	—	—	—
Summa Eingegangen	560	20,579	549	20,178	11	401	430	15,331	424	15,066	6	265
Summa Ausgegangen	401	12 620	234	7,499	167	5,121	323	10,242	141	4,597	182	5,645
Summa	961	33,199	783	27,677	178	5,522	753	25,573	565	19,663	188	5,910
Preußen	15	896	15	896	—	—	20	1,691	18	1,547	2	144
	8	335	7	285	1	50	4	190	4	190	—	—
Summa	23	1,231	22	1,181	1	50	24	1,881	22	1,737	2	144
Summa Eingegangen	575	21,475	564	21,074	11	401	450	17,022	442	16,613	8	409
Summa Ausgegangen	409	12,955	241	7,784	168	5,171	327	10,432	145	4,787	182	5,645
Summa Summarum	984	34,430	805	28,858	179	5,572	777	27,454	587	21,400	190	6,054

Nationalität der ein- und ausgegangenen Seeschiffe.	Länder, aus welchen die Schiffe gekommen oder wohin sie gegangen. 7. Großbritannien. 1846. Summa der ein- und ausgegangenen Schiffe.	1846. deren Lastenzahl.	1846. davon beladen Schiffe.	1846. davon beladen Lasten.	1846. mit Ballast Schiffe.	1846. mit Ballast Lasten.	1845. Summa der ein- und ausgegangenen Schiffe.	1845. deren Lastenzahl.	1845. davon beladen Schiffe.	1845. davon beladen Lasten.	1845. mit Ballast Schiffe.	1845. mit Ballast Lasten.
Dänemark . . .	7	354	7	354	—	—	9	521	9	521	—	—
	30	1,386	29	1,280	1	106	34	1,850	34	1,850	—	—
Mecklenburg . . .	69	9,715	44	6,234	25	3,481	40	5,231	39	5,097	1	134
	105	15,358	105	15,358	—	—	11	1,302	11	1,302	—	—
Hansestädte . . .	2	105	1	60	1	45	2	91	2	91	—	—
	21	1,279	21	1,279	—	—	7	446	7	446	—	—
Rußland	2	198	2	198	—	—	1	140	1	140	—	—
	—	—	—	—	—	—	—	—	—	—	—	—
Schweden . . .	6	424	6	424	—	—	1	60	—	—	1	60
	2	112	2	112	—	—	2	335	1	63	1	272
Norwegen . . .	18	963	17	927	1	36	24	1,420	23	1,387	1	33
	16	864	16	864	—	—	21	995	20	941	1	54
Großbritannien . .	536	56,188	409	40,917	127	15,271	423	40,428	330	30,789	93	9,639
	444	43,012	438	42,866	6	146	404	36,428	395	35,573	9	855
Hannover	49	2,843	43	2,472	6	371	58	3,796	48	3,031	10	765
	176	9,153	176	9,153	—	—	162	8,389	162	8,389	—	—

Oldenburg . . .		[illegible]	[illegible]	4	[illegible]	1	[illegible]	—	—	—	—	—	—
		13	653	13	653	—	—	4	195	4	195	—	—
Niederlande . . .		17	1,246	13	1,051	4	195	16	1,081	14	878	2	203
		16	860	16	860	—	—	12	539	12	539	—	—
Belgien		—	—	—	—	—	—	—	—	—	—	—	—
		—	—	—	—	—	—	—	—	—	—	—	—
Frankreich . . .		—	—	—	—	—	—	—	—	—	—	—	—
		1	68	1	68	—	—	1	60	1	60	—	—
Portugal und Spanien		—	—	—	—	—	—	—	—	—	—	—	—
		—	—	—	—	—	—	—	—	—	—	—	—
Italien		—	—	—	—	—	—	—	—	—	—	—	—
		1	111	—	—	1	111	8	1,034	2	288	6	746
Nord-Amerika . .		—	—	—	—	—	—	—	—	—	—	—	—
		—	—	—	—	—	—	1	351	—	—	1	351
Brasilien		—	—	—	—	—	—	—	—	—	—	—	—
		—	—	—	—	—	—	—	—	—	—	—	—
Andere fremde Staaten		—	—	—	—	—	—	—	—	—	—	—	—
		—	—	—	—	—	—	—	—	—	—	—	—
Summa	Eingegangen	711	72,271	546	52,835	165	19,436	574	52,768	466	41,934	108	10,834
	Ausgegangen	825	72,856	817	72,493	8	363	667	51,924	649	49,646	18	2,278
	Summa	1,536	145,127	1,363	125,328	173	19,799	1,241	104,692	1,115	91,580	126	13,112
Preußen		1,290	188,374	880	112,054	410	76,320	1,246	179,330	950	121,606	296	57,724
		1,151	166,016	1,150	165,875	1	141	1,301	187,038	1,301	187,038	—	—
	Summa	2,441	354,390	2,030	277,929	411	76,461	2,547	366,368	2,251	308,644	296	57,724
Summa	Eingegangen	2,001	260,645	1,426	164,889	575	95,756	1,820	232,098	1,416	163,540	404	68,558
	Ausgegangen	1,976	238,872	1,967	238,368	9	504	1,968	238,962	1,950	236,684	18	2,278
Summa Summarum		3,977	499,517	3,393	403,257	584	96,260	3,788	471,060	3,366	400,224	422	70,836

Nationalität der ein- und ausgegangenen Seeschiffe.	Länder, aus welchen die Schiffe gekommen oder wohin sie gegangen. 8. Hannover. 1846. Summa der ein- und ausgegangenen Schiffe.	1846. deren Lastenzahl.	1846. davon beladen: Schiffe.	1846. davon beladen: Lasten.	1846. mit Ballast: Schiffe.	1846. mit Ballast: Lasten.	1845. Summa der ein- und ausgegangenen Schiffe.	1845. deren Lastenzahl.	1845. davon beladen: Schiffe.	1845. davon beladen: Lasten.	1845. mit Ballast: Schiffe.	1845. mit Ballast: Lasten.
Dänemark . .	1	12	1	12	—	—	—	—	—	—	—	—
	2	48	2	48	—	—	1	36	1	36	—	—
Mecklenburg . .	—	—	—	—	—	—	—	—	—	—	—	—
	—	—	—	—	—	—	—	—	—	—	—	—
Hansestädte . . .	—	—	—	—	—	—	—	—	—	—	—	—
	—	—	—	—	—	—	—	—	—	—	—	—
Rußland	—	—	—	—	—	—	—	—	—	—	—	—
	—	—	—	—	—	—	—	—	—	—	—	—
Schweden . . .	—	—	—	—	—	—	—	—	—	—	—	—
	—	—	—	—	—	—	—	—	—	—	—	—
Norwegen . . .	—	—	—	—	—	—	—	—	—	—	—	—
	1	140	1	140	—	—	1	41	—	—	1	41
Großbritannien . .	—	—	—	—	—	—	1	64	—	—	1	64
	—	—	—	—	—	—	—	—	—	—	—	—
Hannover	88	4,106	32	1,418	56	2,688	91	3,782	52	2,253	39	1,529
	42	2,238	41	2,196	1	42	45	2,929	45	2,929	—	—

Oldenburg . . .	1	60	—	—	1	60	1	31	—	—	1	31
	1	44	1	44	—	—	2	90	2	90	—	—
Niederlande . . .	1	52	1	52	—	—	1	38	1	38	—	—
	2	86	2	86	—	—	1	33	1	33	—	—
Belgien	—	—	—	—	—	—	—	—	—	—	—	—
	—	—	—	—	—	—	—	—	—	—	—	—
Frankreich . . .	—	—	—	—	—	—	—	—	—	—	—	—
	—	—	—	—	—	—	—	—	—	—	—	—
Portugal und Spanien	—	—	—	—	—	—	—	—	—	—	—	—
	—	—	—	—	—	—	—	—	—	—	—	—
Italien	—	—	—	—	—	—	—	—	—	—	—	—
	—	—	—	—	—	—	—	—	—	—	—	—
Nord-Amerika . .	—	—	—	—	—	—	—	—	—	—	—	—
	—	—	—	—	—	—	—	—	—	—	—	—
Brasilien	—	—	—	—	—	—	—	—	—	—	—	—
	—	—	—	—	—	—	—	—	—	—	—	—
Andere fremde Staaten	—	—	—	—	—	—	—	—	—	—	—	—
	—	—	—	—	—	—	—	—	—	—	—	—
Summa { Eingegangen	91	4,230	34	1,482	57	2,748	94	3,915	53	2,291	41	1,624
Summa { Ausgegangen	48	2,556	47	2,514	1	42	50	3,129	49	3,088	1	41
Summa	139	6,786	81	3,996	58	2,790	144	7,044	102	5,379	42	1,665
Preußen	1	36	—	—	1	36	—	—	—	—	—	—
	3	185	3	185	—	—	—	—	—	—	—	—
Summa	4	221	3	185	1	36	—	—	—	—	—	—
Summa { Eingegangen	92	4,266	34	1,482	58	2,784	94	3,915	53	2,291	41	1,624
Summa { Ausgegangen	51	2,741	50	2,699	1	42	50	3,129	49	3,088	1	41
Summa Summarum	143	7,007	84	4,181	59	2,826	144	7,044	102	5,379	42	1,665

4

Nationalität der ein- und ausgegangenen Seeschiffe.	Länder, aus welchen die Schiffe gekommen oder wohin sie gegangen. 9. Oldenburg. 1846. Summa der ein- und ausgegangenen Schiffe.	1846. deren Lastenzahl	1846. davon beladen: Schiffe.	1846. davon beladen: Lasten.	1846. mit Ballast: Schiffe.	1846. mit Ballast: Lasten.	1845. Summa der ein- und ausgegangenen Schiffe.	1845. deren Lastenzahl	1845. davon beladen: Schiffe.	1845. davon beladen: Lasten.	1845. mit Ballast: Schiffe.	1845. mit Ballast: Lasten.
Dänemark . . .	—	—	—	—	—	—	—	—	—	—	—	—
	—	—	—	—	—	—	—	—	—	—	—	—
Mecklenburg . . .	—	—	—	—	—	—	—	—	—	—	—	—
	—	—	—	—	—	—	—	—	—	—	—	—
Hansestädte . . .	—	—	—	—	—	—	—	—	—	—	—	—
	—	—	—	—	—	—	—	—	—	—	—	—
Rußland	—	—	—	—	—	—	—	—	—	—	—	—
	—	—	—	—	—	—	—	—	—	—	—	—
Schweden . . .	—	—	—	—	—	—	—	—	—	—	—	—
	—	—	—	—	—	—	—	—	—	—	—	—
Norwegen . . .	—	—	—	—	—	—	—	—	—	—	—	—
	—	—	—	—	—	—	—	—	—	—	—	—
Großbritannien . .	1	32	—	—	1	32	—	—	—	—	—	—
	—	—	—	—	—	—	—	—	—	—	—	—
Hannover	2	70	—	—	2	70	9	516	—	—	9	516
	4	183	4	183	—	—	7	302	7	302	—	—

Oldenburg . . .	13	683	1	40	14	643	21	940	4	115	17	825
	11	421	11	421	—	—	26	1,124	26	1,124	—	—
Niederlande . . .	—	—	—	—	—	—	—	—	—	—	—	—
	—	—	—	—	—	—	2	80	2	80	—	—
Belgien	—	—	—	—	—	—	—	—	—	—	—	—
	—	—	—	—	—	—	—	—	—	—	—	—
Frankreich . . .	—	—	—	—	—	—	—	—	—	—	—	—
	—	—	—	—	—	—	—	—	—	—	—	—
Portugal und Spanien	—	—	—	—	—	—	—	—	—	—	—	—
	—	—	—	—	—	—	—	—	—	—	—	—
Italien	—	—	—	—	—	—	—	—	—	—	—	—
	—	—	—	—	—	—	—	—	—	—	—	—
Nord-Amerika . .	—	—	—	—	—	—	—	—	—	—	—	—
	—	—	—	—	—	—	—	—	—	—	—	—
Brasilien	—	—	—	—	—	—	—	—	—	—	—	—
	—	—	—	—	—	—	—	—	—	—	—	—
Andere fremde Staaten	—	—	—	—	—	—	—	—	—	—	—	—
	—	—	—	—	—	—	—	—	—	—	—	—
Summa { Eingegangen	18	785	1	40	17	745	30	1,456	4	115	26	1,341
Summa { Ausgegangen	15	604	15	604	—	—	35	1,506	35	1,506	—	—
Summa	33	1,389	16	644	17	745	65	2,962	39	1,621	26	1,341
Preußen	1	181	—	—	1	181	—	—	—	—	—	—
	—	—	—	—	—	—	—	—	—	—	—	—
Summa	1	181	—	—	1	181	—	—	—	—	—	—
Summa { Eingegangen	19	966	1	40	18	926	30	1,456	4	115	26	1,341
Summa { Ausgegangen	15	604	15	604	—	—	35	1,506	35	1,506	—	—
Summa Summarum	34	1,570	16	644	18	926	65	2,962	39	1,621	26	1,341

Nationalität der ein- und ausgegangenen Seeschiffe.	Länder, aus welchen die Schiffe gekommen oder wohin sie gegangen. 10. Niederlande. 1846. Summa der ein- und ausgegangenen Schiffe.	1846. deren Lastenzahl.	1846. davon beladen Schiffe.	1846. davon beladen Lasten.	1846. mit Ballast Schiffe.	1846. mit Ballast Lasten.	1845. Summa der ein- und ausgegangenen Schiffe.	1845. deren Lastenzahl.	1845. davon beladen Schiffe.	1845. davon beladen Lasten.	1845. mit Ballast Schiffe.	1845. mit Ballast Lasten.
Dänemark . . .	3	106	3	106	—	—	3	156	3	156	—	—
	17	956	17	956	—	—	13	529	13	529	—	—
Mecklenburg . . .	4	504	1	138	3	366	—	—	—	—	—	—
	11	1,376	11	1,376	—	—	6	667	6	667	—	—
Hansestädte . . .	—	—	—	—	—	—	—	—	—	—	—	—
	5	200	5	200	—	—	1	46	1	46	—	—
Rußland	—	—	—	—	—	—	—	—	—	—	—	—
	1	58	1	58	—	—	—	—	—	—	—	—
Schweden . . .	—	—	—	—	—	—	1	49	1	49	—	—
	2	119	2	119	—	—	2	119	2	119	—	—
Norwegen . . .	3	660	—	—	3	660	—	—	—	—	—	—
	34	2,042	34	2,042	—	—	15	694	15	694	—	—
Großbritannien . .	—	—	—	—	—	—	5	424	1	83	4	341
	6	507	6	507	—	—	6	422	6	422	—	—
Hannover . . .	36	1,901	20	953	16	948	35	2,236	24	1,370	11	866
	69	3,735	69	3,735	—	—	47	3,011	46	2,914	1	97

Oldenburg . . .	1	38	1	38	—	—	—	—	—	—	—	—
	3	167	3	167	—	—	—	—	—	—	—	—
Niederlande . . .	253	15,672	148	8,569	105	7,103	212	12,743	144	8,823	68	3,920
	301	18,506	300	18,425	1	81	257	15,301	255	15,251	2	50
Belgien	—	—	—	—	—	—	—	—	—	—	—	—
	—	—	—	—	—	—	1	50	1	50	—	—
Frankreich . . .	—	—	—	—	—	—	1	81	—	—	1	81
	—	—	—	—	—	—	—	—	—	—	—	—
Portugal und Spanien	—	—	—	—	—	—	—	—	—	—	—	—
	—	—	—	—	—	—	—	—	—	—	—	—
Italien	—	—	—	—	—	—	—	—	—	—	—	—
	—	—	—	—	—	—	—	—	—	—	—	—
Nord-Amerika . .	—	—	—	—	—	—	—	—	—	—	—	—
	—	—	—	—	—	—	—	—	—	—	—	—
Brasilien	—	—	—	—	—	—	—	—	—	—	—	—
	—	—	—	—	—	—	—	—	—	—	—	—
Andere fremde Staaten	—	—	—	—	—	—	—	—	—	—	—	—
	—	—	—	—	—	—	—	—	—	—	—	—
Summa { Eingegangen	300	18,881	173	9,804	127	9,077	257	15,689	173	10,481	84	5,208
Summa { Ausgegangen	449	27,666	448	27,585	1	81	348	20,839	345	20,692	3	147
Summa	749	46,547	621	37,389	128	9,158	605	36,528	518	31,173	87	5,355
Preußen	124	12,066	60	5,138	64	6,928	46	4,841	24	2,604	22	2,237
	179	16,430	179	16,430	—	—	72	7,225	72	7,225	—	—
Summa	303	28,496	239	21,568	64	6,928	118	12,066	96	9,829	22	2,237
Summa { Eingegangen	424	30,947	233	14,942	191	16,005	303	20,530	197	13,085	106	7,445
Summa { Ausgegangen	628	44,096	627	44,015	1	81	420	28,064	417	27,917	3	147
Summa Summarum	1,052	75,043	860	58,957	192	16,086	723	48,594	614	41,002	109	7,592

Nationalität der ein- und ausgegangenen Seeschiffe.	Länder, aus welchen die Schiffe gekommen oder wohin sie gegangen. 11. Belgien. 1846. Summa der ein- und ausgegangenen Schiffe.	1846. deren Lastenzahl.	1846. davon beladen: Schiffe.	1846. davon beladen: Lasten.	1846. mit Ballast: Schiffe.	1846. mit Ballast: Lasten.	1845. Summa der ein- und ausgegangenen Schiffe.	1845. deren Lastenzahl.	1845. davon beladen: Schiffe.	1845. davon beladen: Lasten.	1845. mit Ballast: Schiffe.	1845. mit Ballast: Lasten.
Dänemark . . .	4	148	4	148	—	—	1	176	—	—	1	176
	17	1,065	17	1,065	—	—	15	917	15	917	—	—
Mecklenburg . . .	2	249	—	—	2	249	5	585	—	—	5	585
	3	489	3	489	—	—	4	543	4	543	—	—
Hansestädte . . .	—	—	—	—	—	—	1	198	—	—	1	198
	1	83	1	83	—	—	1	45	1	45	—	—
Rußland	—	—	—	—	—	—	—	—	—	—	—	—
	—	—	—	—	—	—	—	—	—	—	—	—
Schweden . . .	1	59	1	59	—	—	1	77	1	77	—	—
	1	59	1	59	—	—	1	118	1	118	—	—
Norwegen . . .	—	—	—	—	—	—	1	45	1	45	—	—
	6	355	6	355	—	—	6	365	6	365	—	—
Großbritannien . .	1	74	1	74	—	—	—	—	—	—	—	—
	4	403	4	403	—	—	6	493	6	493	—	—
Hannover	34	1,878	21	1,067	13	811	27	1,856	10	338	17	1,318
	31	1,511	31	1,511	—	—	38	2,089	38	2,089	—	—

Oldenburg . . .	—	—	—	—	—	—	—	—	—	—	—	—
	—	—	—	—	—	—	—	—	—	—	—	—
Niederlande . . .	18	1,236	3	121	15	1,115	10	517	6	281	4	236
	13	740	13	740	—	—	12	713	12	713	—	—
Belgien	—	—	—	—	—	—	1	50	1	50	—	—
	—	—	—	—	—	—	—	—	—	—	—	—
Frankreich . . .	—	—	—	—	—	—	—	—	—	—	—	—
	1	57	1	57	—	—	1	60	1	60	—	—
Portugal und Spanien	—	—	—	—	—	—	—	—	—	—	—	—
	—	—	—	—	—	—	—	—	—	—	—	—
Italien	—	—	—	—	—	—	—	—	—	—	—	—
	—	—	—	—	—	—	—	—	—	—	—	—
Nord-Amerika . .	—	—	—	—	—	—	—	—	—	—	—	—
	—	—	—	—	—	—	—	—	—	—	—	—
Brasilien	—	—	—	—	—	—	—	—	—	—	—	—
	—	—	—	—	—	—	—	—	—	—	—	—
Andere fremde Staaten	—	—	—	—	—	—	—	—	—	—	—	—
	—	—	—	—	—	—	—	—	—	—	—	—
Summa { Eingegangen	60	3,644	30	1,469	30	2,175	47	3,504	19	991	28	2,513
Summa { Ausgegangen	77	4,762	77	4,762	—	—	84	5,343	84	5,343	—	—
Summa	137	8,406	107	6,231	30	2,175	131	8,847	103	6,334	28	2,513
Preußen	81	9,688	26	3,251	55	6,437	38	5,483	4	686	34	4,797
	107	11,765	107	11,765	—	—	61	6,669	61	6,669	—	—
Summa	188	21,453	133	15,016	55	6,437	99	12,152	65	7,355	34	4,797
Summa { Eingegangen	141	13,332	56	4,720	85	8,612	85	8,987	23	1,677	62	7,310
Summa { Ausgegangen	184	16,527	184	16,527	—	—	145	12,012	145	12,012	—	—
Summa Summarum	325	29,859	240	21,247	85	8,612	230	20,999	168	13,689	62	7,310

Nationalität der ein- und ausgegangenen Seeschiffe.	Länder, aus welchen die Schiffe gekommen oder wohin sie gegangen. 12. Frankreich. 1846. Summa der ein- und ausgegangenen Schiffe.	deren Lastenzahl.	davon beladen: Schiffe.	davon beladen: Lasten.	mit Ballast: Schiffe.	mit Ballast: Lasten.	1845. Summa der ein- und ausgegangenen Schiffe.	deren Lastenzahl.	davon beladen: Schiffe.	davon beladen: Lasten.	mit Ballast: Schiffe.	mit Ballast: Lasten.
Dänemark . .	—	—	—	—	—	—	1	36	1	36	—	—
	4	426	4	426	—	—	2	231	2	231	—	—
Mecklenburg . .	1	156	—	—	1	156	3	274	2	135	1	139
	22	3,486	22	3,486	—	—	18	2,624	18	2,624	—	—
Hansestädte . . .	—	—	—	—	—	—	1	151	1	151	—	—
	2	435	2	435	—	—	—	—	—	—	—	—
Rußland	1	309	1	309	—	—	1	250	1	250	—	—
	—	—	—	—	—	—	—	—	—	—	—	—
Schweden . . .	1	75	1	75	—	—	—	—	—	—	—	—
	6	1,220	6	1,220	—	—	2	152	2	152	—	—
Norwegen . . .	1	39	—	—	1	39	1	126	1	126	—	—
	4	488	4	488	—	—	5	597	5	597	—	—
Großbritannien . .	1	87	—	—	1	87	1	81	—	—	1	81
	—	—	—	—	—	—	—	—	—	—	—	—
Hannover	6	461	2	214	4	247	6	446	6	446	—	—
	17	1,177	17	1,177	—	—	7	588	7	588	—	—

Oldenburg . . .	1	40	1	40	—	—	—	—	—	—	—	—
	3	168	3	168	—	—	3	249	3	249	—	—
Niederlande . . .	15	1,031	12	830	3	201	4	221	2	117	2	104
	25	1,606	25	1,606	—	—	12	837	12	837	—	—
Belgien	—	—	—	—	—	—	—	—	—	—	—	—
	—	—	—	—	—	—	—	—	—	—	—	—
Frankreich . .	20	1,330	13	801	7	529	40	2,584	11	684	29	1,900
	19	1,273	19	1,273	—	—	40	2,576	40	2,576	—	—
Portugal und Spanien	—	—	—	—	—	—	—	—	—	—	—	—
	—	—	—	—	—	—	—	—	—	—	—	—
Italien	—	—	—	—	—	—	—	—	—	—	—	—
	—	—	—	—	—	—	—	—	—	—	—	—
Nord-Amerika . .	—	—	—	—	—	—	—	—	—	—	—	—
	—	—	—	—	—	—	—	—	—	—	—	—
Brasilien	—	—	—	—	—	—	—	—	—	—	—	—
	—	—	—	—	—	—	—	—	—	—	—	—
Andere fremde Staaten	—	—	—	—	—	—	—	—	—	—	—	—
	—	—	—	—	—	—	—	—	—	—	—	—
Summa { Eingegangen	47	3,528	30	2,269	17	1,259	58	4,169	25	1,945	33	2,224
Summa { Ausgegangen	102	10,279	102	10,279	—	—	89	7,854	89	7,854	—	—
Summa	149	13,807	132	12,548	17	1,259	147	12,023	114	9,799	33	2,224
Preußen	97	16,971	23	3,143	74	13,828	48	7,787	23	2 605	25	5,182
	234	36,762	234	36,762	—	—	108	17,501	108	17,501	—	—
Summa	331	53,733	257	39,905	74	13,828	156	25,288	131	20,106	25	5,182
Summa { Eingegangen	144	20,499	53	5,412	91	15,087	106	11,956	48	4,550	58	7,406
Summa { Ausgegangen	336	47,041	336	47,041	—	—	197	25,355	197	25,355	—	—
Summa Summarum	480	67,540	389	52,453	91	15,087	303	37,311	245	29,905	58	7,406

Nationalität der ein- und ausgegangenen Seeschiffe.	Länder, aus welchen die Schiffe gekommen oder wohin sie gegangen. 13. Portugal und Spanien. 1846. Summa der ein- und ausgegangenen Schiffe.	1846. deren Lastenzahl	1846. davon beladen: Schiffe.	1846. davon beladen: Lasten.	1846. mit Ballast: Schiffe.	1846. mit Ballast: Lasten.	1845. Summa der ein- und ausgegangenen Schiffe.	1845. deren Lastenzahl	1845. davon beladen: Schiffe.	1845. davon beladen: Lasten.	1845. mit Ballast: Schiffe.	1845. mit Ballast: Lasten.
Dänemark . . .	4	326	4	326	—	..	1	54	1	54	—	—
	1	65	1	65	—	—	—	—	—	—	—	—
Mecklenburg . . .	3	435	2	291	1	144	—	—	—	—	—	—
	1	144	1	144	—	—	—	—	—	—	—	—
Hansestädte . . .	1	85	1	85	—	—	1	81	1	81	—	—
	—	—	—	—	—	—	—	—	—	—	—	—
Rußland	—	—	—	—	—	—	—	—	—	—	—	—
	—	—	—	—	—	—	—	—	—	—	—	—
Schweden . . .	1	139	1	139	—	—	1	92	1	92	—	—
	—	—	—	—	—	—	—	—	—	—	—	—
Norwegen . . .	—	—	—	—	—	—	2	135	2	135	—	—
	—	—	—	—	—	—	—	—	—	—	—	—
Großbritannien . .	—	—	—	—	—	—	1	71	1	71	—	—
	—	—	—	—	—	—	—	—	—	—	—	—
Hannover	—	—	—	—	—	—	—	—	—	—	—	—
	—	—	—	—	—	—	—	—	—	—	—	—

Oldenburg	1	87	1	87	—	—	—	—	—	—	—	—
Niederlande . . .	—	—	—	—	—	—	—	—	—	—	—	—
Belgien	—	—	—	—	—	—	—	—	—	—	—	—
Frankreich . . .	—	—	—	—	—	—	—	—	—	—	—	—
Portugal und Spanien	—	—	—	—	—	—	—	—	—	—	—	—
Italien	—	—	—	—	—	—	—	—	—	—	—	—
Nord-Amerika . .	—	—	—	—	—	—	—	—	—	—	—	—
Brasilien	—	—	—	—	—	—	—	—	—	—	—	—
Andere fremde Staaten	—	—	—	—	—	—	—	—	—	—	—	—
Summa { Eingegangen	10	1,072	9	928	1	144	6	433	6	433	—	—
Summa { Ausgegangen	2	209	2	209	—	—	—	—	—	—	—	—
Summa	12	1,281	11	1,137	1	144	6	433	6	433	—	—
Preußen	56	9,771	55	9,648	1	123	27	4,808	27	4,808	—	—
	13	2,038	13	2,038	—	—	4	621	4	621	—	—
Summa	69	11,809	68	11,686	1	123	31	5,429	31	5,429	—	—
Summa { Eingegangen	66	10,843	61	10,576	2	267	33	5,241	33	5,241	—	—
Summa { Ausgegangen	15	2,247	15	2,247	—	—	4	621	4	621	—	—
Summa Summarum	81	13,090	76	12,823	2	267	37	5,862	37	5,862	—	—

Nationalität der ein- und ausgegangenen Seeschiffe.	Länder, aus welchen die Schiffe gekommen oder wohin sie gegangen. 14. Italien. 1846. Summa der ein- und ausgegangenen Schiffe.	1846. deren Lastenzahl.	1846. davon beladen: Schiffe.	1846. davon beladen: Lasten.	1846. mit Ballast: Schiffe.	1846. mit Ballast: Lasten.	1845. Summa der ein- und ausgegangenen Schiffe.	1845. deren Lastenzahl.	1845. davon beladen: Schiffe.	1845. davon beladen: Lasten.	1845. mit Ballast: Schiffe.	1845. mit Ballast: Lasten.
Dänemark . . .	4	287	4	287	—	—	5	396	5	396	—	—
Mecklenburg . . .	—	—	—	—	—	—	—	—	—	—	—	—
Hansestädte . . .	—	—	—	—	—	—	—	—	—	—	—	—
Rußland	1	97	1	97	—	—	—	—	—	—	—	—
Schweden . . .	—	—	—	—	—	—	2	334	2	334	—	—
Norwegen . . .	—	—	—	—	—	—	—	—	—	—	—	—
Großbritannien . .	1	85	1	85	—	—	—	—	—	—	—	—
Hannover . . .	—	—	—	—	—	—	—	—	—	—	—	—

Oldenburg . . .	—	—	—	—	—	—	—	—	—	—	—	—
	—	—	—	—	—	—	—	—	—	—	—	—
Niederlande . . .	—	—	—	—	—	—	—	—	—	—	—	—
	—	—	—	—	—	—	—	—	—	—	—	—
Belgien	—	—	—	—	—	—	—	—	—	—	—	—
	—	—	—	—	—	—	—	—	—	—	—	—
Frankreich . . .	—	—	—	—	—	—	—	—	—	—	—	—
	—	—	—	—	—	—	—	—	—	—	—	—
Portugal und Spanien	—	—	—	—	—	—	—	—	—	—	—	—
	—	—	—	—	—	—	—	—	—	—	—	—
Italien	1	111	1	111	—	—	10	1,312	10	1,312	—	—
	—	—	—	—	—	—	—	—	—	—	—	—
Nord-Amerika . .	—	—	—	—	—	—	—	—	—	—	—	—
	—	—	—	—	—	—	—	—	—	—	—	—
Brasilien	—	—	—	—	—	—	—	—	—	—	—	—
	—	—	—	—	—	—	—	—	—	—	—	—
Andere fremde Staaten	—	—	—	—	—	—	—	—	—	—	—	—
	—	—	—	—	—	—	—	—	—	—	—	—
Summa { Eingegangen	7	580	7	580	—	—	17	2,042	17	2,042	—	—
Summa { Ausgegangen	—	—	—	—	—	—	—	—	—	—	—	—
Summa	7	580	7	580	—	—	17	2,042	17	2,042	—	—
Preußen	1	181	1	181	—	—	1	137	1	137	—	—
	—	—	—	—	—	—	—	—	—	—	—	—
Summa	1	181	1	181	—	—	1	137	1	137	—	—
Summa { Eingegangen	8	761	8	761	—	—	18	2,179	18	2,179	—	—
Summa { Ausgegangen	—	—	—	—	—	—	—	—	—	—	—	—
Summa Summarum	8	761	8	761	—	—	18	2,179	18	2,179	—	—

Nationalität der ein- und ausgegangenen Seeschiffe.	Länder, aus welchen die Schiffe gekommen oder wohin sie gegangen. 15. Nord-Amerika. 1846. Summa der ein- und ausgegangenen Schiffe.	1846. deren Lastenzahl.	1846. davon beladen: Schiffe.	1846. davon beladen: Lasten.	1846. mit Ballast: Schiffe.	1846. mit Ballast: Lasten.	1845. Summa der ein- und ausgegangenen Schiffe.	1845. deren Lastenzahl.	1845. davon beladen: Schiffe.	1845. davon beladen: Lasten.	1845. mit Ballast: Schiffe.	1845. mit Ballast: Lasten.
Dänemark . . .	2	352	2	352	—	—	—	—	—	—	—	—
	—	—	—	—	—	—	—	—	—	—	—	—
Mecklenburg . . .	—	—	—	—	—	—	—	—	—	—	—	—
	—	—	—	—	—	—	—	—	—	—	—	—
Hansestädte . . .	1	188	1	188	—	—	—	—	—	—	—	—
	—	—	—	—	—	—	—	—	—	—	—	—
Rußland	—	—	—	—	—	—	2	524	2	524	—	—
	—	—	—	—	—	—	1	287	—	—	1	287
Schweden . . .	6	1,134	6	1,134	—	—	18	3,440	18	3,440	—	—
	—	—	—	—	—	—	—	—	—	—	—	—
Norwegen . . .	1	166	1	166	—	—	2	264	2	264	—	—
	1	166	—	—	1	166	—	—	—	—	—	—
Großbritannien . .	—	—	—	—	—	—	—	—	—	—	—	—
	—	—	—	—	—	—	—	—	—	—	—	—
Hannover	—	—	—	—	—	—	—	—	—	—	—	—
	—	—	—	—	—	—	—	—	—	—	—	—

Oldenburg . . .	—	—	—	—	—	—	—	—	—	—	—	—
	—	—	—	—	—	—	—	—	—	—	—	—
Niederlande . . .	—	—	—	—	—	—	—	—	—	—	—	—
	—	—	—	—	—	—	—	—	—	—	—	—
Belgien	—	—	—	—	—	—	—	—	—	—	—	—
	—	—	—	—	—	—	—	—	—	—	—	—
Frankreich . . .	—	—	—	—	—	—	—	—	—	—	—	—
	—	—	—	—	—	—	—	—	—	—	—	—
Portugal und Spanien	—	—	—	—	—	—	—	—	—	—	—	—
	—	—	—	—	—	—	—	—	—	—	—	—
Italien	—	—	—	—	—	—	—	—	—	—	—	—
	—	—	—	—	—	—	—	—	—	—	—	—
Nord-Amerika . .	2	239	2	239	—	—	6	1,325	6	1,325	—	—
	1	81	1	81	—	—	2	247	2	247	—	—
Brasilien	—	—	—	—	—	—	—	—	—	—	—	—
	—	—	—	—	—	—	—	—	—	—	—	—
Andere fremde Staaten	—	—	—	—	—	—	—	—	—	—	—	—
	—	—	—	—	—	—	—	—	—	—	—	—
Summa { Eingegangen	12	2,079	12	2,079	—	—	28	5,553	28	5,553	—	—
Summa { Ausgegangen	2	247	1	81	1	166	3	534	2	247	1	287
Summa	14	2,326	13	2,160	1	166	31	6,087	30	5,800	1	287
Preußen	6	1,044	6	1,044	—	—	8	1,252	8	1,252	—	—
	2	189	1	39	1	150	2	314	1	137	1	177
Summa	8	1,233	7	1,083	1	150	10	1,566	9	1,389	1	177
Summa { Eingegangen	18	3,123	18	3,123	—	—	36	6,805	36	6,805	—	—
Summa { Ausgegangen	4	436	2	120	2	316	5	848	3	384	2	464
Summa Summarum	22	3,559	20	3,243	2	316	41	7,653	39	7,189	2	464

Nationalität der ein- und ausgegangenen Seeschiffe.	Länder, aus welchen die Schiffe gekommen oder wohin sie gegangen. 16. Brasilien. 1846. Summa der ein- und ausgegangenen Schiffe.	1846. deren Lastenzahl.	1846. davon beladen Schiffe.	1846. davon beladen Lasten.	1846. mit Ballast Schiffe.	1846. mit Ballast Lasten.	1845. Summa der ein- und ausgegangenen Schiffe.	1845. deren Lastenzahl.	1845. davon beladen Schiffe.	1845. davon beladen Lasten.	1845. mit Ballast Schiffe.	1845. mit Ballast Lasten.
Dänemark . . .	3	402	3	402	—	—	1	101	1	101	—	—
Mecklenburg . .	—	—	—	—	—	—	1	59	1	59	—	—
Hansestädte . . .	2	429	2	429	—	—	—	—	—	—	—	—
Rußland	3	781	3	781	—	—	—	—	—	—	—	—
Schweden . . .	9	1,942	9	1,942	—	—	8	1,677	8	1,677	—	—
Norwegen . . .	—	—	—	—	—	—	—	—	—	—	—	—
Großbritannien . .	2	261	2	261	—	—	12	2,049	12	2,049	—	—
Hannover	2	252	2	252	—	—	—	—	—	—	—	—

Oldenburg . . .	—	—	—	—	—	—	1	116	1	116	—	—
	—	—	—	—	—	—	—	—	—	—	—	—
Niederlande . . .	—	—	—	—	—	—	—	—	—	—	—	—
	—	—	—	—	—	—	—	—	—	—	—	—
Belgien	—	—	—	—	—	—	—	—	—	—	—	—
	—	—	—	—	—	—	—	—	—	—	—	—
Frankreich . .	—	—	—	—	—	—	—	—	—	—	—	—
	—	—	—	—	—	—	—	—	—	—	—	—
Portugal und Spanien	—	—	—	—	—	—	—	—	—	—	—	—
	—	—	—	—	—	—	—	—	—	—	—	—
Italien	—	—	—	—	—	—	—	—	—	—	—	—
	—	—	—	—	—	—	—	—	—	—	—	—
Nord-Amerika . .	1	146	1	146	—	—	—	—	—	—	—	—
	—	—	—	—	—	—	—	—	—	—	—	—
Brasilien	—	—	—	—	—	—	—	—	—	—	—	—
	—	—	—	—	—	—	—	—	—	—	—	—
Andere fremde Staaten	—	—	—	—	—	—	—	—	—	—	—	—
	—	—	—	—	—	—	—	—	—	—	—	—
Summa { Eingegangen	22	4,213	22	4,213	—	—	22	3,943	22	3,943	—	—
Summa { Ausgegangen	—	—	—	—	—	—	1	59	1	59	—	—
Summa	22	4,213	22	4,213	—	—	23	4,002	23	4,002	—	—
Preußen	2	413	2	413	—	—	2	438	2	438	—	—
	—	—	—	—	—	—	—	—	—	—	—	—
Summa	2	413	2	413	—	—	2	438	2	438	—	—
Summa { Eingegangen	24	4,626	24	4,626	—	—	24	4,381	24	4,381	—	—
Summa { Ausgegangen	—	—	—	—	—	—	1	59	1	59	—	—
Summa Summarum	24	4,626	24	4,626	—	—	25	4,440	25	4,440		

17. Aus und nach anderen fremden Staaten.

Nationalität der ein- und ausgegangenen Seeschiffe.	1846. Summa der ein- und ausgegangenen Schiffe.	1846. deren Lastenzahl.	1846. davon beladen: Schiffe.	1846. davon beladen: Lasten.	1846. mit Ballast: Schiffe.	1846. mit Ballast: Lasten.	1845. Summa der ein- und ausgegangenen Schiffe.	1845. deren Lastenzahl	1845. davon beladen: Schiffe.	1845. davon beladen: Lasten.	1845. mit Ballast: Schiffe.	1845. mit Ballast: Lasten.
Dänemark . . .	3	346	3	346	—	—	3	372	3	372	—	—
	8	1,440	8	1,440	—	—	10	1,554	10	1,554	—	—
Mecklenburg . . .	3	472	3	472	—	—	3	515	3	515	—	—
	—	—	—	—	—	—	—	—	—	—	—	—
Hansestädte . . .	2	361	2	361	—	—	—	—	—	—	—	—
	1	177	1	177	—	—	1	198	1	198	—	—
Rußland	2	458	2	458	—	—	—	—	—	—	—	—
	—	—	—	—	—	—	—	—	—	—	—	—
Schweden . . .	—	—	—	—	—	—	—	—	—	—	—	—
	1	215	1	215	—	—	—	—	—	—	—	—
Norwegen . . .	3	382	3	382	—	—	4	373	4	373	—	—
	—	—	—	—	—	—	—	—	—	—	—	—
Großbritannien . .	1	150	1	150	—	—	—	—	—	—	—	—
	2	226	2	226	—	—	1	173	1	173	—	—
Hannover	—	—	—	—	—	—	—	—	—	—	—	—
	—	—	—	—	—	—	—	—	—	—	—	—

Oldenburg . . .	1	77	1	77	—	—	—	—	—	—	—	—
Niederlande . . .	—	—	—	—	—	—	—	—	—	—	—	—
Belgien	—	—	—	—	—	—	—	—	—	—	—	—
Frankreich . . .	—	—	—	—	—	—	—	—	—	—	—	—
Portugal und Spanien	—	—	—	—	—	—	—	—	—	—	—	—
Italien	—	—	—	—	—	—	—	—	—	—	—	—
Nord-Amerika . .	1	234	1	234	—	—	—	—	—	—	—	—
Brasilien	—	—	—	—	—	—	—	—	—	—	—	—
Andere fremde Staaten	—	—	—	—	—	—	—	—	—	—	—	—
Summa { Eingegangen	15	2,403	15	2,403	—	—	10	1,260	10	1,260	—	—
Summa { Ausgegangen	13	2,135	13	2,135	—	—	12	1,925	12	1,925	—	—
Summa	28	4,538	28	4,538	—	—	22	3,185	22	3,185	—	—
Preußen	10	1,464	10	1,464	—	—	6	839	6	839	—	—
	6	1,132	5	1,023	1	109	8	1,445	7	1,143	1	302
Summa	16	2,596	15	2,487	1	109	14	2,284	13	1,982	1	302
Summa { Eingegangen	25	3,867	25	3,867	—	—	16	2,099	16	2,099	—	—
Summa { Ausgegangen	19	3,267	18	3,158	1	109	20	3,370	19	3,068	1	302
Summa Summarum	44	7,134	43	7,025	1	109	36	5,469	35	5,167	1	302

18. Summa aus und nach fremden Staaten.

Nationalität der ein- und ausgegangenen Seeschiffe.	1846. Summa der ein- und ausgegangenen Schiffe.	1846. deren Lastenzahl.	1846. davon beladen Schiffe.	1846. davon beladen Lasten.	1846. mit Ballast Schiffe.	1846. mit Ballast Lasten.	1845. Summa der ein- und ausgegangenen Schiffe.	1845. deren Lastenzahl.	1845. davon beladen Schiffe.	1845. davon beladen Lasten.	1845. mit Ballast Schiffe.	1845. mit Ballast Lasten.
Dänemark . . .	421	17,676	168	7,159	253	10,511	479	18,982	207	7,927	272	11,055
	414	17,515	306	14,706	108	2,809	466	19,013	357	16,699	109	2,314
Mecklenburg . . .	168	23,756	54	7,503	114	16,253	77	8,735	57	6,649	20	2,086
	165	23,723	154	22,305	11	1,418	70	8,827	48	6,208	22	2,619
Hansestädte . . .	52	3,433	38	2,586	14	847	34	1,944	27	1,457	7	487
	52	3,289	46	2,811	6	478	35	2,086	31	1,757	4	329
Rußland	56	5,124	33	3,514	23	1,610	50	4,720	26	3,040	24	1,680
	50	4,545	6	464	44	4,081	50	4,726	3	537	47	4,189
Schweden . . .	165	11,171	159	10,393	6	778	124	10,434	120	10,191	4	243
	164	11,506	45	3,135	119	8,371	129	10,646	38	2,552	91	8,094
Norwegen . . .	449	15,896	434	14,820	15	1,076	355	12,806	346	12,434	9	372
	452	16,698	276	10,922	176	5,776	367	13,439	166	6,724	201	6,715
Großbritannien . .	585	61,560	423	42,174	162	19,386	482	46,789	348	33,425	134	13,364
	585	61,140	451	44,191	134	16,949	482	46,592	414	37,233	68	9,359
Hannover . . .	389	19,270	244	11,897	145	7,373	381	19,665	240	12,184	141	7,481
	390	20,020	379	19,592	11	428	371	19,409	364	19,181	7	228

Oldenburg . . .	61	3,095	36	1,854	25	1,241	71	3,639	44	2,270	27	1,369
	60	3,133	58	3,012	2	121	72	3,712	72	3,712	—	—
Niederlande . . .	394	24,172	247	14,628	147	9,544	322	18,686	222	13,030	100	5,656
	374	22,676	369	22,341	5	335	324	18,849	319	18,623	5	226
Belgien	—	—	—	—	—	—	1	50	1	50	—	—
	—	—	—	—	—	—	1	50	1	50	—	—
Frankreich . . .	21	1,398	14	869	7	529	44	2,875	44	894	30	1,981
	21	1,398	21	1,398	—	—	44	2,875	44	2,875	—	—
Portugal und Spanien	—	—	—	—	—	—	—	—	—	—	—	—
	—	—	—	—	—	—	—	—	—	—	—	—
Italien	1	111	1	111	—	—	10	1,312	10	1,312	—	—
	1	111	—	—	1	111	10	1,312	2	288	8	1,024
Nord-Amerika . .	4	619	4	619	—	—	6	1,325	6	1,325	—	—
	4	619	1	81	3	538	6	1,325	2	247	4	1,078
Brasilien	—	—	—	—	—	—	—	—	—	—	—	—
	—	—	—	—	—	—	—	—	—	—	—	—
Andere fremde Staaten	—	—	—	—	—	—	—	—	—	—	—	—
	—	—	—	—	—	—	—	—	—	—	—	—
Summa Eingegangen	2,766	187,275	1,855	118,127	911	69,148	2,436	151,962	1,668	106,188	768	45,774
Summa Ausgegangen	2,732	186,373	2,112	144,958	620	41,415	2,427	152,861	1,861	116,686	566	36,175
Summa	5,498	373,648	3,967	263,085	1,531	110,563	4,863	304,823	3,529	222,874	1,334	81,949
Preußen	2,225	268,004	1,247	146,625	978	121,379	1,943	235,612	1,267	149,214	676	86,398
	2,234	261,019	2,152	253,338	82	7,681	1,967	239,090	1,925	236,067	42	3,023
Summa	4,459	529,023	3,399	399,963	1,060	129,060	3,910	474,702	3,192	385,281	718	89,421
Summa Eingegangen	4,991	455,279	3,102	264,752	1,889	190,527	4,379	387,574	2,935	255,402	1,444	132,172
Summa Ausgegangen	4,966	447,392	4,264	398,296	702	49,096	4,394	391,951	3,786	352,753	608	39,198
Summa Summarum	9,957	902,671	7,366	663,048	2,591	239,623	8,773	779,525	6,721	608,155	2,052	171,370

19. Nach und von Preußischen Häfen.

Nationalität der ein- und ausgegangenen Seeschiffe.	1846. Summa der ein- und ausgegangenen Schiffe.	1846. deren Lastenzahl.	1846. davon beladen: Schiffe.	1846. davon beladen: Lasten.	1846. mit Ballast: Schiffe.	1846. mit Ballast: Lasten.	1845. Summa der ein- und ausgegangenen Schiffe.	1845. deren Lastenzahl.	1845. davon beladen: Schiffe.	1845. davon beladen: Lasten.	1845. mit Ballast: Schiffe.	1845. mit Ballast: Lasten.
Dänemark . . .	6	563	1	44	5	519	6	382	—	—	6	382
	8	692	2	134	6	558	10	503	3	71	7	432
Mecklenburg . . .	2	331	—	—	2	331	2	181	1	65	1	116
	3	467	—	—	3	467	3	468	—	—	3	468
Hansestädte . . .	1	46	—	—	1	46	4	140	1	35	3	105
	1	46	—	—	1	46	2	70	1	35	1	35
Rußland	—	—	—	—	—	—	2	119	1	59	1	60
	1	44	—	—	1	44	1	59	1	59	—	—
Schweden . . .	1	42	—	—	1	42	2	138	1	77	1	61
	1	42	—	—	1	42	3	224	1	77	2	147
Norwegen . . .	18	611	—	—	18	611	8	226	—	—	8	226
	16	586	2	45	14	541	2	76	1	30	1	46
Großbritannien . .	28	3,110	—	—	28	3,110	29	3,138	2	293	27	2,845
	25	3,067	1	180	24	2,887	33	3,784	2	268	31	3,516
Hannover	16	816	1	30	15	786	25	1,426	3	145	22	1,281
	14	688	2	67	12	621	22	1,465	1	46	21	1,419

Oldenburg . . .	—	—	—	—	—	—	4	252	1	70	3	182
	—	—	—	—	—	—	4	252	1	70	3	182
Niederlande . . .	12	698	1	31	11	667	16	945	—	—	16	945
	48	956	6	264	12	692	13	816	—	—	13	816
Belgien	—	—	—	—	—	—	—	—	—	—	—	—
	—	—	—	—	—	—	—	—	—	—	—	—
Frankreich . . .	—	—	—	—	—	—	1	34	—	—	1	34
	—	—	—	—	—	—	1	34	—	—	1	34
Portugal und Spanien	—	—	—	—	—	—	—	—	—	—	—	—
	—	—	—	—	—	—	—	—	—	—	—	—
Italien	—	—	—	—	—	—	—	—	—	—	—	—
	—	—	—	—	—	—	—	—	—	—	—	—
Nord-Amerika . .	—	—	—	—	—	—	—	—	—	—	—	—
	—	—	—	—	—	—	—	—	—	—	—	—
Brasilien	—	—	—	—	—	—	—	—	—	—	—	—
	—	—	—	—	—	—	—	—	—	—	—	—
Andere fremde Staaten	—	—	—	—	—	—	—	—	—	—	—	—
	—	—	—	—	—	—	—	—	—	—	—	—
Summa { Eingegangen	84	6,217	3	105	81	6,112	99	6,981	10	744	89	6,237
Summa { Ausgegangen	87	6,588	13	690	74	5,898	94	7,451	11	656	83	6,795
Summa	171	12,805	16	795	155	12,010	193	14,432	21	1,400	172	13,032
Preußen	815	56,185	438	19,228	377	36,957	1,252	82,047	758	38,867	494	43,180
	742	51,657	381	15,415	361	36,242	1,207	84,228	638	36,435	569	47,793
Summa	1,557	107,842	819	34,643	738	73,199	2,459	166,275	1,396	75,302	1,063	90,973
Summa { Eingegangen	899	62,402	441	19,333	458	43,069	1,351	89,028	768	39,611	583	49,417
Summa { Ausgegangen	829	58,245	394	16,405	435	42,140	1,301	91,679	649	37,091	652	54,588
Summa Summarum	1,728	120,647	835	35,438	893	85,209	2,652	180,707	1,417	76,702	1,235	104,005

20. Summa Summarum.

Nationalität der ein- und ausgegangenen Seeschiffe.	1846. Summa der ein- und ausgegangenen Schiffe.	1846. deren Lastenzahl.	1846. davon beladen Schiffe.	1846. davon beladen Lasten.	1846. mit Ballast Schiffe.	1846. mit Ballast Lasten.	1845. Summa der ein- und ausgegangenen Schiffe.	1845. deren Lastenzahl.	1845. davon beladen Schiffe.	1845. davon beladen Lasten.	1845. mit Ballast Schiffe.	1845. mit Ballast Lasten.
Dänemark . . .	427	18,233	169	7,203	258	11,030	485	19,364	207	7,927	278	11,437
	422	18,207	308	14.840	114	3,367	476	19,516	360	16,770	116	2,746
Mecklenburg . .	170	24,087	54	7,503	116	16,584	79	8,916	58	6,714	21	2,202
	168	24,190	154	22,305	14	1,885	73	9,295	48	6,208	25	3,087
Hansestädte . . .	53	3,479	38	2,586	15	893	38	2,084	28	1,492	10	592
	53	3,335	46	2,811	7	524	37	2,156	32	1,792	5	364
Rußland	56	5,124	33	3,514	23	1,610	52	4,839	27	3,099	25	1,740
	51	4.589	6	464	45	4,125	51	4,785	4	596	47	4,189
Schweden . . .	166	11,213	159	10,393	7	820	126	10,572	121	10,268	5	304
	165	11,548	45	3,135	120	8,413	132	10,870	39	2,629	93	8,241
Norwegen . . .	467	16,507	434	14,820	33	1,687	363	13,032	346	12,434	17	598
	468	17,284	278	10,967	190	6,317	369	13,515	167	6,754	202	6,761
Großbritannien . .	613	64,670	423	42,174	190	22,496	511	49,927	350	33,718	161	16,209
	610	64,207	452	44,371	158	19,836	515	50,376	416	37,501	99	12,875
Hannover	405	20,086	245	11,927	160	8,159	406	21,091	243	12,329	163	8,762
	404	20,708	381	19,659	23	1,049	393	20,574	365	19,227	28	1,347

Oldenburg . . .	61	3,095	36	1,854	25	1,241	75	3,891	45	2,340	30	1,551
	60	3,133	58	3,012	2	121	76	3,964	73	3,782	3	482
Niederlande . . .	406	24,870	248	14,659	158	10,211	338	19,631	222	13,030	116	6,601
	392	23,632	375	22,605	17	1,027	337	19,665	319	18,623	18	1,042
Belgien	—	—	—	—	—	—	1	50	1	50	—	—
	—	—	—	—	—	—	1	50	1	50	—	—
Frankreich . . .	21	1,398	14	869	7	529	45	2,909	14	894	31	2,015
	21	1,398	21	1,398	—	—	45	2,909	44	2,875	1	34
Portugal und Spanien	—	—	—	—	—	—	—	—	—	—	—	—
	—	—	—	—	—	—	—	—	—	—	—	—
Italien	1	111	1	111	—	—	10	1,312	10	1,312	—	—
	1	111	—	—	1	111	10	1,312	2	288	8	1,024
Nord-Amerika . .	4	619	4	619	—	—	6	1,325	6	1,325	—	—
	4	619	1	81	3	538	6	1,325	2	247	4	1,078
Brasilien	—	—	—	—	—	—	—	—	—	—	—	—
	—	—	—	—	—	—	—	—	—	—	—	—
Andere fremde Staaten	—	—	—	—	—	—	—	—	—	—	—	—
	—	—	—	—	—	—	—	—	—	—	—	—
Summa Eingegangen	2,850	193,492	1,858	118,232	992	75,260	2,535	158,943	1,678	106,932	857	52,011
Summa Ausgegangen	2,819	192,961	2,125	145,648	694	47,313	2,521	160,312	1,872	117,342	649	42,970
Summa	5,669	386,453	3,983	263,880	1,686	122,573	5,056	319,255	3,550	224,274	1,506	94,981
Preußen	3,040	324,189	1,685	165,853	1,355	158,336	3,195	317,659	2,025	188,081	1,170	129,578
	2,976	312,676	2,533	268,753	443	43,923	3,474	323,318	2,563	272,502	611	50,816
Summa	6,016	636,865	4,218	434,606	1,798	202,259	6,369	640,977	4,588	460,583	1,781	180,394
Summa Eingegangen	5,890	517,681	3,543	284,085	2,347	233,596	5,730	476,602	3,703	295,013	2,027	181,589
Summa Ausgegangen	5,795	505,637	4,658	414,401	1,137	91,236	5,695	483,630	4,435	389,844	1,260	93,786
Summa Summarum	11,685	1,023318	8,201	698,486	3,484	324,832	11,425	960,232	8,138	684,857	3,287	275,375

Nationalität der ein- und ausgegangenen Seeschiffe.	Ueberhaupt sind gegen das Jahr 1845 im Jahre 1846.											
	Mehr.						Weniger.					
	Summa der ein- und ausgegangenen Schiffe.	deren Lastenzahl.	davon beladen		mit Ballast		Summa der ein- und ausgegangenen Schiffe.	deren Lastenzahl.	davon beladen		mit Ballast	
			Schiffe.	Lasten.	Schiffe.	Lasten.			Schiffe.	Lasten.	Schiffe.	Lasten.
Dänemark . . .	—	—	—	—	—	—	58	1,131	38	724	20	407
	—	—	—	—	—	621	54	1,309	52	1,930	2	
Mecklenburg . . .	91	15,171	—	789	95	14,382	—	—	4	—	—	—
	95	14,895	106	16,097	—	—	—	—	—	—	11	1,202
Hansestädte . . .	15	1,395	10	1,094	5	301	—	—	—	—	—	—
	16	1,179	14	1,019	2	160	—	—	—	—	—	—
Rußland	4	285	6	415	—	—	—	—	—	—	2	130
	—	—	2	—	—	—	—	196	—	132	2	64
Schweden . . .	40	641	38	125	2	516	—	—	—	—	—	—
	33	678	6	506	27	172	—	—	—	—	—	—
Norwegen . . .	104	3,475	88	2,386	16	1,089	—	—	—	—	—	—
	99	3,769	111	4,213	—	—	—	—	—	—	12	444
Großbritannien . .	102	14,743	73	8,456	29	6,287	—	—	—	—	—	—
	95	13,831	36	6,870	59	6,961	—	—	—	—	—	—
Hannover	—	—	2	—	—	—	1	1,005	—	402	3	603
	11	134	46	432	—	—	—	—	—	—	5	298

Oldenburg . . .	—	—	—	—	—	—	14	796	9	486	5	310
	—	—	—	—	—	—	16	831	15	770	4	61
Niederlande . . .	68	5,239	16	1,629	42	3,610	—	—	—	—	—	—
	55	3,967	56	3,982	—	—	—	—	—	—	1	15
Belgien	—	—	—	—	—	—	1	50	1	50	—	—
	—	—	—	—	—	—	1	50	1	50	—	—
Frankreich . .	—	—	—	—	—	—	24	1,511	—	25	24	1,486
	—	—	—	—	—	—	24	1,511	23	1,477	1	34
Portugal und Spanien	—	—	—	—	—	—	—	—	—	—	—	—
	—	—	—	—	—	—	—	—	—	—	—	—
Italien	—	—	—	—	—	—	9	1,201	9	1,201	—	—
	—	—	—	—	—	—	9	1,201	2	288	7	913
Nord-Amerika . .	—	—	—	—	—	—	2	706	2	706	—	—
	—	—	—	—	—	—	2	706	1	166	1	540
Brasilien	—	—	—	—	—	—	—	—	—	—	—	—
	—	—	—	—	—	—	—	—	—	—	—	—
Andere fremde Staaten	—	—	—	—	—	—	—	—	—	—	—	—
	—	—	—	—	—	—	—	—	—	—	—	—
Summa Eingegangen	315	34,549	180	11,300	135	23,249	—	—	—	—	—	—
Summa Ausgegangen	298	32,649	253	28,306	45	4,343	—	—	—	—	—	—
Summa	613	67,198	433	39,606	180	27,592	—	—	—	—	—	—
Preußen	—	6,530	—	—	185	28,758	155	—	340	22,228	—	—
	—	—	—	—	—	—	198	10,642	30	3,749	168	6,893
Summa	—	—	—	—	17	21,865	353	4,112	370	25,977	—	—
Summa Eingegangen	160	41,079	—	—	320	52,007	—	—	160	10,928	—	—
Summa Ausgegangen	100	22,007	223	24,557	—	—	—	—	—	—	123	2,550
Summa Summarum	260	63,086	63	13,629	197	49,457	—	—	—	—		

Beilage III.

Nachweisung

des Bestandes der zur Rhederei in den Preußischen Ostsee-
häfen im Jahre 1805 und 1815 bis 1846 gehörenden
Seeschiffe.

	1805.		1815.		1816.	
	Schiffe.	Lasten.	Schiffe.	Lasten.	Schiffe.	Lasten.
Regierungs=Bezirk Königsberg	117	17,627	99	10,609	75	8,773
und zwar Königsberg u. Braunsberg	82	12,327	32	4,170	—	—
und zwar Pillau	10	1,145	8	1,080	—	—
und zwar Memel	25	4,155	59	5,359	—	—
Regierungs=Bezirk Danzig .	135	27,138	96	19,423	99	20,424
und zwar Elbing	21	2,870	17	1,930	—	—
und zwar Danzig	114	24,268	79	17,493	—	—
Regierungs=Bezirk Stettin .	411	35,250	231	19,993	234	20,653
" " Cöslin .	—	—	—	—	56	3,522
	1806.					
" " Stralsund	439	26,879	296	23,623	307	24,412
und zwar Stralsund	264	17,424	142	11,515	—	—
und zwar Greifswalde	91	4,614	45	2,830	—	—
und zwar Wolgast	69	4,264	44	3,452	—	—
und zwar Barth	15	577	65	5,826	—	—
Zusammen .	1102	106,894	722	73,648	771	77,784

1817.		1818.		1819.		1820.		1821.		1822.	
Schiffe.	Lasten.	Schiffe.	Lasten.	Schiffe.	Lasten.	Schiffe.	Lasten.	Schiffe.	Lasten.	Schiffe.	Lasten.
80	8,609	84	10,122	85	10,273	80	9,885	74	9,387	64	8,692
—	—	—	—	—	—	38	4,181	—	—	—	—
—	—	—	—	—	—	13	1,745	—	—	—	—
—	—	—	—	—	—	29	3,959	—	—	—	—
98	20,570	92	19,437	87	18,429	81	17,402	76	16,412	74	15,304
—	—	—	—	—	—	16	1,795	—	—	—	—
—	—	—	—	—	—	65	15,607	—	—	—	—
255	22,125	249	24,292	247	23,939	235	22,799	237	23,567	247	23,567
56	3,683	55	3,379	53	2,819	48	2,377	48	2,393	43	1,981
302	24,480	252	19,443	251	19,383	261	19,972	239	17,267	233	17,519
—	—	—	—	—	—	105	7,579	—	—	—	—
—	—	—	—	—	—	50	3,420	—	—	—	—
—	—	—	—	—	—	47	3,881	—	—	—	—
—	—	—	—	—	—	59	5,092	—	—	—	—
791	79,467	732	76,673	723	74,843	705	72,435	674	69,026	661	67,063

	1823. Schiffe.	1823. Lasten.	1824. Schiffe.	1824. Lasten.	1825. Schiffe.	1825. Lasten.
Regierungs-Bezirk Königsberg .	63	8,754	60	7,869	60	7,613
und zwar { Königsberg u. Braunsberg	—	—	—	—	13	1,617
Pillau	—	—	—	—	11	1,767
Memel	—	—	—	—	36	4,229
Regierungs-Bezirk Danzig . .	69	14,045	68	12,937	79	13,739
und zwar { Elbing	—	—	—	—	12	1,430
Danzig	—	—	—	—	67	12,309
Regierungs-Bezirk Stettin . .	233	22,158	225	20,856	220	20,559
" " Cöslin . .	37	1,752	36	2,023	32	1,724
" " Stralsund .	227	16,758	213	16,272	185	14,372
und zwar { Stralsund	—	—	—	—	82	6,235
Greifswalde	—	—	—	—	41	2,957
Wolgast	—	—	—	—	21	1,626
Barth	—	—	—	—	41	3,554
Zusammen .	629	63,467	602	59,957	576	58,007

1826.		1827.		1828.		1829.		1830.		1831.	
Schiffe.	Lasten.	Schiffe.	Lasten.	Schiffe.	Lasten.	Schiffe.	Lasten.	Schiffe.	Lasten	Schiffe.	Lasten.
64	8,672	67	9,285	67	9,583	69	10,443	73	10,763	73	10,360
—	—	—	—	—	—	—	—	—	—	—	—
—	—	—	—	—	—	—	—	—	—	—	—
—	—	—	—	—	—	—	—	—	—	—	—
87	17,112	90	18,036	95	19,174	96	19,036	95	19,164	96	19,088
—	—	—	—	—	—	—	—	—	—	—	—
—	—	—	—	—	—	—	—	—	—	—	—
230	22,808	241	25,024	238	25,057	235	25,014	244	25,460	252	26,398
28	1,637	34	2,764	35	2,792	39	3,045	39	2,909	41	3,181
180	14,164	191	15,622	196	15,828	191	15,880	192	16,783	200	17,960
—	—	—	—	—	—	—	—	—	—	—	—
—	—	—	—	—	—	—	—	—	—	—	—
—	—	—	—	—	—	—	—	—	—	—	—
—	—	—	—	—	—	—	—	—	—	—	—
589	64,393	623	70,731	631	72,434	630	73,418	643	75,079	662	76,987

	1832. Schiffe.	1832. Lasten.	1833. Schiffe.	1833. Lasten.	1834. Schiffe.	1834. Lasten.
Regierungs-Bezirk Königsberg .	70	10,965	70	11,066	67	10,604
und zwar { Königsberg u. Braunsberg	21	3,236	—	—	—	—
Pillau	13	2 389	—	—	—	—
Memel	36	5,340	—	—	—	—
Regierungs-Bezirk Danzig . .	94	18,607	83	17,114	73	15,547
und zwar { Elbing	19	3,062	—	—	—	—
Danzig	75	15,545	—	—	—	—
Regierungs-Bezirk Stettin . .	256	27,146	243	25,769	229	24,299
" " Cöslin . .	42	3,255	43	3,182	50	3,324
" " Stralsund .	203	18,426	207	19,223	197	18,377
und zwar { Stralsund	81	7,535	—	—	—	—
Greifswalde	56	4.451	—	—	—	—
Wolgast . . . . . . ,	22	2,071	—	—	—	—
Barth	44	4,369	—	—	—	—
Zusammen .	665	78,399	646	76,354	616	72,151

1835.		1836.		1837.		1838.		1839.	
Schiffe.	Lasten.	Schiffe.	Lasten.	Schiffe.	Lasten.	Schiffe.	Lasten.	Schiffe.	Lasten.
66	10,648	67	11,523	73	13,040	88	15,739	99	18,103
—	—	—	—	21	3,088	—	—	—	—
—	—	—	—	5	768	—	—	—	—
—	—	—	—	47	9,184	—	—	—	—
70	14,710	67	14,300	68	13,932	67	13,434	77	14,910
—	—	—	—	7	1,240	—	—	—	—
—	—	—	—	61	12,692	—	—	—	—
240	25,192	226	23,877	231	24,923	230	25,353	271	31,550
48	3,682	45	3,553	44	3,873	47	4,733	49	5,024
193	18,201	186	17,720	188	17,928	185	18,838	187	19,153
—	—	—	—	69	6,569	—	—	—	—
—	—	—	—	50	4,794	—	—	—	—
—	—	—	—	25	2,196	—	—	—	—
—	—	—	—	44	4,369	—	—	—	—
617	72,433	591	70,973	604	73,696	647	78,097	683	88,740

	1840.		1841.	
	Schiffe.	Lasten.	Schiffe.	Lasten.
Regierungs-Bezirk Königsberg . .	111	20,312	122	22,156
und zwar { Königsberg und Braunsberg .	—	—	—	—
und zwar { Pillau	—	—	—	—
und zwar { Memel	—	—	—	—
Regierungs-Bezirk Danzig	79	15,318	89	16,361
und zwar { Elbing	—	—	—	—
und zwar { Danzig	—	—	—	—
Regierungs-Bezirk Stettin	277	34,397	278	34,816
" " Cöslin	53	5,652	59	7,416
" " Stralsund . . .	205	21,171	237	24,599
und zwar { Stralsund	—	—	—	—
und zwar { Greifswalde	—	—	—	—
und zwar { Wolgast	—	—	—	—
und zwar { Barth	—	—	—	—
Zusammen .	725	96,850	785	105,348

1842.		1843.		1844.		1845.		1846.	
				(* Darunter Dampfschiffe.)					
Schiffe.	Lasten.	Schiffe.	Lasten.	Schiffe.	Lasten.	Schiffe.	Lasten.	Schiffe.	Lasten.
119	21,681	111	19,418	115 * 4	20,674 108	120 * 4	20,905 108	132 * 5	23,345 157
—	—	31	4,200	—	—	—	—	—	—
—	—	3	409	—	—	—	—	—	—
—	—	77	14,809	—	—	—	—	—	—
87	16,702	88	16,930	84 * 3	16,011 63	89 * 3	17,041 63	100 * 4	19,009 143
—	—	11	1.906	—	—	—	—	—	—
—	—	77	15,024	—	—	—	—	—	—
297	37,326	295	36,379	284 * 8	35,243 301	266 * 8	33,459 285	316 * 7	36,044 266
57	7,847	56	8,002	58	7,672	63	7,268	51	7,337
239	25,235	240	25,408	231 * 1	25,141 36	219 * 1	24,129 36	314 * 1	27,915 36
—	—	97	9,403	—	—	—	—	—	—
—	—	59	5,850	—	—	—	—	—	—
—	—	30	3,704	—	—	—	—	—	—
—	—	54	6,451	—	—	—	—	—	—
799	108,791	790	106,137	772 * 16	104,741 508	757 * 16	102,802 492	913 * 17	113,650 602

	Schiffe.	Lasten.
In Folge der von 1846 ab stattgefundenen anderweiten Festsetzung, daß die Schiffe von 25 Lasten Tragfähigkeit und darüber den Seeschiffen, und alle kleineren Schiffe den Küstenfahrern beigezählt werden sollen, sind bei den Seeschiffen der Ostsee im Ganzen gegen 1845 in Zugang gekommen	121	4,340
Werden diese der richtigen Balance wegen, hier abgesetzt, so bleiben	792	109,310
und gehören hiervon:		
dem Regierungs-Bezirk Königsberg	132	23,345
" " " Danzig	97	18,858
" " " Stettin	269	34,353
" " " Cöslin	65	7,603
" " " Stralsund	229	25,151
Summa wie oben .	792	109,310

Beilage IV.

Uebersicht der Küstenfahrzeuge der Preußischen Rhederei an der Ostsee.

Regierungs-Bezirk.	1842. Schiffszahl.	1842. Lasten.	1843. Schiffszahl.	1843. Lasten.	1844. Schiffszahl.	1844. Lasten.	1845. Schiffszahl.	1845. Lasten.	1846. Schiffszahl.	1846. Lasten.
Königsberg	4	111	3	80	2	53	1	11	1	11
Danzig .	6	140	7	166	7	210	7	223	4	73
Stettin. .	124	2,870	142	3,151	165	3,466	210	4,093	176	2,616
Cöslin. .	55	747	57	762	66	840	55	692	71	1,008
Stralsund.	325	5,748	333	5,879	350	6,103	356	6,117	274	3,421
Zusammen.	514	9,616	542	10,038	590	10,672	629	11,136	526	7,129

	Schiffszahl.	Lasten.
pro 1846 excl. der nach der Uebersicht I. bei den Seeschiffen in Zugang gekommenen . .	121	4,340
werden diese, der Balance mit dem Nachweis für 1845 et retro wegen, zugerechnet rc., so stellt sich die Zahl der Küstenfahrer auf	647	11,469
und würden hiervon treffen:		
auf den Regierungs-Bezirk Königsberg	1	11
" " " " Danzig	7	223
" " " " Stettin	223	4,308
" " " " Cöslin	57	742
" " " " Stralsund	359	6,185
Summa wie vor .	647	11,469

Beilage V.

Nachweisung

der in Preußischen Häfen eingelaufenen und aus Preußischen Häfen ausgelaufenen beladenen nationalen und fremden Schiffe, mit Ausschluß des Küstenverkehrs, während der Jahre 1834 bis 1846.

		Nationale		Fremde		von je 100 Lasten treffen auf	
		Schiffe.	Lasten.	Schiffe.	Lasten.	nationale Schiffe.	fremde Schiffe.
1834	Eingang .	965	82,502	850	42,775	66	34
	Ausgang .	1,756	162,233	1,165	74,869	68	32
1835	Eingang .	1,034	89,665	788	39,478	69	31
	Ausgang .	1,681	150,579	1,089	67,024	69	31
1836	Eingang .	1,153	97,143	876	44,808	68	32
	Ausgang .	2,015	184,884	1,868	116,217	61	39
1837	Eingang .	1,190	96,027	1,017	50,903	65	35
	Ausgang .	2,046	174,174	2,327	138,793	56	44
1838	Eingang .	1,110	90,282	951	52,278	63	37
	Ausgang .	2,215	192,856	2,214	146,198	57	43
1839	Eingang .	1,545	116,712	1,188	67,074	64	36
	Ausgang .	2,382	228,838	2,708	176.697	56	44
1840	Eingang .	1,656	141,688	1,568	90,507	61	39
	Ausgang .	2,459	245,066	2,873	193,215	56	44
1841	Eingang .	1,703	145,405	1,578	99,733	59	41
	Ausgang .	2,480	238,262	2,596	175,296	58	42
1842	Eingang .	1,408	114,158	1,563	91,818	55	45
	Ausgang .	2,289	198,566	2,895	175,902	53	47
1843	Eingang .	2,135	159,322	1,611	101,827	61	39
	Ausgang .	2,617	231,389	2,812	171,714	57	43
1844	Eingang .	1,802	125,457	1,786	102,536	55	45
	Ausgang .	2,706	245,624	2,874	192,487	56	44
1845	Eingang .	2,025	188,081	1,678	106,932	64	36
	Ausgang .	2,563	272,502	1,872	117,342	70	30
1846	Eingang .	1,685	165,853	1,858	118,232	58	42
	Ausgang .	2,533	268,753	2,125	145,648	65	35

Beilage VI.

Nachweisung der in den Jahren 1819 bis 1844 im Preußischen Staate neu erbauten Seeschiffe.

Namen der Häfen.	1819.	1820.	1821.	1822.	1823.	1824.	1825.	1826.	1827.	1828.	1829.	1830.	1831.	1832.	1833.	1834.	1835.	1836.	1837.	1838.	1839.	1840.	1841.	1842.	1843.	1844.
Königsberg und Braunsberg	1	1	—	—	2	—	3	5	1	5	1	4	1	3	—	—	—	1	4	3	3	7	2	—	1	1
Pillau	—	—	—	—	—	—	—	2	3	1	1	2	2	—	—	—	—	—	1	1	—	—	3	1	1	—
Memel	—	—	—	—	—	—	—	—	1	—	1	—	—	1	—	3	3	3	6	5	12	14	11	6	3	7
Elbing	—	—	—	—	1	—	1	3	5	4	4	2	2	1	1	—	2	1	1	4	7	8	5	1	3	1
Danzig	1	1	1	4	—	3	1	8	4	4	6	—	3	—	—	1	1	2	2	3	8	5	3	5	3	2
Stettin	7	7	5	—	5	5	11	29	19	14	16	11	21	14	9	4	7	6	13	17	36	33	33	22	12	10
Stolpmünde und Rügenwalde	—	—	—	1	—	—	1	—	5	2	4	1	1	2	—	1	—	—	1	—	3	3	3	—	3	2
Colberg	—	—	—	—	1	—	—	—	—	—	—	—	—	—	1	3	—	—		1	1	3	3	1	—	—
Stralsund	1	—	—	—	—	—	—	2	1	—	5	5	5	1	1	1	—	1	2	5	12	14	23	11	6	1
Greifswalde	1	—	—	—	—	—	—	—	1	1	2	—	2	3	2	2	4	1	1	6	7	6	6	1	—	1
Wolgast	2	2	—	—	—	—	—	2	2	1	—	1	1	—	—	—	1	—	1	1	2	4	6	2	—	2
Barth	—	—	1	—	—	1	2	3	5	6	2	1	2	1	4	1	1	4	2	2	4	6	5	3	3	4
Zusammen .	13	11	7	5	9	9	19	54	47	38	42	27	40	26	18	16	19	19	34	48	95	103	103	53	35	31

Beilage VII.

Nachweisung des Bestandes

der

zur Rhederei in den Preußischen Ostseehäfen gehörenden

Seeschiffe und Küstenfahrzeuge

am 1. Januar 1847,

verglichen mit dem Bestande vom 1. Januar 1846 und der während des Jahres 1846 eingetretenen Veränderungen.

Vorbemerkungen:

1) Die bis zum Jahre 1844 aufgestellten Nachweisungen des Bestandes der Preußischen Rhederei gewährten Theils keine Uebersicht der im Laufe des Jahres eingetretenen Veränderungen, Theils unsichere Resultate. Sie wiesen, getrennt, den Bestand von Seeschiffen und von Küstenfahrzeugen nach, folgten aber in Beziehung auf die letzteren lediglich den Angaben der Besitzer darüber, ob die Fahrzeuge zur Zeit für die Vermittelung des Küstenverkehrs bestimmt seien oder nicht. Da diese Angaben öfters wechselten, sich auch unter diesen Fahrzeugen solche befanden, welche, von einer Tragfähigkeit bis gegen 50 Lasten, vielfach zur Vermittelung des überseeischen Verkehrs verwendet wurden, während sie in den Listen als Küstenfahrzeuge verzeichnet waren, so ließen sich einerseits aus den Ab- und Zugangs-Nachweisungen keine sichere Resultate ziehen, andererseits erschien die Zahl der Preußischen Seeschiffe in den Nachweisungen erheblich geringer, als sie thatsächlich war. Dieselben zeigten für den 1. Januar 1846 einen Bestand von nicht weniger, als 624 angeblich zur Küstenfahrt bestimmten Segel-Fahrzeugen mit einer Ladungsfähigkeit von 10,993¼ Lasten. Die zeitweise Bestimmung eines Fahrzeugs zur Vermittelung des Küstenverkehrs kann aber in den Fällen keinen Anhalt zur Klassifikation geben, in welchen dasselbe auch zur Vermittelung des überseeischen Verkehrs geeignet ist, weil es zu diesem oder jenem verwendet wird, wie sich dazu Gelegenheit findet. Es ist daher jetzt ein Normalsatz der Tragfähigkeit des Fahrzeuges Behufs der Einreihung desselben in die Zahl der Seeschiffe oder der Küstenfahrzeuge angenommen und dabei der Allerhöchsten Kabinets-Ordre vom 30. Mai 1843, Gesetz-Samml. 1843 S. 268. gefolgt, nach welcher die Ermäßigung der Hafengelder und Schifffahrts-Abgaben solchen Schiffen zu Theil wird, welche 25 Lasten Tragfähigkeit oder weniger haben, weil bei dieser die ausschließliche Verwendung des Fahrzeugs zur Vermittelung des Küstenverkehrs vorausgesetzt werden darf.

2) Die kleineren Zahlen weisen die in der Rhederei vorhandenen Dampfschiffe nach.

I.

Regierungs-Bezirk.	Am 1. Januar 1846 waren vorhanden: Seeschiffe.	von Ladungsfähigkeit nach Normallasten von 4000 Pfd.	Bemannung	Im Laufe des Jahres 1846 sind hinzugekommen. durch Neubau. Seeschiffe.	mit Lasten.	Bemannung.	durch Erwerbung aus fremden Staaten. Seeschiffe.	mit Lasten.	Bemannung.	durch Erwerbung aus anderen Regierungs-Bezirken. Seeschiffe.	mit Lasten.	Bemannung.	durch neue Vermessung. Seeschiffe.	mit Lasten.	Bemannung.	durch Uebergang aus der Zahl der Küsten-Fahrzeuge. Seeschiffe.	mit Lasten.	Bemannung.	Summa. Seeschiffe.	mit Lasten.
	Stck.	Lastenzahl.	Kopfzahl.																	
Königsberg . .	116	20,797$\frac{1}{2}$	1,215	15	3,133	155	1	55	6	1	110	8	—	49	—	—	—	—	17	3,347
	4	107$\frac{2}{3}$	25	—	—	—	1	49	5	—	—	—	—	—	—	—	—	—	1	49
Danzig . . .	86	16,978	971	10	2,300	122	1	150	11	2	293	17	—	10	—	2	71	10	15	2,824
	3	63	18	—	—	—	—	—	—	—	—	—	—	—	—	3	114	22	3	114
Stettin . . .	258	33,174$\frac{1}{4}$	2,187	22	2,830	160	—	—	—	1	54	5	—	29	—	51	1,766	120	74	4,679
	8	285	60	—	—	—	—	—	—	—	—	—	—	—	—	—	—	—	—	—
Cöslin . . .	63	7,268	478	1	79	8	—	—	—	1	260	10	—	—	—	—	—	—	—	339
	—	—	—	—	—	—	—	—	—	—	—	—	—	—	—	—	—	—	—	—
Stralsund . .	218	24,093	1,732	24	2,167	155	—	—	—	2	83	7	—	2	—	86	2,787$\frac{1}{2}$	234	112	5,039$\frac{1}{2}$
	1	36	7	—	—	—	—	—	—	—	—	—	—	—	—	—	—	—	—	—
Summa Segelschiffe	741	102,310$\frac{3}{4}$	6,583	72	10,509	600	2	205	17	7	800	47	—	90	—	139	4,624$\frac{1}{2}$	364	220	16,228$\frac{1}{2}$
" Dampfschiffe	16	491$\frac{2}{3}$	110	—	—	—	1	49	5	—	—	—	—	—	—	3	114	22	4	163
Summa Summarum	757	102,802$\frac{5}{12}$	6,693	72	10,509	600	3	354	22	7	800	47	—	90	—	142	4,738$\frac{1}{2}$	386	224	16,391$\frac{1}{2}$

fe.

…ch Verlust See und im …nenwasser. mit Lasten.	…ch Verlust See und im …nenwasser. Bemannung.	als abgewrackt. Seeschiffe.	als abgewrackt. mit Lasten.	als abgewrackt. Bemannung.	durch Uebergang des Besitzes an Ausländer. Seeschiffe.	durch Uebergang des Besitzes an Ausländer. mit Lasten.	durch Uebergang des Besitzes an Ausländer. Bemannung.	durch Uebergang des Besitzes an Rheder diesseitiger Regierungs-Bezirke. Seeschiffe.	durch Uebergang des Besitzes an Rheder diesseitiger Regierungs-Bezirke. mit Lasten.	durch Uebergang des Besitzes an Rheder diesseitiger Regierungs-Bezirke. Bemannung.	durch neue Vermessung. Seeschiffe.	durch neue Vermessung. mit Lasten.	durch neue Vermessung. Bemannung.	durch Uebergang in die Zahl der Küsten-Fahrzeuge. Seeschiffe.	durch Uebergang in die Zahl der Küsten-Fahrzeuge. mit Lasten.	durch Uebergang in die Zahl der Küsten-Fahrzeuge. Bemannung.	Summa. Seeschiffe.	Summa. mit Lasten.	Summa. Bemannung.	Am 1. Januar 1847 waren demnach vorhanden: Seeschiffe. Stck.	Am 1. Januar 1847 waren demnach vorhanden: von Ladungsfähigkeit nach Normallasten von 4000 Pfd. Lastenzahl.	Am 1. Januar 1847 waren demnach vorhanden: Bemannung. Kopfzahl
956	54	—	—	—	—	—	—	—	—	—	—	—	—	—	—	—	6	956	54	127	23,188½	1,33…
—	—	—	—	—	—	—	—	—	—	—	—	—	—	—	—	—	—	—	—	5	156⅔	3
640	39	—	—	—	—	—	—	1	260	10	—	36	—	—	—	—	5	936	49	96	18,866	1,08…
—	—	—	—	—	—	—	—	—	—	—	—	—	—	2	34	11	2	34	11	4	143	2
…,380¾	95	2	155	13	1	52	5	4	431	27	—	—	—	3	56	8	23	2,074¾	148	309	35,778½	2,32…
—	—	—	—	—	—	—	—	—	—	—	—	—	—	1	19	4	1	19	4	7	266	5
—	—	—	—	—	—	—	—	—	—	—	—	4	—	14	266	40	14	270	40	51	7,337	45
—	—	—	—	—	—	—	—	—	—	—	—	—	—	—	—	—	—	—	—	—	—	—
519	43	2	319	22	4	284	23	2	109	10	—	—	—	1	23	2	17	1,254	100	313	27,878½	2,02…
—	—	—	—	—	—	—	—	—	—	—	—	—	—	—	—	—	—	—	—	1	36	
…,495¾	231	5	474	35	5	336	28	7	800	47	—	40	—	18	345	50	65	5,490¾	391	896	113,048½	7,22…
—	—	—	—	—	—	—	—	—	—	—	—	—	—	3	53	15	3	53	15	17	601⅔	12
…,495¾	231	5	474	35	5	336	28	7	800	47	—	40	—	21	398	65	68	5,543¾	406	913	113,650⅙	7,34…
Am 1. Januar 1846 waren vorhanden																				757	102,802 5/12	6,69…
Am 1. Januar 1847 waren mehr vorhanden																				156	10,847¾	64…

II. K

(von 25 Laster

Regierungs-Bezirk.	Am 1. Januar 1846 waren vorhanden			Im Laufe des Jahres 1846 sind hinzugekommen.																
	Küsten-Fahrzeuge.	von Ladungsfähigkeit nach Normallasten von 4000 Pfd.	Bemannung.	durch Neubau.			durch Erwerbung aus fremden Staaten.			durch Erwerbung aus anderen Regierungs-Bezirken.			durch neue Vermessung.			durch Uebergang aus der Zahl der Seeschiffe.			Summ	
	Stck.	Lastenzahl.	Kopfzahl.	Fahrzeuge.	mit Lasten.	Bemannung.	Fahrzeuge.	mit Lasten.	Bemannung.	Fahrzeuge.	mit Lasten.	Bemannung.	Fahrzeuge.	mit Lasten.	Bemannung.	Fahrzeuge.	mit Lasten.	Bemannung.	Fahrzeuge.	mit Lasten.
Königsberg . .	1	11	2	1	16	1	—	—	—	—	—	—	—	—	—	—	—	—	1	1
	—	—	—	—	—	—	—	—	—	—	—	—	—	—	—	—	—	—	—	—
Danzig . . .	4	109	16	—	—	—	—	—	—	—	—	—	—	—	—	—	—	—	—	—
	3	114	22	—	—	—	—	—	—	1	19	4	—	—	—	2	34	11	3	5
Stettin . . .	210	4,093½	426	13	283	26	1	9	2	—	—	—	—	4	—	3	56	8	17	35
	—	—	—	—	—	—	—	—	—	2	29	9	—	—	—	1	19	4	3	4
Cöslin . . .	55	691½	119	2	41	6	—	—	—	2	39	3	—	—	—	14	266	40	18	34
	—	—	—	—	—	—	—	—	—	—	—	—	—	—	—	—	—	—	—	—
Stralsund . .	354	6,088¼	759	8	137	19	—	—	—	—	—	—	—	1	—	1	23	2	9	16
	2	29	9	—	—	—	—	—	—	—	—	—	—	—	—	—	—	—	—	—
Summa Segelschiffe	624	10,993¼	1,322	24	477	52	1	9	2	2	39	3	—	5	—	18	345	50	45	87
" Dampfschiffe	5	143	31	—	—	—	—	—	—	3	48	13	—	—	—	3	53	15	6	10
Summa Summarum	629	11,136¼	1,353	24	477	52	1	9	2	5	87	16	—	5	—	21	398	65	51	97

zeuge.

it oder weniger).

Verlust See und im enwasser.		Im Laufe des Jahres 1846 sind ausgeschieden als abgewrackt.			durch Uebergang des Besitzes an Ausländer.			durch Uebergang des Besitzes an Rheder diesseitiger Regierungs-Bezirke.			durch neue Vermessung.			durch Uebergang in die Zahl der Seeschiffe.			Summa.			Am 1. Januar 1847 waren demnach vorhanden Küsten-Fahrzeuge.	von Ladungsfähigkeit nach Normallasten von 4000 Pfd.	Bemannung.
mit Lasten.	Bemannung	Fahrzeuge	mit Lasten.	Bemannung.	Fahrzeuge.	mit Lasten.	Bemannung.	Fahrzeuge.	mit Lasten.	Bemannung.	Fahrzeuge.	mit Lasten.	Bemannung.	Fahrzeuge.	mit Lasten.	Bemannung.	Fahrzeuge.	mit Lasten.	Bemannung.	Stck.	Lastenzahl.	Kopfzahl.
—	—	—	—	—	—	—	—	1	16	1	—	—	—	—	—	—	1	16	1	1	11	2
—	—	—	—	—	—	—	—	—	—	—	—	—	—	—	—	—	—	—	—	—	—	—
—	—	1	18	3	—	—	—	—	—	—	—	—	—	2	71	10	3	89	13	1	20	3
—	—	—	—	—	—	—	—	—	—	—	—	—	—	3	114	22	3	114	22	3	53	15
—	—	—	—	—	1	15	2	1	23	2	—	54	—	51	1,766	120	53	1,858	124	174	2,587½	338
—	—	—	—	—	—	—	—	1	19	4	—	—	—	—	—	—	1	19	4	2	29	9
15	2	1	14	3	—	—	—	—	—	—	—	—	—	—	—	—	2	29	5	71	1,008½	163
—	—	—	—	—	—	—	—	—	—	—	—	—	—	—	—	—	—	—	—	—	—	—
22	3	—	—	—	2	19	4	—	—	—	—	—	—	86	2,787½	234	89	2,828½	241	274	3,420¾	539
—	—	—	—	—	—	—	—	2	29	9	—	—	—	—	—	—	2	29	9	—	—	—
37	5	2	32	6	3	34	6	2	39	3	—	54	—	139	4,624½	364	148	4,820½	384	521	7,047¾	1,045
—	—	—	—	—	—	—	—	3	48	13	—	—	—	3	114	22	6	162	35	5	82	24
37	5	2	32	6	3	34	6	5	87	16	—	54	—	142	4,738½	386	154	4,982½	419	526	7,129¾	1,069
Am 1. Januar 1846 waren vorhanden																				629	11,136¼	1,353
Am 1. Januar 1847 waren weniger vorhanden																				103	4,006½	284

FSC
www.fsc.org
MIX
Papier | Fördert
gute Waldnutzung
FSC® C083411

Kolibri 360 GmbH
Ferdinand-Jühlke-Straße 7
99095 Erfurt, Deutschland
produktsicherheit@kolibri360.de